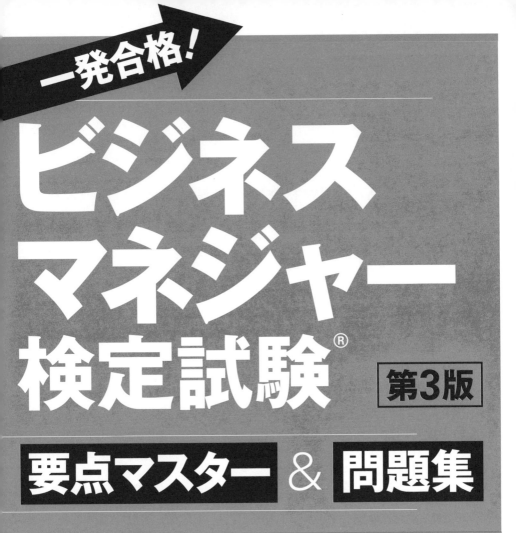

一発合格！

ビジネスマネジャー検定試験®

第3版

要点マスター & 問題集

山崎秀夫・酒井美重子 著

ナツメ社

　2015 年、東京商工会議所は「企業組織の要であるマネジャー育成の土台となる基準がないのでつくってほしい」という多くの企業の声にこたえる形で、ビジネスマネジャー検定試験を開始しました。

　この検定試験では、あらゆるマネジャーが身につけておくべき知識が問われます。内容は、「**人と組織のマネジメント**」「**業務のマネジメント**」「**リスクのマネジメント**」の三本の柱で成り立っていますが、特に「リスクのマネジメント」は、「マネジャー教育にリスク管理を持ち込んだのは前例がない」と企業の間で大きな話題になりました。

　ビジネスマネジャー検定試験は、2018 年は 14,171 人、2019 年は 11,927 人が受験しています。特別措置法に基づく緊急事態宣言が発出され、経済・社会を大混乱に陥れた新型コロナウイルス感染症が 5 類に移行した後の 2023 年にも 11,610 人が受験しており、その人気は決して衰えていません。

　受験者は一般社員から役員クラスまで多岐にわたり、派遣社員、パートやアルバイトとして働いているという人も含まれています。また、所属する企業規模は小規模企業から大企業まで様々で、業界も非常に幅広いのが特長です。これらは、**ビジネスマネジャー検定試験が日本の企業制度に根づき始めている**ことの表れだといえます。

　受験者の皆様の多くは、試験の合格を目指し、東京商工会議所が編集した「公式テキスト」を使って、自分でその内容を整理したり、まとめ用のノートをつくったりして勉強していると思います。

　しかし一方で、この作業は大変な時間がかかるため、「**わかりやすくまとめた参考書籍がほしい**」という要望も耳にしています。そのような声にこたえるべく、本書を上梓いたしました。

　本書は、試験で問われるポイントを、**図表やイラスト**などを用いながらわかりやすく解説しています。また、知識の理解を問う**練習問題を多数掲載**しています。なお、SDGs や ESG を背景とした自動車産業の EV 移行に代表される自

然環境を重視するエネルギー革命とデジタル化の急速な発展との連動、新型コロナウイルス感染症対策終焉後のテレワークの一定の定着といった経済・社会状況の変化の中、最近では政府発表などを踏まえた多数の時事問題の出題が目立っています。これらは経済新聞や経済雑誌を日ごろから興味を持って読んでいれば、対処できるレベルの出題だと思います。

2023年に出版された『ビジネスマネジャー検定試験 公式テキスト』4th edition（第4版）では、従来にも増してSDGsやESGの影響が重視され、デジタル社会への移行の強調と相まって社会・経済システムの変化への理解が求められる内容となっています。それに対応して本書の第3版では内容を追加するとともに、基礎的な問題から時事問題にも対応できるように内容を修正いたしました。特に巻末に掲載している対策問題集では、SDGsやESG、デジタル社会への移行など、公式テキスト（4th edition）の改訂で追加・修正された内容に焦点を絞った問題を作成しました。

対策問題集は、新型コロナウイルス感染症対策が進展した経済・社会の変化に対応する公式テキストの4th editionの新しい内容を、体系的に理解できるように工夫してあります。

受験生の皆様が本書を活用して効率的に勉強をされ、試験に見事合格されるとともに、マネジャーに求められる実践的な知識を身につけられ、実際のビジネスの現場で活躍されることを心より願っています。

山崎 秀夫

※本書は原則として、2024年1月現在の情報に基づいて編集しています。

一発合格!

ビジネスマネジャー検定試験 要点マスター&問題集

第1部 マネジャーの役割と心構え

第2部 人と組織のマネジメント

第1章　マネジャー自身のマネジメント

第2章　コミュニケーションの重要性

第3章　部下のマネジメント

第4章　上司・外部とのコミュニケーション

第5章　人材の育成と人事考課

第6章　チームのマネジメントと企業組織論

第3部 業務のマネジメント

第7章　経営計画・事業計画の策定

第8章　マネジャーに求められる
業務のマネジメント

第9章　成果の検証と問題発見およびその解決

第10章　経営にかかわる基礎知識

第4部 リスクのマネジメント

本書の特長と使い方

　本書は、短期間の学習でビジネスマネジャー検定試験に合格するため、実際の試験で問われるポイントを、図表やイラストなどを用いながらわかりやすく解説しています。また、各章には学習内容を振り返る練習問題を、巻末には対策問題を、詳しい解説とともに掲載しています。知識のインプット（記憶・理解）とアウトプット（問題演習）を繰り返しながら、効率よく試験に合格する力を身につけましょう。

ココがポイント

分野ごとに重要ポイントをピックアップ。本文を読み始める前に確認しておきましょう。

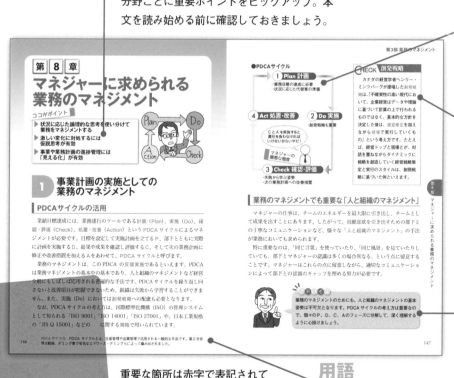

重要な箇所は赤字で表記されています。赤字部分は付属の赤シートで隠すことができるので、繰り返し復習するのに便利です。

用語

難しい言葉や専門用語などをピックアップし、ページ下部で解説しています。

練習問題

各章の最後には練習問題を掲載しています。その章で学習した内容がしっかり理解できているかを確認しましょう。練習問題は、試験に出る可能性が高い重要箇所を中心に掲載しています。

図表

ビジュアルイメージで理解したり、要点を整理したりして覚えてほしい内容は、図や表にまとめて解説しています。

Check

重要箇所や押さえておきたいポイントをコンパクトにまとめています。

アドバイス

学習のコツや本文の補足などを紹介しています。

対策問題集

巻末には、SDGs や ESG、デジタル社会への移行など、公式テキスト（4th edition）の改訂で追加・修正された内容に焦点を絞って問題を掲載しています。

ビジネスマネジャー検定試験の概要

検定試験の趣旨

　マネジャー（管理職）は、経営者と従業員をつなぐ存在として、企業の中で中心となって活躍することを期待されています。また、マネジャーは、「経営ビジョンの浸透」「事業戦略の策定と遂行」「チームのモチベーションの向上」「人材育成」などの役割を担っているため、優秀なマネジャーの育成は企業の最重要課題の1つとされます。様々な役割を担い、成果を出すことができるマネジャーを育成するため、必要な実践的知識を習得してもらうことを目的とした試験が、このビジネスマネジャー検定試験です。

試験概要

受験資格	学歴・年齢・性別・国籍による制限はない
試験内容	東京商工会議所が発行する公式テキストの掲載内容と、それを理解した上での応用力を問われる内容が出題される。そのため、本書も公式テキストに準じた内容で構成されている。また、時事問題なども出題される場合がある。
試験時間	90分
合格基準	100点満点中、70点以上で合格
受験料（税込）	7,700円　※ CBT方式で受験する場合は、CBT利用料が別途2,200円（税込）必要
主催	東京商工会議所および各地商工会議所

2024年の試験期間

■第19回検定試験

【申込期間】5/17（金）〜 5/28（火）

【試験期間】6/21（金）〜 7/8（月）

■第20回検定試験

【申込期間】9/20（金）〜 10/1（火）

【試験期間】10/25（金）〜 11/11（月）

※身体に障害がある人や妊娠中の人で、受験に際して配慮を希望される場合は、申込登録時に特別対応の申込みが必要です。

受験方式（IBT方式とCBT方式）

受験方式	IBT方式	CBT方式
概要	・受験者自身のパソコン・インターネット環境を利用して受験する ・試験期間内の都合のよい日時を選んで、自宅や会社などで受験できる	・全国各地のテストセンターに行って設置されたパソコンで受験する ・受検者自身でパソコンや通信環境などの準備をする必要がない
申込方法	インターネット受付のみ（申込時にメールアドレスが必要）	
受験場所	自宅や会社など	全国各地のテストセンター
申込みの流れ	①使用機器と受験環境の確認 ②受験サイトへの登録・受験日時の選択 ③受験料の支払い ④申込み完了	①受験サイトへの登録・受験会場・日時の選択 ②受験料の支払い ③申込み完了
受験時の持ち物	・身分証明書 （運転免許証、パスポート、マイナンバーカードなど） ・スマートフォンや携帯電話、手鏡 （パソコン画面・モニターの確認のために必要）	・身分証明書 （運転免許証、パスポート、マイナンバーカードなど）
試験当日の流れ	①使用機器・受験環境と持ち物の確認 ②受験サイトにログインし、受験する検定・級を選択 ③試験委員による本人確認と受験環境の確認 ④試験開始（解答開始） ⑤試験終了後、結果確認 ⑥合格者にはデジタル合格証が発行される	①試験予定時刻の10分前までに受験会場で受付・本人確認 ②入室後、案内に従って試験開始 ③試験終了後、結果確認 ④合格者にはデジタル合格証が発行される

アドバイス

IBT方式では、受験者自身のパソコンで試験を受けますが、タブレットやスマートフォンでの受験はできません。また、推奨OSや推奨ブラウザなども指示されていますので、試験申込み時に使用機器と受験環境を必ず確認しましょう。

学習カリキュラム

　ビジネスマネジャー検定試験のカリキュラムは以下のようになります。各学習分野は、本書の各部に対応しています。

学習分野	主な内容
① マネジャーの役割と心構え	・マネジャーが直面するビジネス環境 ・マネジャーに求められるミッションと5つの役割 ・マネジャーの資質・マネジャーの心得 （4th editionの改訂事項）ビジネス環境がデジタル化へ加速している潮流、持続可能な開発目標としてのSDGs、投資判断に、環境（environment）、社会（society）、統治（governance）の観点を取り入れるESG投資に関して追記された。
② 人と組織のマネジメント	・マネジャー自身のマネジメント・コミュニケーションの重要性 ・部下のマネジメント・上司や外部とのコミュニケーション ・人材の育成と人事考課・チームのマネジメントと企業組織論 （4th editionの改訂事項）マネジャー自身が認知していることを客観的に把握し制御することにより、自己成長を促すメタ認知に関して詳細が追記された。また、テレワークやオンライン会議でのコミュニケーションの注意点、相手を理解し相手との良好な関係の構築に有効なソーシャル理論、1on1ミーティング、心理的安全性、モチベーションを理論化した自己決定理論、多様な世代への対応などが新たに追記された。
③ 業務のマネジメント	・経営計画や事業計画の策定 ・マネジャーに求められる業務のマネジメント ・成果の検証と問題発見およびその解決 ・経営にかかわる基礎知識（マーケティングの基礎、イノベーションなど） （4th editionの改訂事項）事業計画を策定する際に有用なバックキャスティング思考、サプライチェーンマネジメント、非財務資本の戦略的投資、財務情報と非財務情報を戦略的に統合して開示することの重要性などが新たに追記された。
④ リスクのマネジメント	・リスクマネジメントの基本的な考え方とプロセス ・職場におけるリスクマネジメント（労働法規、ハラスメント、メンタルヘルス、残業時間や休暇等、労働災害防止のための対策など） ・業務にかかわるリスクマネジメント・組織にかかわるリスクマネジメント ・事故・災害時にかかわるリスクマネジメント （4th editionの改訂事項）地球規模の課題として環境リスク配慮、サプライチェーンにかかわる様々なリスク、ビジネスと人権、デジタル社会における情報セキュリティリスクなどが新たに追記された。

問い合わせ先

東京商工会議所　検定センター

電話番号：050-3150-8559（土日・祝日・年末年始を除く 10:00 ～ 18:00）

ウェブサイト：https://www.kentei.tokyo-cci.or.jp/

第1部

マネジャーの
役割と心構え

マネジャーの役割と心構え

1 マネジャーが直面するビジネス環境

社会の変化に対応できるマネジャー

　近年のビジネス環境は不透明さが増加し未来予想が困難であることから、その特性を「VUCA（ブーカ）」と呼んでいます。Volatility（変動性）・Uncertainty（不確実性）・Complexity（複雑性）・Ambiguity（曖昧性）の頭文字を引用しています。

　グローバル化が進み、世界的な経済活動における様々な分野で競争が激化、国内では少子高齢化に伴う労働力不足が加速化し、マネジャーには、持続可能な発展につなげるために、組織における「新しい価値」の創造が求められています。この環境変化に対応するために、マネジャーには、自身の経験を基礎としながらも、新しい知識や技術を学び続けることが不可欠です。また、画一的な指導・育成ではなく、自ら考え行動ができる個性豊かで多様性のある部下を育成し、変革にトライする勇気も求められています。

　世界中の端末とネットワークがつながり、AIやロボット技術が進歩するなどのデジタル化が加速しています。消費者の利便性の向上・顧客ニーズの多様化・

業務の効率化への対応には、**付加価値の高いデジタル化が不可欠**です。日本においても新たに設置されたデジタル庁が司令塔となり、**デジタル社会形成のための基本10原則**を策定し、世界水準のデジタル化社会の実現が求められています。

●デジタル社会形成基本10原則

日本では、2021年9月にデジタル庁が発足しました。デジタル庁では、政策分野として「デジタル社会に必要な共通機能の整備・普及」「国民目線のUI/UXの改善と国民向けサービスの実現」「国等の情報システムの整備及び管理」を掲げています。

また、マネジャーには、**労働力の減少による少人数での業務遂行を可能**とするために、システムやITを有効活用して、**ルーチンワークの自動化**、**長時間労働の削減**、**多様な雇用形態のニーズに対応**するなど、生産性の向上と多様性のある働き方の改革も求められています。

企業が生き残るための戦略としてのSDGsとESG

（1）ビジネスに携わる者としてのSDGsの理解

近年のビジネス環境は、物質的な豊かさや利便性が向上したものの、地球温暖化が進み、気候変動など、**社会環境、地球環境は悪化しています。短期的利益の追求**と、**大量生産・大量消費を前提とした経済活動**が**自然環境に大きな影響を及ぼした結果、人類の生存自体が脅威に晒される、誰もが経験したことのない危機感**が生まれています。

このような状況下、国連は、**2030年までに実現すべき持続可能な開発目標**である、Sustainable Development Goals（SDGs）に取り組んでいます。

SDGsの17のゴール

1 貧困をなくそう

2 飢餓をゼロに

3 すべての人に健康と福祉を

4 質の高い教育をみんなに

5 ジェンダー平等を実現しよう

6 安全な水とトイレを世界中に

7 エネルギーをみんなに そしてクリーンに

8 働きがいも経済成長も

9 産業と技術革新の基盤をつくろう

10 人や国の不平等をなくそう

11 住み続けられるまちづくりを

12 つくる責任 つかう責任

13 気候変動に具体的な対策を

14 海の豊かさを守ろう

15 陸の豊かさも守ろう

16 平和と公正をすべての人に

17 パートナーシップで目標を達成しよう

SDGsは、気候変動対策や、貧困・飢餓の撲滅、社会貢献や地球環境保護などのための慈善活動的な印象を受けることもありますが、短期的な収益や事業成長に直ちに結びつかずとも、取り組みにより**ビジネスの機会拡大が期待**できます。一方で、**取り組まないこと自体**が社会課題への問題意識が低いと捉えられかねないことが**リスク**となる可能性も高く、企業には、環境変化を的確に捉え、柔軟に対応しつつ、**自社の持続的な発展につながる事業展開を図る**必要があります。

リスキリング　デジタル化など時代の変化と同時に生まれる新しい職業に就くため、また今の職業で必要とされるスキルの大幅な変化に適応するために、必要なスキルを獲得する / させることをいいます。

●SDGsの押さえておくポイント

1 潜在する 巨大な市場

SDGs が掲げる目標は、2030 年までの地球規模でのニーズでもあり、課題解決へ向けたソリューションの提供は、未開拓な市場の獲得につながる可能性も高いといえます。SDGs の経済効果は年間約 12 兆ドル、約 3 億 8000 万人の雇用を創出すると試算され、巨大な市場を開拓することができると考えられます。

2 影響力の 大きさ

SDGs は、国際機関・各国政府・自治体・教育機関・研究機関・企業・NGO や NPO など、全地球規模で取り組む普遍的な目標であるために影響力も大きく、生活様式・法令の見直し・規制の強化が進む可能性も考えられます。企業にとってはリスクにもなり得ることから、リスク管理の視点からも SDGs を理解し、動向を把握することが重要です。

3 優秀な人材 確保

少子化に伴う労働力不足に向かう現代において、持続可能な発展のために、企業には、ステークホルダーの中核となり、社会問題や環境問題への意識も高いとされる「ミレニアム世代」「Z 世代」と呼ばれる、若い世代の価値観の変化を受容することが不可欠です。人権問題・働きがい・ダイバーシティなど、SDGs に積極的な姿勢を示す企業とは、価値観が一致し、働きやすく働きがいのある職場と認識され、優秀な人材確保・離職率の低下などが期待され、人手不足による生産性の低下の防止にもつながります。

4 ESG投資との 親和性

国連は、持続可能な開発のために企業が重視すべき観点として、ESG を掲げています。

(2) ESG投資の世界的な拡大

ESG 投資とは、国連による責任投資原則に基づくものです。従来の投資判断は売上高や利益などが重視されてきたのに対し、ESG 投資においては、非財務情報である、地球環境、社会全体、企業統治等の課題解決への貢献度が加わります。投資先の ESG の取り組みを評価して投資対象を選別します。同時に十分

な投資のリターンを追求します。この点が、寄付や援助との大きな違いです。そのため、ESGを考慮した経営には、**投資家や金融機関からの支持**が集まります。一方、ESGの**評価が低い企業は投資の対象外**となり、資金調達に不利な状況も生じ得ます。

　また、ESG投資は投資判断材料として企業のサプライチェーンも対象とします。たとえば、大手メーカーのサプライチェーンにおいて、ESGを考慮にいれない物流企業は、**中小企業**といえども、**取引をしない**といったことが起こり得ます。こういったプロセスを通じて、企業には**経済構造の変化に対応できる事業戦略の策定**が求められており、ESGの考え方は拡がりはじめています。

●ESGとは

Environment (環境)	・温室効果ガスの削減等、水質汚染の改善 ・気候変動への対応などの環境問題対策
Society (社会)	・ジェンダー平等の実現、格差や人権問題の解決 ・地域社会への貢献など
Governance (統治)	・不祥事からの信頼回復、不正のない公正な経営や情報開示など

アドバイス

3つの言葉の頭文字をとってESGと呼びます。ESGは、気候変動問題や人権問題など、グローバルな社会課題が顕在化している状況において、企業の長期的成長の根幹となる観点です。SDGsとも深く関係し親和性が高く、その課題解決のための新規事業や新製品の開発といった新たな投資による価値創造が期待できると考えられます。

2 マネジャーに求められるミッションと5つの役割

　マネジャーに課されたミッションは、「**チームとして成果を出すこと**」です。そのためには、マネジャーは課題やリスクを乗り越え、成果を継続して生み出せるチームをつくることが求められます。マネジャーは次に解説する、ミッション達成に必要な**5つの役割**を理解しておきましょう。

経営方針とチームの目標の共有・浸透

　経営者と部下との結び目・結節点であるマネジャーは、**企業理念や経営方針**をよく理解して、チームの**目標**を部下に**共有・浸透**させることが必要です。

　その上で、部下の強みを**十分に発揮**させ、**責任ある行動**を経験させ、**チームの目標**に導くことが大切です。

戦略の策定・実行と目標達成

　マネジャーは**戦略を策定**し、それを**実行**する役割を担います。また、現状を分析・把握し、それと業績目標との差を確認し、その問題点を解決するための具体的な**業務計画**を作成してチームの目標を達成しなければなりません。

　マネジャーは組織の管理職として経営の一端を担うとともに、チームの業績についての**結果責任**を負っているのです。

チームのエネルギーの最大化

　マネジャーは、部下全員に働きかけ、**意見交換や対話**を促しながら個々の役割を理解させます。

　新しいアイデアを生み出すためにも、マネジャーはチームの**コミュニケーション**を促進し、部下1人ひとりの短所を補いつつ長所を発揮させながら、部下への動機づけを行いましょう。またその際は、マネジャー自身が真の問題は何かを問い続ける「**正しい問い**（asking the right questions）」の意識を持って、業績レベルの向上、個人とチームの知識による創造力の向上、価値創造組織への発展につなげる必要があります。

　マネジャーはこれらのような行動が求められますが、それは部下の個々のエネルギーの単純合計を超えた、チームとしてより大きなエネルギーを生み出すことを企業から期待されているからなのです。

部下の育成と評価

　組織が存続し成長するためにも、マネジャーには次世代の人材である部下を育成する責任があります。また、マネジャーは部下を育成する際は、自らも自己啓発に取り組む必要があります。なぜなら、そのような姿勢を示すことで、部下にさらなる成長を促すことができるからです。

　また、マネジャーにとって部下の評価も重要な仕事の1つです。マネジャーは業績評価の基準に基づいて、チームとして成果を出せたか、あるいは部下がチームから期待された成果を出せたかどうかについて評価します。

迅速かつ適切なリスクの処理

　マネジャーはチームの活動に責任を取る立場にあるため、部下が業務を遂行する際のリスクを認識し、リスクの発生を未然に防ぐことを考えておく必要があります。また、リスクが発生した緊急時には、迅速に事態の問題点を見抜き、適切な対応を考えて実行し、解決にあたります。

　マネジャーの真価が問われるのは、緊急時や不測の事態などの困難に遭遇した際にどのような対応をとったか、ということだと心得ましょう。

3　マネジャーの資質

　オーストリアに生まれた経営学者ピーター・ドラッカーは、マネジャーの最も重要な資質に真摯さ（インテグリティ・誠実さ）を挙げ、業務遂行能力や人柄などの土台となる「根本的な素質」としています。

　彼の著書『現代の経営』の中で「成功している組織には、あえて人を助けようとせず、人づきあいもよくない上司が必ずいる。愛想が悪くいつも不愉快そうでありながら、誰よりも多くの人たちを教育し育成する人、最も好かれている人よりも尊敬を得ている人がいる。部下と自らに厳しくプロの能力を要求する人がいる」と述べられています。これは「マネジャーは必ずしも部下に好かれるわけではない。しかし、自分と部下に厳しい姿勢を取る中で人を育成し、尊敬を勝ち得ているマネジャーがいる」ということを示唆しています。それがマネジャーに求められる「真摯な態度」なのです。

マネジャーに求められる3つの「真摯さ」

　マネジャーに求められる「真摯さ」は、具体的には「業務に対する真摯さ」「部下に対する真摯さ」「自分に対する真摯さ」の3つです。これらを身につけてマネジャーの仕事に取り組むことが必要です。

Cｈｅｃｋ　マネジャーに求められる「真摯さ」	
真摯さの種類	ポイント
1　業務に対する真摯さ	・企業から期待されている成果をあげるための粘り強さと強い意志を持つ ・過去の成功体験やプライドに引きずられることなく、合理的な判断を下す必要がある ・リスクや逆境に対して問題解決を図る姿勢、結果に対する責任を引き受ける強さと勇気を持つ ・成長と発展の機会であれば、リスクをおそれずに取り組む意欲と覚悟を持つ
2　部下に対する真摯さ	・部下と真正面から向き合い、考えを押しつけるのではなく、部下の希望や考えを理解して「絆」を結ぶ
3　自分に対する真摯さ	・自己のアイデンティティ（明確な自己像）を自覚する ・正しさの判断基準を持ち、判断の水準を高める努力を怠らない

●真摯さに欠ける不適格マネジャーの傾向

部下の長所よりも
短所に目がいく

真摯さよりも
頭のよさを重視する

口ばかりで
実践できない
（評論家タイプ）

できる部下に
脅威を感じる

何が正しいかよりも
誰が正しいかに
関心が向く

自分の仕事に
高い基準を設定しない

●真摯なマネジャーとしての役割や心得

マクロとミクロの視点を
使い分け、情報の収集と
分析をする

好奇心が旺盛で
意欲にあふれている

自己啓発を継続する

個性を発揮する場面と
抑える場面を察知して
使い分ける

上司の目線で
物事を見る

様々な要素を
迅速に分析し、
状況に対応する

常にアイデンティティ
（明確な自己像）を問う

アドバイス

マネジャーにはときとして、情報の理解や業務指示に間違いが生じることがあります。マネジャーといっても完全無欠ではありません。そのようなときは、完璧主義に陥らず、素直に間違いを認めることが大切です。間違いを素直に認める姿勢は、周囲に好印象に映り、その後の円滑なコミュニケーションにつながります。

24

練習問題

問題1 マネジャーが直面するビジネス環境に関する記述で正しいものをすべて選びなさい。

①困難な未来予測の特性は「VUCA」と呼ばれている。Volatility（変動性）・Uncertainty（不確実性）・Change（変化）・Ambiguity（曖昧性）の頭文字を引用したものである。

②マネジャーは、環境の変化が加速化しているため、これまでに培った経験やスキルを基礎とはせずに、常に新しい知識やスキルを身につけることが求められる。

③国連は、SDGs として、2030 年までに実現すべき、環境や貧困、人権、開発、平和等、17 の目標をゴールとして定め、持続可能な世界を実現する取り組みを示している。

④ SDGs は、全世界規模の活動であるため、課題解決に向けたソリューションは巨大な経済効果が期待できるが、未知の領域であるため、若手人材の確保は困難だ。

⑤ ESG 投資と、投資家の直接の投資対象となる機会の少ない中小企業とは関係性が薄く、SDGs に取り組まなくとも事業リスクが生じる可能性は低い。

問題2 マネジャーに求められるミッションと5つの役割に関する記述で正しいものをすべて選びなさい。

①マネジャーは、経営者とチームメンバーとの分岐点である。責務であるチームの成果を出すためには、目標を明確化して、部下の強みを遺憾なく発揮させ、責任ある活動を支援することにより、目標達成へ導くことが大切だ。

②マネジャーには、戦略の策定・実行と目標達成の役割があるが、業務計画を作成して、部下に適切な指示を出すことができれば、チームの業績目標を達成する責任を負う必要はない。

③マネジャーは、チームエネルギーの最大化のために、部下1人ひとりの長所を生かし、短所を補いつつその強みを発揮させながら動機付けを行う。また、真の問題は何かを問い続ける「正しい問い（asking the right questions）」の意識が必要だ。

④部下の育成と評価もマネジャーの役割であるが、マネジャー自身も自己啓発に取り組み、業務評価の基準に基づき、チームとしての成果を評価する。

⑤マネジャーには、迅速かつ適切なリスクの処理を行う役割があるが、イレギュラーな事態やリスクが発生した場合でも、判断は担当の部下に一任し、後方支援に回るべきだ。

問題3 マネジャーの資質に関する記述で正しいものをすべて選びなさい。

①マネジャーには成功体験やプライドが大切なため、ときには、感情的に部下を厳しく叱責することもやむを得ない。

②マネジャーは、部下には自分の考えを押しつけるのではなく、考えや希望に耳を傾けるためには、フランクな態度で接し、友達のような親しみやすい関係性の構築が求められる。

③マネジャーには、自己のアイデンティティを意識することが必要で、そのためには、客観的な視野を持ち、誰が正しいかを見極める基準を持つことが必要だ。

④マネジャーには、目標達成のために常に好奇心を持ち、マクロとミクロの視点を使い分けながら、情報を収集して分析する力が必要である。

⑤マネジャーといえども、ときとして、判断を間違うこともあり得る。自分の間違いに気づいた場合や間違いを他の人から指摘されたときには、潔く認めることも大切だ。

問題1 答え③

①は、「VUCA」の頭文字は、Volatility（変動性）・Uncertainty（不確実性）・Complexity（複雑性）・Ambiguity（曖昧性）を引用したものであるため、正しくない。②は、これまでに培った経験やスキルを基礎としながらも、新たな知識やスキルを学び続けることが求められるため、正しくない。④は、若い世代は、社会問題や環境問題への意識が高いといわれている。SDGs に取り組む企業とは価値観が一致し、働きやすい企業と認識され、優秀な人材の確保が期待できるため、正しくない。⑤は、中小企業であっても、SDGs に取り組まない企業は、たとえば、サプライチェーンの取り引き先から除外される等のリスクが生じるため、正しくない。

問題2 答え③④

①は、マネジャーは、経営者とチームメンバーとの結合点であるため、正しくない。②は、マネジャーは、チームの業績目標を達成する責任を負うため正しくない。⑤は、イレギュラーな事態やリスクが発生した場合には、マネジャーの指示のもと迅速かつ適切に対処すべきであるため、正しくない。

問題3 答え④⑤

①は、マネジャーは、成功体験やプライドに引きずられることなく、感情的ではなく合理的な判断を下す必要があり、部下を厳しく叱責するだけでは物事を成し遂げることはできないため、正しくない。②は、マネジャーは、部下の考えや希望に耳を傾ける姿勢は大切ではあるが、友達のような関係になることではないため、正しくない。③は、マネジャーは、誰が正しいかではなく、何が正しいかを見極める資質が必要とされるため、正しくない。

第2部

人と組織の
マネジメント

第 1 章

マネジャー自身の
マネジメント

ココがポイント

▶ 自分の能力や長所・短所・修正すべき行動を
　客観的に評価できる自己管理能力が必要

▶ 「ジョハリの窓」を使って自己分析し、
　開放領域を広げて、行動の改善点とする

▶ 重要ではないが急ぐ仕事を選別し、
　権限を委譲することも重要な仕事

1 マネジャー自身をマネジメントする

求められる自己管理能力

　マネジャーには、部下のマネジメント以前に自己管理が必要です。マネジャー自身の能力や習慣、短所、修正すべき言動について、立場上、ストレートに直言される機会が少なくなるためです。マネジャーは「裸の王様」にならないよう、常に客観的に評価・判断する自己管理能力を身につけることが大切です。

「ジョハリの窓」で自己分析する

　自己分析に役立つ「ジョハリの窓」は、「自己と他者の双方の視点」「わかっている・わかっていない」の2つの軸を組み合わせて、4つの窓に分類します。

　マネジャーが自己開示することで、部下（上司）はマネジャーのことをよく知るようになり、部下との間に親近感や信頼感が醸成されます。また、部下からマネジャー自身が気づかなかった側面を指摘してもらったり、フィードバックを受けたりすることができます。これはマネジャーの盲点の窓に焦点を当てることであり、真摯に受け止めて、今後の行動の改善点とする必要があります。

ジョハリの窓　提唱者であるアメリカの心理学者ジョセフ・ルフトとハリー・インガムの名前を組み合わせて命名されました。自己開示やコミュニケーションの円滑な進め方を考える方法として有名です。

● ジョハリの窓

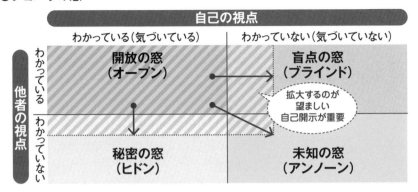

自ら行うべき仕事を選別する

　マネジャーは、チーム内の仕事をいかに選別するかが重要です。仕事は、緊急度と重要度により4つに大別されますが、マネジャーは、顧客分析やチームを効率化させる体制の改善、新商品の企画など、組織の長期的な成長に貢献する、緊急ではないが重要な仕事を選別し、自ら実施します。部下へは当事者意識を持たせ、成長を促すために、重要ではないが急ぐ仕事を信頼して委譲すべきです。こうした権限委譲もマネジャーの重要な仕事の1つです。

● 重要度と緊急度による
　仕事の区分

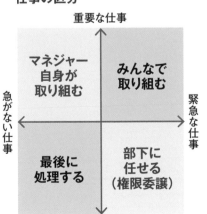

CHECK　部下への権限委譲のポイント

1　部下を信頼して、自分の業務を委ねる姿勢を持つ

2　部下の育成の観点

3　委譲した業務もマネジャーの責任範囲

4　部下の技量を考慮、業務報告を適宜求める

連合艦隊司令長官　山本五十六の名言

「やってみせ、言って聞かせて、させてみて、ほめてやらねば、人は動かじ」の名言には、「話し合い、耳を傾け、承認し、任せてやらねば、人は育たず」という言葉が続きます。

適切なストレス管理

カナダの生理学者ハンス・セリエは、ストレスには入浴や熟眠、軽い飲酒などの適度な刺激、達成感や充実感といった「よいストレス」と、不眠や不安、厳しい寒さや暑さ、過労や業務の失敗といった「悪いストレス」があるとしています。

一方、アメリカの心理学者リチャード・ラザルスは、同じ出来事でも個人の感じ方や意識、評価が異なるという点に着目しています（認知評価モデル）。人は、自分が**ストレッサー（ストレス要因）**を「どのように感じているか？」を評価し、次に、**ストレスに対処する行動（コーピング）**によって、人のストレスの度合いは変化するとしています。なお、コーピングには、ストレッサーそのものの解決を目指す**問題焦点型**と、ストレス反応をコントロールしようとする**情動焦点型**があります。

●コーピングの種類

リラクセーション	・ゆっくりと呼吸する腹式呼吸 ・筋肉の緊張と緩和を繰り返す漸進性筋弛緩法 ・ウォーキング、ジョギングなどの適度な運動 ・精油やその芳香等を用いたアロマテラピー
認知行動療法	・ストレス等による思考のゆがみで偏った捉え方を、合理的な思考や行動に置き換えることによって、気分や行動を変化させる治療法
適切な コミュニケーション	・職場等におけるストレス要因である対人関係を、円滑に進めるための適切なコミュニケーション

2 経験から学ぶ

経験からの学習プロセス（アクションラーニング）

マネジャーの成長は、実際の業務経験から生まれますが、いかにその業務経験を**学習に替えているのか**が成長の鍵となります。「経験＝学習」ではなく、ま

ストレス　精神的・肉体的に負担になる刺激や状況をいい、その刺激を「ストレッサー」といいます。また、それによって生じた体の不調や疲労、悩み、緊張などを「ストレス反応」といいます。

た「経験が自然と血となり肉となるというわけではない」ということです。常に自分を取り巻く環境を意識し、**自己変革**することが求められます。

　マネジャーが、業務経験から学習するプロセスにおいて重要なことは、その経験がどのような意味を持っているのかについて内省しながら、課題が生じていれば改善・検証する、そして、教訓を得る、また、そこから新しい何かを生み出していくという**サイクル（PDCA）**を繰り返すことです。つまり、行動が変化するプロセスそのものが学習ともいえます。（第8章参照）

●行動が変化するプロセス

 学習の段階

- ・スキルを取得したり、失敗に気づいたりする
- ・業務経験から、分析力や行動力を身につける
- ・環境変化を意識し、自己変革を繰り返す

▶ 新しい経験からの課題改善によって、成功体験を積み重ねる

 経験の段階（マネジャーが実際の経験をする）

- ・些細なことにも疑問を感じ、その疑問を深く考察する（ミクロな視点から入る）
- ・ルーティンワークをおろそかにしない
- ・物事を多面的に見る
- ・長年のルールを見直す

▶ 常に**疑問**を持つ ▶ 自分の仕事の風景が違って見える！

 内省の段階から教訓の段階まで

- ・経験を自分の中に取り込む
- ・取り込んだことを深く意識化し、1つの意味あるものに統合する

▶ 具体的な**経験**から**教訓**を得る

  得られた教訓を実行する段階

- ・経験を体系化する
- ・間違いを認める
- ・教訓にこだわりすぎず、応用していく姿勢が大切
- ・完璧主義に陥らない

▶ 常に**自己啓発**

 PからAを繰り返す

 具体的な経験から教訓へ当てはめる。内省化し、また、別の教訓へ転換することによって役立つ経験として蓄積され、学習プロセスが発達していく。

アクションラーニング　現実に起きている課題に対して、グループディスカッションなどを通じて解決策を考え、そのプランを実施し、考えや行動などの振り返りを行う学習プロセスをいいます。

3 マネジャー自身をマネジメントする具体的実践法

マネジメントの質を高める

　マネジャー自身のマネジメントをより質の高いものへ成長させるためには、過去の経験だけに依存することなく、新しい仕事や取り組みに、積極的にワクワク・ドキドキしながら挑戦することが大切です。

●マネジャーの成長

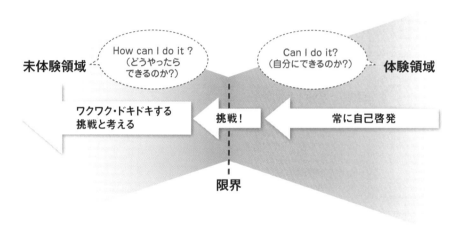

メタ認知で自分をコントロールし、自らの成長を促す

　メタは、アメリカの心理学者ジョン・H・フランベルが使用した用語です。メタの言葉自体に高い次元という意味があります。自分を見つめるもう1人の自分がいるという意味で「認知の認知」と呼ばれることもあり、自分の活動をコントロールすることをいいます。また、メタ認知には、これまでに蓄積された知識であるメタ認知的知識と、その知識に基づき認知活動をコントロールするメタ認知的活動から構成されます。メタ認知に優れた人とは、客観的な自己診断やモニタリングができる人をいいます。

●メタ認知的知識の3つの要素

「人の認知特性」にかかわる知識	自分を含めた人の認知特性に関する知識 例:「睡眠不足は免疫力が低下する」 「一度、話を聞いただけでは、忘れてしまうことが多い」 「自分はある状況になるとマイナス思考に陥りやすい」 →人の一般的な特性や自身の特性を知ることにより、次の行動の参考となる
「課題」にかかわる知識	経験から得られた課題自体にかかわる知識 例:「長時間の単純作業はミスが出やすい」 「抽象的な課題の議論は結論が導きにくい」 →課題の本質は何かを考えることにより、課題に適切に対応することができる
「課題解決の方略」にかかわる知識	課題を解決するための方法に関する知識 例:「会議資料には、図説を入れたほうがわかりやすい」 「この課題は、あの事例を参考にすると解決につながる」 →内在する知識を活用して取り組むことにより、成果を上げることができる

メタ認知的活動とは、メタ認知的知識をもとに実際に行動しながら、自分に合ったやり方に改善していく活動です。

●メタ認知的活動の2つの要素

モニタリング	準備はできているか、最適な行動に向かっているかなど、メタ認知的知識を現在の自分に照らし合わせ、冷静に客観視すること
コントロール	モニタリングを踏まえて、思い込みや感情に左右されずに行動し、適切に判断できるか等の改善に向けて活動すること

メタ認知能力の高い人とは、自分を第三者的に見ることができることから、客観的な自己診断やモニタリングができる人だといえます。

●メタ認知を向上させるポイント

1 自己知識の有無を認識することにより、学ぶことの方向性が明確になる。

2 不足している能力の見極めやその範囲を知ることにより、学習レベルを知ることができる。

3 自己欲求を知ることにより、判断や行動を制御することにつながる。

4 自己の行動を評価することにより、行動の正誤や当否がわかり、客観視することができ次の行動の改善点が見える。

練習問題

問題1 「ジョハリの窓」に関する記述で正しいものを
すべて選びなさい。

①自分も他人も知っている領域を開放の領域という。

②自分では気づいていないが他人は知っている領域を未知の領域という。

③自分は知っているが他人は知らない領域を盲目の領域という。

④自分も他人も知らない領域を秘密の領域という。

問題2 仕事の選別の視点および仕事の見直し方に関する記述で
正しいものをすべて選びなさい。

①マネジャーは、急ぎでかつ重要な仕事は、チーム全体で真っ先に取り組むべきである。そして、重要ではないが緊急性の高い仕事は、時間が制限されるため自ら率先して取り組み、現状の顧客や課題分析など急ぎではないが重要な仕事は、時間にゆとりのあることから部下へ委譲すべきである。

②目的や意識が統一されていなくとも、暗黙の了解で行われている定例会議がチーム内にある場合には、その会議の必要性や別の方法などを検討し、またその会議を取りやめた場合に生じる不都合の有無、参加メンバーの状況や所要時間なども考慮して、業務の効率化を見直すことも必要である。

③チームにおいて一部の業務に精通した部下だけが認識している業務の進め方などがあれば、マニュアル化するなどして、仕事をわかりやすく改善することも大切である。

④マネジャーは、チームの仕事の一連の流れにおいて重複している仕事はないか、無駄な作業は発生していないかなど仕事のプロセスを点検しながら、業務を効率的に行う工夫が必要である。

問題3 部下への権限委譲の際の留意点に関する記述で
正しいものをすべて選びなさい。

①部下を信頼して、業務を委ねるという姿勢を持つ。

②部下の育成の観点を忘れない。

③委譲した以上、業務の最終的な責任は、部下に委ねる。

④部下の技量にかかわらず、委譲した以上、業務報告を求める必要はない。

問題4 ストレスに関する記述で正しいものをすべて選びなさい。

①ストレスを引き起こす外部環境からの刺激をストレス反応という。

②ストレスは、同じ出来事を経験しても、それをストレスと感じる人と感じない人がいる。その出来事の捉え方に対する個人の感じ方や意識、評価の違いを説明したのは、生理学者のハンス・セリエである。

③ストレスに対処する行動をコーピングというが、コーピングには、ストレス要因であるそのものの解決を目指す情動焦点型と、ストレス要因そのものではなくそれによって生じるストレス反応をコントロールしようとする問題焦点型がある。

④コーピングの一種に認知行動療法があるが、ストレスによる思考の歪んだ認知を合理的な思考や行動に置き換えることにより、考え方や行動のバランスを取り戻す治療法をいう。

⑤部下とのコミュケーションを通じては、ストレスを解消することは難しい。

問題5 マネジャー自身の成長に関する記述で正しいものをすべて選びなさい。

①マネジャーの成長は、業務経験から生まれるが、日々のルーティン業務には成長の鍵は見込めない。

②マネジャーの学びの素材は、大きなプロジェクトや緊急時に発生するものであり、日常の業務には存在しない。

③マネジャーが、ある経験から得た教訓を深く意識化して、次の経験へ生かすことの繰り返しにより、学習のプロセスが発展する。

④マネジメントをより質の高いものに変化させるための自身のマネジメントにおいては、過去の体験領域から「Can I do it？（自分にできるのか？）」と考えることが大切だ。

⑤マネジャーは、未体験領域であるとしても、視野を広げ、幅の広い選択肢の中から、実現可能な方策を選択することが、マネジャーの成長への挑戦につながる。

問題6 **メタ認知に関する記述で
正しいものをすべて選びなさい。**

①メタ認知とは、自分自身の認知（思考・知覚・言動・記憶・情動など）を第三者的
　な立場から冷静に客観的に把握、評価して、自分を見つめるもう1人の自分が自身
　をコントロールすることをいう。

②メタ認知は、自己の認知活動の状態を判断するためにこれまで蓄積された知識であ
　るメタ認知的知識と、その知識に基づき認知活動をコントロールするメタ認知的活
　動から構成される。

③メタ認知的知識の3つの要素のうち、課題にかかわる知識とは、「睡眠不足は免疫
　力が低下する」など、一般的な人の認知についての知識をいう。

④メタ認知能力の高い人は主観的で、自己診断やモニタリングが苦手である。

⑤メタ認知能力が機能する場面として、目標達成のために取り組む課題を選定し、そ
　の達成手順を適切に設定するときが挙げられる。

問題1 答え①

②の自分では気づいていないが他人は知っている領域は「盲点の領域」、③の自分は知っているが他人は知らない領域は「秘密の領域」、④の自分も他人も知らない領域は「未知の領域」であるため、正しくない。

問題2 答え②③④

①は、マネジャーは、急ぎでかつ重要な仕事についてはチーム全体で取り組むべきであるが、重要ではないが急ぎの仕事は部下に実施させるため、正しくない。たとえば、仕事をより効率化させるチーム体制の改善など、マネジャー自身は「急ぎではないが重要な仕事」の実現に注力する。

問題3 答え①②

③は、委譲した業務も、最終的には、自分の責任の範囲と自覚する必要があるため、正しくない。④は、部下の技量を考えて、委譲した業務の報告を適宜求める必要があるため、正しくない。

問題4 答え④

①は、ストレスを引き起こす外部環境からの刺激をストレッサー（ストレス要因）というため、正しくない。②は、ストレス要因の捉え方に対する個人の感じ方や意識、評価の違いを説明したのは、心理学者のリチャード・ラザルスであるため、正しくない。③は、コーピングには、ストレス要因であるそのものの解決を目指す問題焦点型と、ストレス要因そのものではなくそれによって生じるストレス反応をコントロールしようとする情動焦点型があるため、正しくない。⑤は、マネジャーは、ときには部下の意見を聞きいれる、気負うことなく信頼して自身の本音を伝える等、部下とのコミュケーションを通じてストレスを解消することもあり得るため、正しくない。

問題5 答え③⑤

①は、日々のルーティン業務からでも学習できるかが、成長の鍵を握っているため、正しくない。②は、学びの素材は日常の業務にも山ほどあるはずで、それを意識するだけで仕事場の風景が違って見えると考えられるため、正しくない。④は、自身のマネジメントにおいて は、未体験領域への取り組みを積極的に目指して、「How can I do it ?（どうやったらで きるのか？）」と考えることが大切であるため、正しくない。

問題6 答え①②⑤

③は、メタ認知的知識の課題にかかわる知識とは、「長時間の単純作業はミスが出やすい」などの経験から得られた課題自体にかかわる知識であるため、正しくない。④は、メタ認知能力の高い人は客観的で、自己診断やモニタリングができる人のため、正しくない。

コミュニケーションの重要性

ココがポイント

▶ 「自分と相手は異なる認識を持つ」という
　大前提に立って、コミュニケーションをとる

▶ 会議では中立的な進行・推進役のファシリ
　テーターとして参加者の意欲を引き出す

▶ コミュニケーションに役立つ
　「EQ理論」「交流分析」「エゴグラム」

1 コミュニケーションの基礎

　マネジャーは、コミュニケーションをとることが求められますが、自分と相手とは異なる認識を持っているという大前提に立ち、お互いを理解し、共通の認識に至るためのコミュニケーションが重要な役割を担います。一緒に仕事をしている相手でも、目標に対する理解や仕事の進め方などの認識が一致しているとは限りません。だからこそ、適切なコミュニケーションが重要なのです。

コミュニケーションの重要性

　コミュニケーションとは、相互に知覚・感情・思考などを伝達し合うことですが、それだけでは十分ではありません。コミュニケーションは、相手と「言葉のキャッチボール」を適切に行いながら、意思の疎通を図ることが必要です。

CHECK ピーター・ドラッカーのコミュニケーションの基本

1 相手の知覚に訴える

2 相手の期待を知る

3 相手に何らかの要求をする

4 情報とコミュニケーションは異なる。しかし、情報の伝達には何らかのコミュニケーションが必要

コミュニケーションの基本姿勢

コミュニケーションには、バーバルコミュニケーションとノンバーバルコミュニケーションの2種類の方法があります。

[バーバルコミュニケーション]
　言葉や文字を使って自分の意思や考え、感情などの情報を伝えることをいいます。一般に、コミュニケーションというと、バーバルコミュニケーションを思い浮かべることが多いでしょう。

[ノンバーバルコミュニケーション]
　言葉や文字だけに頼らず、態度・表情・目の動き・声色・動作など、言語以外の手段によるコミュニケーションで、相手の感性に大きな影響を与えるという特徴があります。

ノンバーバルコミュニケーションの重要性と実践

アメリカの心理学者アルバート・メラビアンは、コミュニケーションには「言葉の情報」だけでなく、「聴覚の情報」「視覚の情報」などの非言語の情報が重要であるという「メラビアンの法則」を発表しました。

●メラビアンの法則（言語・聴覚・視覚の影響度合い）

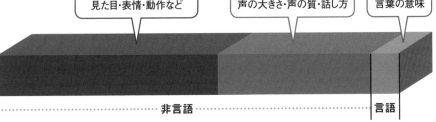

視覚 55%
見た目・表情・動作など

聴覚 38%
声の大きさ・声の質・話し方

言語 7%
言葉の意味

非言語　言語

アドバイス
部下はリーダーであるマネジャーを常に見ています。話し方や言葉遣い、行動はもちろん、表情やファッション、持ち物、対人折衝における立ち居振る舞いなど、一挙手一投足を見ているといっても過言ではありません。

第2章 コミュニケーションの重要性

●ノンバーバルコミュニケーションの種類

	態度・表情などの所作	ポイント
パーソナル・スペース	座る角度、適度な距離、視線の高さ	真正面でなく90度の角度に位置、視線は同一の高さを心掛けると相手に安心感が生まれる。遠からず近からずの適度な距離をとる
セルフ・プレゼンテーション（自己呈示）	髪型・衣服・アクセサリー、持ち物・化粧・香水	見た目は相手に大きな印象を与えるため、ふさわしいものにする
ボディー・ランゲージ	表情・態度・アイコンタクト・目力・身振りや手振りなどのジェスチャー	身振り手振りに気を配る。また、目の表情は「目は口ほどにものを言う」「目力」などといわれる
パラ・ランゲージ	声の大きさや高低・調子、話すスピードなど（周辺言語や言語外言語と呼ばれる）	状況により使い分ける

テレワークのコミュニケーション

（1）テレワークの利点と課題

　ICT（情報通信技術）を使用して、オフィスに出勤せず時間や場所を有効に利用し稼働できるテレワークは、働き方改革の推進に伴い普及しました。

　通勤時間・交通費等の削減に寄与、時間制限を持ちながら働く育児や介護に携わる労働者などの雇用の継続が拡大、遠隔地での優秀な人材確保、災害時の事業継続等、ワーク・ライフ・バランスの実現への寄与等、多くの利点があり、働き方に柔軟性が生まれました。

　一方、テレワークには、マネジャーと部下、部下どうし等が直接に顔を合わせる機会が少なくなるため、コミュニケーションがとりにくい、また、マネジャーがメンバーの仕事や体調の様子を把握しにくいなどの課題もあります。

●テレワークの種類

種類	働き方
在宅勤務	自宅で業務に従事
モバイルワーク	移動中・出張先・カフェ・交通機関等で業務に従事
サテライトオフィス	所定のオフィスとは別のレンタルオフィスや作業環境が整備された場所で業務に従事

(2) テレワークにおけるコミュニケーション

近くで仕事をしていれば相互の様子もわかりますが、テレワークの場合には、相手からすぐに返事があるとも限らず、意思疎通が図りにくく、チームワークに影響を及ぼす可能性も考えられます。特に、言葉や文字に依存しない、ノンバーバルコミュニケーションの情報は不足しがちになります。

そのため、マネジャーは、テレワーク中においては、業務指示、また、業務報告を受けるだけでなく、メンバーの状況を把握するための機会の場を設定するなど、積極的にコミュニケーションをとる意識が必要です。

(3) テレワークに重要な雑談

ビジネスにおけるコミュニケーションには、業務指示・業務報告以外にも、必ずしも業務に直接に関係のない会話もあります。しかし、その会話や雑談の中から、たとえば、新入社員や社歴の浅いメンバーは組織文化や仕事の進め方、人柄などに触れることができ、チームとしての一体感の醸成に寄与することが考えられます。マネジャーは雑談を通じて得られる効果をテレワークにおけるコミュニケーションを通じても実現できるよう意識することが大切です。

CHECK　コミュニケーションの5つのポイント

上手にコミュニケーションをとるための対処法を学びましょう。

	意識・理解	対処・対応
1	同じ日本語でも経験の違いによって、理解はまったく異なる	・質問を挟むことで相手の理解度を判断し、わかりやすい言葉を選択して進める
2	相手の沈黙	・話の内容がよくわからなかったり、興味が持てなくなったりすると、沈黙する傾向にあることを認識する ・適宜、質問や意見を求めながら見極める
3	相槌(同調)・建設的な質問	・双方向の意思伝達が前提 ・聞き上手は話し上手
4	賛否だけを言って終わらない	・内容の理解を伝えるために、補足質問や自分の意見を言う
5	発言を遮る・結論を急がせるのはルール違反	・一方的な発言は相手に不快の念を生じさせる ・会話はキャッチボールであることを意識する

マネジャーに求められるコミュニケーション能力

　人は誰でも、自分を認めてほしい、理解してほしいという**承認欲求**を持っています。また、信頼していることが相手に伝われば、さらに、相手も自分を信頼することが期待できます。この相互の**承認行動**が成功すれば、コミュニケーションは円滑に進むと考えられています。

　特に初対面の相手に対しては、あらかじめ公開されているプロフィールなどの情報から、**立場**や**専門分野**、**業務範囲**などを知っておくことで、相手への**信頼感**を示すことができたり、**相手の信頼**を獲得することにつながったりします。

●信頼を獲得する3つの能力

1 相手を信頼し、信頼される能力 ▶

2 相手から共感を得る能力 ▶

3 相手の納得を得る能力 ▶

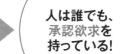

人は誰でも、
承認欲求を
持っている!

2　会議の生産性を高める コミュニケーション手法

　多くのメンバーが参加して行う会議において大切なことは、メンバーが主体的に参加し、伝えたい内容を正確に理解させるために、相互に理解できる表現方法を使用して、会議の生産性を高めることです。**経験の違い**によって、同じ話を聞いているメンバー間の**理解度**は大きく異なるという認識が必要です。

> **CHECK　アイスブレイク**
>
> 　会議の冒頭に口火を切ることをアイスブレイクといいます。普段あまりかかわりのないメンバー間の会議の際などに、緊張をほぐし、気持ちをやわらげ、コミュニケーションがとりやすい雰囲気をつくり出す最初の小さな挨拶のことです。自己紹介においても、コミュニケーションをとりやすくするための方法があります。

　ブレーンストーミング　参加者が自由に意見を出し合い、他者の批判を禁止するなどして、多様なアイデアを得る会議法式の1つです。

●コミュニケーションを促進させる自己紹介の方法

方法	具体的な手法
他己紹介	・2人で自己紹介し、その後に相互に相手をほかの人へ紹介する
リレー式自己紹介	・順番に自己紹介することにより氏名などを記憶 ・大人数の会議には適さないが、少人数であれば、参加者名を確実に記憶することができる

会議でのマネジメントの注意点

　会議において重要なことは、**目的**と求める**成果**（**ゴール**）を明確にすることです。求める成果が明確でなければ貴重な業務時間が無駄になります。また、声の大きい人や立場の強い人の発言の場となれば、**公平**かつ**公正**な運用ができなくなって一定の**結論**に至らず、会議の**目的**を達成できなくなります。

CHECK 生産性のない会議の5つの弊害

1 目的や意識が統一されていない

2 人の意見を聞こうとしない人がいる

3 議事内容が整理されていない

4 安易な妥協傾向

5 結論が曖昧なまま終わる

ファシリテーターの重要性と役割

　ファシリテーターとは、会議の中立的な**進行役・推進役**です。また、会議の目的を**達成**できるように主役である参加者を**支援**する役割を担います。

●会議の環境を整え、効率化を図る（「見える化」の活用）

会議内容の「見える化」	・あらかじめ、会議内容、考え方や意見をカードやA4用紙1枚に記述させて提出させる ・議論の要点を把握して討議する
会議結果の「見える化」	・会議実施前に用意した図表など、具体的に目に見えるアイテムがあれば使用して、ゴールを明確化する

アドバイス

ファシリテーターの役割は、進行役・推進役であり、リーダーではありません。ファシリテーターは、客観的立場に自身を置き、参加者を主役にして場を仕切らず、参加者が意見を出しやすいよう、議論の状態を把握しながら会議を進めることが求められます。

議事録の活用

　議事録は会議の内容や決定事項などを記録するものですが、社内の会議だけでなく、取引先との打ち合わせなどにおいても作成しましょう。議事録には、日時や内容、目的、参加メンバー、決定事項や検討事項、次回の会議日時を記載しますが、進めるべき業務、担当者、進行スケジュールなどを記録して責任の所在を明確にするという役割もあります。また、会議に参加していない人に決定事項や検討課題などの情報を共有するという役割もあります。

　なお、議事録を作成するときは、読み手を意識して、簡潔で正確な記録を心掛けます。これは会議の前に提出するアジェンダを作成する場合も同様です。

オンライン会議での注意点

　インターネット環境とスマートフォンやパソコンなどのデバイスを利用して、遠隔地のメンバーやテレワーク中のメンバーをつなぎ、両者がリアルタイムに会議を行うことの仕組みをオンライン会議といいます。オンライン会議は、オンラインミーティング、リモート会議、Web会議と呼ばれることもあります。

アジェンダ　会議における検討課題や議題、議事日程などをいいます。会議の前の準備用記録として利用され、会議で話し合いたいことなどを記載します。

●オンライン会議のメリットと注意点

[メリット]	[デメリット]
場所を問わずに開催できる	どこでも開催は可能なため、部外者にも内容が伝わる可能性がある
移動時間や交通費などの経費を節約できる	周囲に部外者がいないか、パソコンなどの画面を部外者がのぞき込んでいないか注意が必要
時間の調整さえ行えば容易に開催できる	自分の音声はミュート機能を使用して、メンバーの発言の邪魔にならないようにする
	使用するツールの選定には、情報が暗号化されているかなどの情報セキュリティリスクのチェックが必要
	主催者によって参加者が限定される

3 コミュニケーションに役立つ様々な理論や方法

EQ理論

　EQ理論とは、アメリカの心理学者ピーター・サロベイとジョン・メイヤーにより提唱され、「こころの知能指数」あるいは「情動の知能指数」を示します。EQ理論では、人間の考え方や意思決定、対人関係など、あらゆる言動の背景には、自己のそのときの感情が大きく影響するとしています。

　また、4つの「感情についての能力」の使い方を習得し、弱いエリアを強化することにより、人間関係を円滑に運用できるようになることを目的としています。

 CHECK EQ理論の基本的な考え方

1 自分の感情の状態を認識し、適切にコントロールできれば、前向きな感情を生み、適切な行動がとれる。

2 相手の状態を認識し、相手に適切に配慮できれば、コミュニケーションはうまくいく。

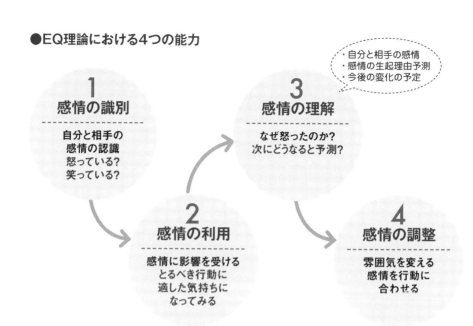

●EQ理論における4つの能力

1 感情の識別
自分と相手の
感情の認識
怒っている?
笑っている?

2 感情の利用
感情に影響を受ける
とるべき行動に
適した気持ちに
なってみる

3 感情の理解
なぜ怒ったのか?
次にどうなると予測?

・自分と相手の感情
・感情の生起理由予測
・今後の変化の予定

4 感情の調整
雰囲気を変える
感情を行動に
合わせる

交流分析とエゴグラム

　交流分析はアメリカの心理学者エリック・バーンが提唱した人間関係の心理学の理論で、「人の心には3つの特性がある」としており、コミュニケーション時の心理的態度や姿勢、癖、性格を示します。

　また、エゴグラムは交流分析に基づき、アメリカの精神科医ジョン・デュセイが考案した性格診断法です。交流分析の3つの特性を組み合わせて、5つの人の心の特性を示します。個人が成長し変化するために役立ち、潜在能力の顕在化・自己実現につながり、「心の傾向＝行動傾向」を認識することで、状況に対応した適切な状態へ改善するきっかけになります。

●交流分析による人の心の3つの特性

Parent（P）	親のような心。面倒を見る、叱るといった行動を起こさせる心の特性
Adult（A）	大人のような心。感情に流されず、情報を論理的・客観的に整理して、適切な行動を判断するといった心の特性
Child（C）	子供のような心。無邪気に遊んだり、人からの指摘に気分を害したりといった、子供の頃に感じていたようなことを感じるといった心の特性

●エゴグラムによる人の心の5つの特性

厳しい親 Controlling Parent	優しい親 Nurturing Parent	大人 Adult	無邪気な子供 Free Child	従順な子供 Adapted Child
正義感、 責任感、厳しさ	優しさ、寛容性、 許容性、保護的	論理的、 理性的、現実的	直感力、 創造性、闊達、 自由な動き	従順、協調性、 受け身、周囲に 気兼ね

 CP NP A FC AC

●うまくいくコミュニケーション

NP と FC は、優しく寛容的な上司と闊達で創造性のある部下の関係。一方、CP と AC は、厳しくとも責任感のある上司と協調性が高く行儀のよい部下の関係といえる。

●うまくいかないコミュニケーション

NP と AC は、優しく寛容的な上司と受け身で主体性が乏しい部下の関係であり、部下はたえず周囲に気兼ねする。CP と FC は、厳しい上司と自由闊達な部下の関係であり、部下が窮屈に感じやすい。

NP 優しい親　　CP 厳しい親
A 大人　　A 大人
AC 従順な子供　　FC 無邪気な子供

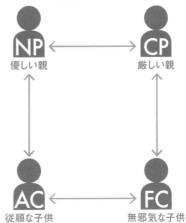

NP 優しい親 ←→ CP 厳しい親
AC 従順な子供 ←→ FC 無邪気な子供

アドバイス

エゴグラムを使うことにより、人の心の特性とそこから生じる行動特性を可視化できるようになり、状況に応じた適切な状態に改善することができます。

ソーシャルスタイル理論

ソーシャルスタイル理論は、アメリカの産業心理学者デヴィッド・メリルとロジャー・リードによって提唱された**コミュケーション理論**です。人の言動を４つのスタイルに分類して、自分に「合う人」だけでなく、「合わない人」の性格を理解することにより、**相手と良好な関係性を構築**することができるとしています。ビジネスの**相手**には、**様々な性格特性**があるため、**相手に合わせたコミュニケーション方法を意識**することが大切です。ソーシャルスタイルは、相手や状況により、**強みにも弱みにもなります**。

●ソーシャルスタイル分類

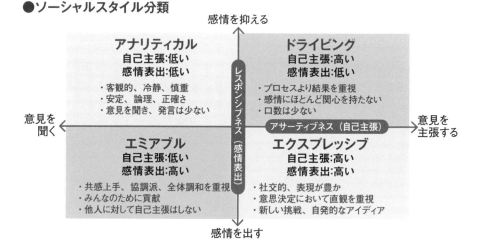

感情を抑える

アナリティカル
自己主張:低い
感情表出:低い
・客観的、冷静、慎重
・安定、論理、正確さ
・意見を聞き、発言は少ない

ドライビング
自己主張:高い
感情表出:低い
・プロセスより結果を重視
・感情にほとんど関心を持たない
・口数は少ない

レスポンシブネス（感情表出）

意見を聞く ←　アサーティブネス（自己主張）　→ 意見を主張する

エミアブル
自己主張:低い
感情表出:高い
・共感上手、協調派、全体調和を重視
・みんなのために貢献
・他人に対して自己主張はしない

エクスプレッシブ
自己主張:高い
感情表出:高い
・社交的、表現が豊か
・意思決定において直観を重視
・新しい挑戦、自発的なアイディア

感情を出す

CHECK　有効な知識として生かすポイント

1 自分のスタイルを把握する

2 相手が自分とは異なるスタイルの場合、自身のスタイルの傾向を押し付けるのではなく、抑制することにより、コミュニケーションの悪化を回避できる

3 自身のスタイルに気づきにくい場合には、周囲の人の客観的な意見を手掛かりとする

4 相手のスタイルを把握した上で、そのスタイルに適した対応をとることができれば、コミュニケーションは向上する

（例）相手のソーシャルスタイルが、物事を合理的に進めていく傾向があり、無駄な話はしない様子であれば、自身が表情豊かに直観を重視するソーシャルスタイルであったとしても、論理的に単刀直入に結論を先に伝え、根拠や具体例を順序立てて述べる話し方を心掛ける。

練習問題

問題1 ノンバーバルコミュニケーションの実践方法に関する記述で正しいものをすべて選びなさい。

①部下と一対一で話をする際、話しやすい雰囲気づくりのために、お互いに真正面に向かい、比較的近い距離で、視線の高さを同じにして話すことにより安心感が生まれる。このスペースを、パーソナル・スペースという。

②髪型・衣服・アクセサリーなどの見た目は、セルフ・プレゼンテーションといい、自身の気持ちに大きな影響を与えるので、満足できるよう心掛けることにより、部下や周囲に対して自信を持って接することが大切である。

③表情・アイコンタクトや態度、身振り手振りといった日常の無意識なジェスチャー、歩き方や姿勢などをボディー・ランゲージといい、多くの何かしらのメッセージを周りの人へ発信していると考えられる。

④パラ・ランゲージとは、話し手の声の大きさや高低、調子やスピードをいい、周辺言語とも呼ばれる言葉の内容がいかに論理性を持っていても、これらによって聞き手の受ける印象は大きく異なるので、TPO を考えることが必要である。

問題2 コミュニケーションを円滑にするためのポイントに関する記述で正しいものをすべて選びなさい。

①人と話をするとき、同じ日本語という共通言語を使用しているのだから、基本的には、相互理解が進んでいると考えてよい。

②専門的な話でも相手が黙って聞いており、意見や質問が出ないような場合、一般に、相手は、当方の話の内容を十分に理解し納得していると考えてよい。

③相手の発言について疑問を感じた場合には、話を中断し、即座に質問して疑問点を解消することが大切だ。

④発言者から意見を求められたときには、賛否だけでなく、発言内容を指摘しつつ、補足質問や自分の考えを言うことが必要だ。

問題3 会議の生産性を高めるコミュニケーション手法に関する記述で正しいものをすべて選びなさい。

①参加メンバーの緊張をほぐして気持ちをやわらげる手法をアイスブレイクという。

②ファシリテーターは、会議のメンバーに対して、適切な支援よりも、自らが積極的に議論に参加し、自らの主張したいことをメッセージとして納得してもらうよう努めるべきである。

③ファシリテーターは、参加者の個々の表情や雰囲気を読み取り、納得していない人、発言したい人、場に参加できていない人などを把握し、健全な討議の場を確保する。

④会議は、目的を達成するためには、終了時刻が延長されても仕方ない。

⑤直接対面しないオンライン会議においては、オフィス内であれば、周囲の雑音や話し声が相手に届いてしまうおそれはない。

⑥オンライン会議の際には、参加者を限定するために、主催者が決めた人のみが会議に参加できる機能を活用すべきだ。

⑦オンライン会議で議論を進める際には、情報漏えいの観点からもセキュリティ機能の高さを確認するために暗号化されている内容かの確認が必要だ。

問題4 「EQ理論（Emotional Intelligence Quotient）」に関する記述で正しいものをすべて選びなさい。

①EQ理論は、感情の働きを理解し、自分や相手の感情を適切にコントロールする能力であり、「こころの知能指数」あるいは「情動の知能指数」といわれる。

②EQ理論では、「感情の識別」「感情の利用」「感情の理解」「感情の調整」という4つの能力のうち、自己の強みであるエリアをさらに強化することにより、人間関係の円滑化を図るべきであり、弱いエリアを強化することによる円滑な人間関係の運用を目的とはしていない。

③EQ理論の4つの能力のうち、感情（気持ち）の生起と今後の変化を予測する能力を「感情の識別」という。

④EQ理論の4つの能力のうち、感情（気持ち）を読み取る能力を「感情の理解」という。

問題5 交流分析やエゴグラムに関する記述で正しいものをすべて選びなさい。

①人の心の特性を「Parent（P）」「Adult（A）」「Child（C）」の3つに分類する。この理論はコミュニケーション時の心理的態度や姿勢、癖、性格を示す。

②人の心を5つの領域（CP・NP・A・FC・AC）に分類し、その5つの心理状態が、人の心の特性を示し、それぞれの人間の交流や行動においてどのように表れるかを分類する。「心の傾向＝行動傾向」を認識することで、状況に対応した適切な状態へ改善するきっかけにつながる。

③正義感、責任感のあるタイプの心の特性を知ることによって、たとえば、そこから生じる行動特性として「〜すべきだ」と批判的な態度をとる傾向があることを理解できるようになる。

④直感力、創造性、表現力のあるタイプは、協調性が高く、受け身で、行儀よく振る舞う傾向がある。

問題6 **ソーシャルスタイル理論に関する記述で正しいものをすべて選びなさい。**

①ソーシャルスタイル理論は、アメリカの社会心理学者のデヴィッド・メリルとロジャー・リードが提唱したコミュニケーション理論である。

②人間は、アサーティブネス（自己主張）と感情表出（レスポンシブネス）の2軸に分類できるとしている。

③分類されたアナリティカルの特徴は、自己主張し、感情表現が豊かで、直観を重視する。

④分類されたエミアブルの特徴は、共感上手で自己主張は控えめである。

⑤相手が自分のソーシャルスタイルと異なる場合においては、自分のソーシャルスタイルに相手を巻き込むことが大切だ。

(問題1) 答え③④

①は、角度は真正面ではなく、90度が好ましいため、正しくない。②は、髪型・衣服・アクセサリーなどの見た目は、自分自身ではなく、相手に大きな印象を与える。また、部下や周りに対して信頼に値する見た目を心掛ける必要があるため、正しくない。

(問題2) 答え④

①は、同じ日本語であっても、経験の違いによって、話の理解度は左右されることがあり、内容の正確な理解ができているとはかぎらないため、正しくない。②は、人は相手の話の内容がわからなくなったり、興味が持てなくなったりすると沈黙する傾向にあるため、正しくない。③は、相手の発言は最後まで、相槌をうちながら、よく聞くことが大切であるため、正しくない。

(問題3) 答え①③⑥⑦

②は、ファシリテーターは会議への意欲や発言内容について、会議参加者の参加意欲を引き出すために、発言者が偏らないように配慮する必要があり、自らを客観的立場に置くべきであるため、正しくない。④は、会議の開始時刻と終了時刻は厳守すべきで、終了時刻のわからない会議では生産性の高い会議は期待できないため、正しくない。⑤は、オンライン会議においては、オフィス内であっても、周囲の雑音や話し声が相手に届いてしまうおそれがあるため、正しくない。

(問題4) 答え①

②は、EQ理論では、弱いエリアを強化することで人間関係を円滑に運用できるようになることを目的としているため、正しくない。③は、EQ理論の4つの能力のうち、感情(気持ち)の生起と今後の変化を予測する能力は「感情の理解」であるため、正しくない。④は、EQ理論の4つの能力のうち、感情(気持ち)を読み取る能力は「感情の識別」であるため、正しくない。

(問題5) 答え①②③

④は、直感力、創造性、表現力のあるタイプは、闊達な性格、感情の自由な表現、健康的で活動的といった傾向があるため、正しくない。

(問題6) 答え②④

①は、ソーシャルスタイル理論は、アメリカの産業心理学者デヴィッド・メリルとロジャー・リードが提唱したコミュニケーション理論であるため、正しくない。③は、分類されたアナリティカルの特徴は、自己主張や感情の表現は控えめで、論理的であるため、正しくない。⑤は、相手が自分のソーシャルスタイルと異なる場合においては、自分のソーシャルスタイルに相手を巻き込むのではなく、相手のソーシャルスタイルに適した対応をとることが大切なため、正しくない。

第3章 部下のマネジメント

ココがポイント

▶ 信頼関係を築くとともに、部下の自律性や自発性を尊重する

▶ リーダーシップを発揮するために、PM理論で明らかにした課題点を分析し、行動する

▶ 部下を動機づけして働く意欲を引き出し、仕事に意欲的に取り組む状態をつくる

理想の リーダー像…

1 部下に対するアプローチと心構え

自律性や自発性の尊重

マネジャーは、長期的なスタンスで部下を育成する視点を持つことが大切です。そのためには、部下の自律性や自発性を尊重して、意見・見解を聞き入れ、部下に実行させてみることです。ときには、誤りを指摘しながら、部下が育つことを確認してください。また、チーム内での立場を認めることが部下の成長につながり、周囲からの期待も高まります。このプロセスが、部下との信頼関係に大きな影響を及ぼします。

CHECK 挨拶の心理的効果

お互いに挨拶をかわすことによってお互いに相手を認め、チームの一員であるという承認行動の意味を持ちます。挨拶には、心理的な大きな効果が含まれています。たとえばマネジャーは、始業時に部下と会ったら、率先して挨拶すべきです。そうすることで、チームに明るい雰囲気をつくり出すことができます。

信頼を獲得するための心構え

(1) 利己主義に陥らない

　マネジャーの持つ廉潔感（私欲がなく、心や行いが正しい様子）が、部下からマネジャーへの信頼の獲得につながります。「成果はチームのもの、失敗は自らのせい」であることを自覚し、チームの成果を全員の手柄として部下とその喜びを分かち合う姿勢、つまり利己主義に陥らない意識が大切です。

(2) 目標に対する真摯な姿勢

　マネジャーは、ときに意に沿わない目標をその上司から課せられる場合があります。しかし、部下は、様々な課題や障害を乗り越えて、目標達成に向けて真摯に対応するマネジャーの姿勢に注目しています。

(3) 公私のけじめをつける

　マネジャーは、公私の区別をつけることが必要です。公私混同は公正・公平な意思決定を阻害するばかりでなく、経費の流用や社内不正などにもつながり、コンプライアンス上も問題行動に発展しやすい環境となります。慣れ合うことなく、緊張感を保ちながら自らを律する折り目正しい態度と行動が求められます。このことは「虚勢を張る」「威張る」などということではなく、公人としての立ち居振る舞いや信頼に値する存在感が部下に安心感を与え、信頼性を得ることにつながるということを意味します。

CHECK　部下に接する際の心得と年上の部下への対応

　経験豊富な年上の部下や、専門性の高い部下に対しては、その技量を認めて敬意を払いましょう。状況によっては、部下に教えを乞うことにより、新しい価値創造へつながります。マネジャーは右記の点に注意し、部下の持つ経験や専門性を活用することによって目標を達成するという視点も大切です。

1　率先して挨拶

2　部下に役割分担を示し、労をねぎらう

3　注意はTPOを考える。特に年配の部下を若い部下の前で注意するのは禁物

4　叱るよりほめる（ほめるときはみんなの前で）

5　部下を孤立させない

部下を注意する際の留意点

マネジャーはチームの責任者として、部下の**不適切な行動**に対しては注意を与えることも必要です。ただし、その際には次のような留意点があります。特に感情に決して左右されず、**冷静な判断**を心掛けることが大切です。

(1)事実関係をよく確認する

原因が根拠のある事実なのか、単なるうわさなのか、あるいは、悪意のある中傷なのか、慎重な**事実確認**が必要です。

(2)直接本人に注意する

注意点を間接的に部下の同僚などに伝えることは、本人に対する誹謗中傷と受け取られたり、真意が伝わらなかったりすることがあります。そのため、本人に**直接**、丁寧に、**注意喚起**を促すことが大切です。

(3)存在価値を認める旨を示す

部下の立場からすると、注意を受けることは自分の存在を否定される不安感があるものです。部下の**価値を認める**ことから話すのも大切です。

(4)目的を明らかにする

注意することの**目的**が、反省を促して同様の失敗を繰り返さないための指導であることを明らかにします。感情論と誤解されないようにしましょう。

(5)自尊心を傷つけない

本人の性格や家庭環境などを指摘する「**個の侵害**」にならないように注意します。注意事項の指摘は、具体的な行動について反省と改善を求めることに集中します。

(6)同僚、部下や部外者の前で注意しない

TPOを考え、相手に「恥をかかされた」と感じさせないよう、不必要に**第三者**の前では注意は行わないようにします。

アドバイス

部下には、マネジャーの表情を見ながら報告し、その反応を見てマネジャーの精神状態を推測しながら話を進めようとする心理的行動が働きます。そのため、部下の前では、感情を露骨に表現せずに、ごく自然に相手の顔を見て常に平静に話すことが大切です。

2　部下とのコミュニケーション

部下に業務を指示する際の注意点

　部下に業務を指示する際には、次の点に注意しましょう。

（1）簡潔明瞭に指示を行う

（2）復唱などにより指示の内容を確認させる

（3）指示した事実の根拠として、可能な限り記録に残す

「業務機能の明確化」と「業務内容の具体化」

　マネジャーは業務の目的に沿った生産・効率的な運用を行うために、業務が果たす働き・作用などの役割を明確化することや、業務機能として示される作業内容について「何をどうするべきか」を具体的にすることが大切です。

● 「業務機能の明確化」と「業務内容の具体化」

業務機能の明確化	業務が果たす作用や働きを明らかにする
業務内容の具体化	業務の「何をどうする」を明確にする

第3章 部下のマネジメント

業務報告の励行

　業務は単に与えられた仕事を実行すれば完了するというものではありません。業務は部下が報告をきちんと行うことではじめて完結します。報告の方法は、「報告・連絡・相談（報・連・相）」です。マネジャーは、部下から報告を受けなければチーム全体の動向を見誤るおそれがあるため、指示したことを確実に実行しているかどうか、部下に報告を励行させることが大切です。

アクシデント情報の優先的な報告

　マネジャーが報告を受ける際は、報告者には主観を交えず、機械的・客観的な情報を上げるよう指示することが大切です。
　業務を遂行する上では、不良品の発生や顧客トラブル、スケジュールの遅延など、様々なアクシデントが発生します。アクシデントが発生した場合、マネジャーは部下に最優先で報告させましょう。報告を受ける際は、報告者の客観情報と主観情報を峻別するように、常に意識する必要があります。

コミュニケーションの断絶の防止

（1）5W1H（誰が、何を、いつ、どこで、なぜ、どのように）で報告させる
（2）アクシデントの情報は優先的に報告させる
（3）部下の報告を受ける姿勢には、「畏縮させない」「真摯に向き合う」という対応が大切である
（4）どのようなことでも、部下の報告を受ける時間帯を設ける
（5）特にアクシデント情報は「報告の回線（伝達経路）」を開放しておく
（6）できるだけ、face to face で報告を受ける。その際は、部下のノンバーバルに注目して、言葉として表現されない情報を読み取ることも大切である

「場」を活用したチームづくり

　マネジャーは、チームとして業務を推進するにあたり、適切なコミュニケーションを図り、部下どうしが協働できる環境を整備する必要があります。部下どうしが協働できる環境の1つには、会議の「場」がありますが、チームの生産性を高めるために「場」の考え方を応用しています。

　「場」には、日常的なコミュニケーションを通じて、チームの部下の相互理解、相互の働きかけ、相互の心理的刺激を促す作用があります。マネジャーは、このような「場」を設定して主体的に運営し、発展させていくことが求められています。

●「場」の発展による効果

場の発展	期待する効果
共通理解の促進	チーム内での共通した理解や判断基準の共有化により、整合性のある判断や迅速な意思決定が可能となる
情報蓄積	多くの情報のやり取りにより、個人の情報が蓄積され、相互理解が深まり、行動指針も明確化する
心理的共感	心の共感（共振）が生じる結果、チーム内での相互のエネルギー水準が高まる

IT環境の発達によって、職場でメールやチャットを活用したコミュニケーションが増えています。たとえば、声をかけることもなくメールで業務指示や連絡を取り合うことがありますが、このようなIT環境だからこそ「face to face」のコミュニケーションが必要なのです。そのためマネジャーには、組織内のコミュニケーションを活性化させる適切な「場」の運営が託されているのです。

リーダーシップを発揮する

リーダーシップの必要性

マネジャーは、経営理念・ビジョンを理解して、部下と共有し、実現へ向けて行動するとともに、チームの**方向性**を合わせることが大切です。その際、チームメンバーを導くためには、**リーダーシップ**が必要となります。

リーダーシップを発揮するマネジャーとは、チームのメンバーに共通の目標を理解させて、達成のためのベクトルを合わせられる**調整力**のある人をいいます。また、マネジャーは常に、行動はもちろん、顔の表情や服装、話し振り、対人折衝における立ち居振る舞いなど、「部下からすべての**言動**が注目されている」という意識を持つことが大切です。

なお、リーダーシップを発揮する際に役立つ理論として、「PM理論」や「SL理論」などがあります。

PM理論（リーダーシップ行動論）

PM理論とは、社会心理学者の三隅二不二が提唱したリーダーシップ行動論です。このPM理論では、リーダーシップを、業務の目標達成を重視する**P機能**（Performance function「**目標達成機能**」）と、チームなどの集団の人間関係を重視する**M機能**（Maintenance function「**集団維持機能**」）の2つの機能に設定しています。

さらにPM機能は、「P」と「M」の2つの能力の強弱によって、4つの類型に分類されています。

(1)リーダーシップのタイプを把握する方法

PM理論をマネジメントにおいて活用する際の主な手法（PMサーベイ）には、「**他者評価**」「**モラール**」「**自己評価**」があります。それぞれの違いは次のとおりです。

リーダーシップのスタイル　リーダーシップのスタイルは、取り巻く環境や部下の特性によって使い分けるという考え方があります。そのスタイルには、指示型、コーチ型、変革型、関係重視型などがあります。

① 他者評価	② モラール	③ 自己評価
マネジャーのＰ機能・Ｍ機能について、発揮程度を部下からの評価によって測定する。	職場の状態、個々の意欲や、給与・会社への満足度、精神衛生、コミュニケーションなど8項目（モラール）について測定を行う。	自己評価と他者評価との比較で、両者の違いがどこにあるのかという分析が可能になる。

（2）リーダーシップのタイプの4類型

①PM型：目標達成のための成果を出す業務遂行能力と、集団をまとめながら部下を育成する能力を兼ね備えた、リーダーの理想型

②Pm型：目標達成には熱心だが、部下に対する配慮を欠くなど集団をまとめる能力は弱いタイプ

③pM型：仕事における成果はかんばしくないが、人望は高くチームをまとめる能力のあるタイプ

④pm型：目標を達成する能力、集団をまとめる能力も弱く、リーダーには向かないタイプ

●リーダーシップの4タイプ（PM理論）

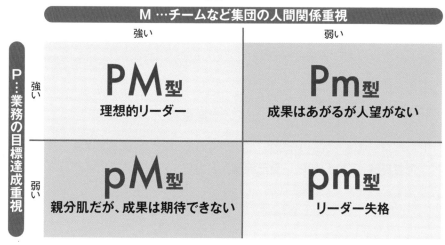

(3) マネジメントにおけるPM理論の活用

　PM理論では、リーダーシップを「個々のリーダーの特性」のような変わりにくいものではなく、常に改善され、向上し得るスキルとして捉えています。マネジャーは、リーダーシップが十分に発揮されていないと評価される行動があれば自省し、理想のリーダーシップの「PM型」へと近づくよう積極的に行動に移すことが求められています。

SL理論

　SL理論は、ポール・ハーシーとケン・ブランチャードによって提唱されたリーダーシップに関する理論です。SL理論はシチュエーション・リーダーシップ理論の略で、部下の成熟度によって、どのようなリーダーシップをとるべきかが異なるという考え方です。

　効果的なマネジメントを行うには、状況に応じてリーダーシップのスタイルを変える必要があるとされています。

4 部下のモチベーションを高める（動機づけ）

動機づけとは

　動機づけとは、モチベーションともいわれ、目標に向かって行動し、それを達成するまで維持する働きをいいます。また、心理学では、動機づけは「動因（ドライブ）」と「誘因（インセンティブ）」の2つの要因の相互作用で成立するといわれています。

ビジネスにおける動機づけ

　マネジャーは、部下との話し合いや激励などによる働きかけで、部下に仕事の面白さを伝え、能動的・積極的に働きたいという気持ち、仕事への意欲を起こさせます。そして、目標を設定して営業成績を競わせる、表彰制度を設けるなど、部下のやる気を起こす仕組みをつくることで、動機づけを行います。

●動機づけの2つの要因

動因（ドライブ）	内的欲求、欲しいという気持ち、積極的・能動的に働きたい気持ち
誘因（インセンティブ）	外的欲求、欲しいという気持ちを満たすもの、目標、報酬、働きたいという気持ちを起こさせるもの

動機づけの際の留意点

　動機づけを行う前提としては、「マネジャーが部下の信頼を得ていること」「部下の行動に対して適切な対応を行うこと」「部下の意欲を阻害するような自身の発言・問題行動を常に点検すること」が求められます。

　また、仕事への意欲が低下している部下に対しては、職場の人間関係・不公平な評価・私生活とのバランスなど、仕事への意欲を阻害する要因があるのではないかと、状況の把握に努め、問題要因を取り除く姿勢も大切です。

部下の動機づけの際に役立つ考え方

（1）マズローの「欲求段階説」

　アメリカの心理学者アブラハム・マズローによって提唱されました。人間の欲求を5つの段階に構造化して、下位の欲求が充足されると、その上の欲求を満たすべく行動すると考えられています。人間に共通するこの欲求について理解することは、部下のモチベーションを考える上で有意義です。

●マズローの「欲求段階説」

欲求段階説　マズローの「欲求段階説」には、自己超越欲求として、「他人だけではなく自分の存在も超えて、世界中の人の幸せを願っている状態」の6段階目があったとされています。

第3章 部下のマネジメント

(2) ハーズバーグの「2要因理論」

2要因理論は、アメリカの臨床心理学者フレデリック・ハーズバーグが提唱した考え方です。

仕事の満足度に影響を与える要因には、満足を引き起こす「動機づけ要因」と、不満足を引き起こす「衛生要因」が個別に存在していて、両者の間には、関係性は少ないとされています。また、職場では、衛生要因に働きかけて不満足要因を取り除くよりも、動機づけ要因に積極的にアプローチすることが重要であるとされています。

●ハーズバーグの「2要因理論」

[動機づけ要因=満足要因]
・興味のある仕事
・目標の魅力
・成長感や達成感のある昇進
・責任と権限の付与
・職務拡大や職務充実

両者の間には
関係が少ない

[衛生要因=不満足要因]
・賃金や労働時間などの労働条件
・施設の充実や福利厚生
・職場の雰囲気
・社員旅行や飲み会
・人間関係やコミュニケーション

やる気が高まる

職務不満足を引き起こす

(3) XY理論

XY理論は、アメリカの心理・経営学者ダグラス・マグレガーの提唱した、人間観と動機づけにかかわる理論です。

人間行動（人はなぜ働くのか？）は、どちらが「よい・悪い」ということではなく、対照的な見解である「X理論」と「Y理論」に分類できるという考え方です。

X理論とY理論は、対照的なマネジメントスタイルを表す際にも用いられることがあります。部下の成熟度や部下のその時点での課題、職場や職種の性質により、X理論・Y理論の有効性が異なると考えられています。

●XY理論

[X理論]

平均的な人間は「仕事嫌い」「強制や統制、命令、懲罰がないと動かない」「怠け者」「命令を好み責任を回避する」「大望を抱かず安全・安定を望む」

[Y理論]

平均的な人間は「生まれつき仕事が嫌いなわけではない」「打ち込むものには自己管理・自己統制を発揮する」「自己実現を求める」「責任も引き受ける」

↓

・飴と鞭の対応が有効
・発展途上国では有効
・X理論を継続したマネジメントの副作用（ゴーレム効果）が生じる

↓

・マズローの精神的欲求（社会的欲求や承認欲求、自己実現の欲求のような高次欲求）を比較的多く持つ
・ピグマリオン効果が生じる

> X理論、Y理論のどちらがよいとも悪いともいえない。
> 部下の成熟度、職場や職種の性質上、X理論が有効な場合もある

アンダーマイニング効果とエンハシング効果

　アンダーマイニング効果とエンハンシング効果は、対照的な心理効果です。アンダーマイニング効果は、内発的に動機づけられた行為（好きでしていた仕事など）が、報酬を与えるなどの外発的な動機づけにより、当初の動機づけが抑制され、モチベーションが低減する現象をいいます。

　アンダーマイニング効果を生じさせないためには、内発的に動機づけされた行動をしている部下の自律性や自己決定感、有能さの認識を低下させず、外部から統制されているように感じさせないことが重要です。

　一方、エンハシング効果は、力や才能ではなく、行動を褒められ、行動を期待されるなどの外発的動機づけによって、内発的動機が高まりモチベーションが向上する効果をいいます。

ゴーレム効果　人は期待をされなかったり、悪い印象を持って接したりされると、実際の成果や成績もあがらない傾向があるとされ、部下は強制や命令がなければ動かなくなるという状況が生じます。

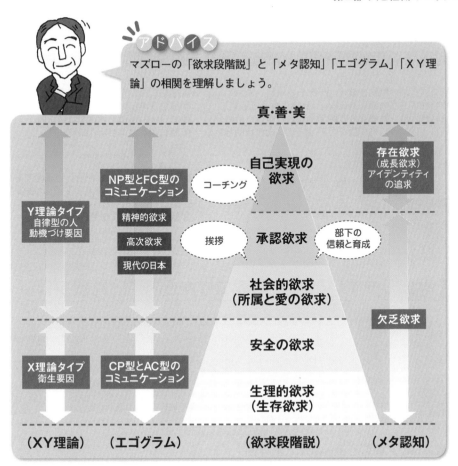

アドバイス

マズローの「欲求段階説」と「メタ認知」「エゴグラム」「XY理論」の相関を理解しましょう。

真・善・美

自己実現の欲求

コーチング

NP型とFC型のコミュニケーション

存在欲求（成長欲求）アイデンティティの追求

Y理論タイプ 自律型の人 動機づけ要因

精神的欲求

高次欲求

現代の日本

挨拶

承認欲求

部下の信頼と育成

社会的欲求（所属と愛の欲求）

欠乏欲求

安全の欲求

X理論タイプ 衛生要因

CP型とAC型のコミュニケーション

生理的欲求（生存欲求）

（XY理論）　（エゴグラム）　（欲求段階説）　（メタ認知）

自己決定理論

アメリカの心理学者リチャード・M・ライアンとエドワード・L・デシは、モチベーション（動機づけ）を理論化した「自己決定理論」を提唱しました。マネジャーによる部下の動機づけには、「内発的動機づけ」と「外発的動機づけ」の2種類に分けられます。

内発的動機づけは、興味や関心、好奇心、向上心といった自身の内部からの欲求によってもたらされるもの。一方、外発的動機づけは、報酬や他者評価、賞罰といった外部からもたらされるものを実現することが目的です。内発的動機づけと外発的動機づけのメリット・デメリットは、次のとおりです。

ピグマリオン効果　人は期待されたとおりの成果や成績を出す傾向があるとされます。たとえばマネジャーが部下に期待することによって、部下はその期待に応えようと努力するという効果のことをいいます。

分類	観点	メリット・デメリット
内発的 動機づけ	・興味や関心、好奇心、向上心などの 　内面にある欲求。目標は自身で設定 ・外部からの評価や報酬を得るための 　行動ではなく、行動そのものが目的となる	・意欲的なため持続性も高く、満足感や 　幸福感を得られる ・動機づけの方法が明確でないため、 　短期成果につながりにくい
外発的 動機づけ	・評価や報酬、賞罰など、外部によって 　もたらされる事物の実現を目的とする ・目標は外部が設定	・行為自体に興味関心が乏しい場合でも、 　行動意欲が短期に向上する場合もある ・効果は一時的で、得られるものが 　常態化すると効果が薄れる

導入しやすい外発的動機づけから内発的動機づけ

　内発的動機づけが、興味関心や価値観など、個々人の内面に左右されるものが要因であるため、報酬や評価などの外発的動機づけと比べると導入は困難であると考えられます。ですが3つの人間の心理的欲求を挙げ、これらが満たされると、モチベーションとパフォーマンス、精神的健康（ウェルビーイング）が向上し、内発的動機づけが促進されるとしています。

●3つの人間の心理的欲求と具体例

種類	状態	具体例
自律性 （Autonomy）	他者から強制されたものでなく、 自らを律しながら主体的に 行動している状態	部下に行動を選択する機会を与え、自 分が選択している意識づけを 認識させる
有能さ （Competence）	自分には能力があって優れていると 感じられる状態	部下の行動を認め、行動が成果に つながっていることを認識させる
関係性 （Relatedness）	周囲から関心を持たれている、 信頼関係を維持していると 実感できる状態	メンバーどうしで声を掛け合う、継続的 なサポート体制をつくるなど、部下に チームの一員であることを認識させる

●外発的動機づけから内発的動機づけへのプロセス

第1段階 外的調整	・報酬を得るため、罰を逃れるためなど、外部からの要因に従い行動している状態 ・誰かから言われたので行動する。自立性は低い
第2段階 取り入れ調整	・誰かに言われたのではないが、他者からの評価などを受け、自尊心の維持や羞恥心や罪悪感、義務感のために従う外発的動機づけ ・自己決定はあるものの、行動は外部要因に調整される
第3段階 同一化調整	・自身の価値観、目標達成に必要だと感じるために、自己が積極的に選択して関与する ・自律性が高い外発的動機づけ
第4段階 統合的調整	・自身の価値観や目的、欲求と行動の価値が一致しており、無理なく自発的に行動する外発的動機づけ ・自律性の観点から内発的動機づけに近いが、外部からの統制に関連づけられる外発的動機づけ

5 多様な人材のマネジメント（ダイバーシティへの対応）

ダイバーシティとは

　ダイバーシティとは、「多様性」を意味し、企業で働く人々の雇用形態・性別・年齢・国籍など、多様な立場や環境を理解し、画一的ではなく、個性を尊重する考え方です。各社員の状況に対応した形態で積極的に活用・支援することによって多様な個性を持つ部下の可能性が活性化され、変化を続ける新しい時代環境への適応力と、新しい価値創造を企業にもたらすと考えられています。

　特に、労働力人口総数の約44％を占める女性への期待は大きく、仕事と家庭の両立支援や管理職登用などのキャリア支援の両輪が必要です。また、長時間労働と性別役割分担意識が女性の活躍を阻害していると考えられています。

雇用形態の多様化

　企業においては、正社員といわれる正規で長期的に雇用される人だけでなく、非正規雇用といわれる人々も数多く働いています。

　パート、契約社員、嘱託、派遣社員などの非正規雇用は、労働者全体の3分の1を超えて過去最高水準にあります。特に65歳以上の高齢者層で増加傾向となっています。非正規雇用は、正規雇用と比較して相対的に人件費が安く、需

ダイバーシティ・エクイティ＆インクルージョン　多様性を受け入れるダイバーシティに、公平／公正性（Equity）を加えた概念。お互いにインクルージョン（包摂）することが持続可能な成長の源泉とされます。

第3章 部下のマネジメント

給の変動に応じて人員の調整がしやすいという企業側のメリットがあります。一方、様々な事情によって労働時間に制限を持つ労働者側にとっても、時間を融通しやすいなどのメリットがあるため、企業側・労働者側の双方に非正規雇用を選択する理由があります。

多様な人材のマネジメント

（1）非正規雇用労働者

多様な背景を持つ人材をチーム内でマネジメントするマネジャーは、非正規雇用であっても能力に差はないという前提のもと、業務を区別するのではなく、自律性と自発性を尊重し、高い専門的知識を生かすなど差別のないコミュニケーションを行い、目標達成のための戦力として活用することが大切です。

（2）障がい者

労働者を雇用する事業主は、その従業員数に応じて一定数以上の障がい者を雇用することが法律で義務づけられています（障害者の雇用の促進等に関する法律）。具体的には、43.5人以上の従業員を雇用する民間企業には、2.3%の、法定雇用率が定められ

ています。また、2024年4月には従業員40人以上の民間企業には、2.5%の法定雇用率へ段階的に引き上げられます。マネジャーは、障害を持つ労働者も含めた多様なメンバーの潜在能力を発揮させ、生産性の向上や企業の成長等に貢献させるよう心掛けることが大切です。

（3）高齢者

人口減少による人手不足が常態化する中、高齢者の雇用確保は人材活用としても有用です。高齢者は実務経験と高い技量を身につけていることが多く、高齢者の人口構成比が増加していることもあり、今後、企業の受け入れは拡大していくと予想されます。この状況下では、マネジャーは高齢者が部下としてチー

同一労働同一賃金　同一企業・団体におけるいわゆる正規雇用労働者と非正規雇用労働者との間の不合理な待遇差の解消を目指すものです（P213参照）。

ムに配属されることも想定し、また加齢に伴う身体的な機能や記憶力等の低下による錯覚や不注意を念頭に置き、多様なチームメンバーの経験、知識、能力を発揮できる職場環境を整備しておくべきです。

また、マネジャーは、アメリカの建築家ロナルド・メイスが発表した「**文化・言語・国籍の違い、老若男女の差異、障がい、能力を問わず、利用することができる施設・製品・情報のデザイン**」という考え方である、**ユニバーサルデザイン**の普及を考慮することも大切です。たとえば、マニュアルの文字を大きくする、作業手順書はわかりやすい図表で示すことなどが必要です。

(4) 育児中の者や要介護者を持つ者

男女問わず、育児や介護等、**時間制約を持ちながら働く部下**が増加しています。マネジャーは、残業前提の長時間労働の働き方を見直し、時間制約を持ちながら働く部下の悩みに配慮し、**プライベートなストレスを軽減**することにより効率化を図るべきです。部下との**面談**の機会を設け、個々の**事情をくみ取り、解消**するための支援が大切です。

(5) 世代の多様性

職場の就業環境は、「ベビーブーム世代」「X世代」「ミレニアル世代」「Z世代」など、**多様な世代**の人々で構成されています。一般的には、**世代ごとに共通の価値観や感性**を持つといわれています。ともすれば、異世代を特別な存在として捉え、その異世代の傾向の根本を見落としがちになることもあります。

異世代の考え方には、**若者に限らず人間の持つ心理的欲求が内在している**こともあります。マネジャーはチーム運営において、異世代の人材への**特別な対処法**を模索するよりも、チームが進むべき本来の目的や、チームメンバー全員の**共通の目的を注視**することが重要です。**目的達成のために必要なことを認識**し、**1 on 1 ミーティング**などにより、**個々人の欲求を理解**することが大切です。

同時に、**世代ごとの特徴を把握**しておくことも大切で、対象世代の価値観や考え方をするようになった**社会的な背景を理解**することも重要です。異なる世

代の価値観や考え方の良し悪しを決めるのではなく、客観的な視点で相手の価値観や考え方を理解するためにも社会的な背景の理解は欠かせません。

(6) LGBTQ

LGBTQ（Lesbian,Gay,Bisexual,Transgender,Queer や Questioning）の人々が職場で働いていますが、偏見や差別のために、LGBTQ であることを打ち明けることに困難を感じている人も多くいます。職場におけるダイバーシティの実現にあたり、LGBTQ であることは本人の代えがたい自我であり尊重しなければなりません。本人の意思で選択することも、変更することもできないことだと共通認識として持つことが大切です。

マネジャーは多様性を尊重し、偏見や差別のない職場環境の構築に取り組むことが必要です。

(7) 外国人

人手不足が加速する状況において、外国人労働者を雇用する企業は増加傾向にあり、企業によい意味での多様性をもたらすことが期待されます。マネジャーは、外国人の部下についても、日本人部下と同様に組織のメンバーとして礼節をもって接することが基本です。

CHECK　外国人労働者を雇用する際の注意点

外国人労働者を雇用する際は、以下の点に注意しましょう。

1　在留資格を確認する。外国人は「出入国管理及び難民認定法（入管法）」で定められた在留資格の範囲でのみ活動が認められ、在留期間が決まっている。

2　労働関係法規（労働法）は、雇用形態にかかわらず、外国人にも適用される。（労働基準法、最低賃金法、労働安全衛生法など）。

3　日本語能力に留意する。

4　外国人の習慣を理解する。マネジャーは、宗教や文化、食事・飲酒のタブー等、外国人の習慣を理解する必要があり、また、企業・労働に対する価値観が多様であることにも配慮が必要です。個性を理解し、尊重しながら、組織のメンバーとして、企業の精神・秩序を承知し約束として守ってもらう働きかけが重要です。

ポジティブ・アクション　社会的・構造的な差別で不利益を被る者に対して一定の範囲で特別な機会を提供することにより、実質的な機会均等の実現を目的で講じる男女の格差解消のための暫定的な女性優遇措置。

CHECK　コンテクスト文化

アメリカの文化人類学者エドワード・ホールは、世界中の言語コミュニケーションの型を高コンテクスト文化と低コンテクスト文化に分類しました。

高コンテクスト文化	あうんの呼吸・察し・暗黙の了解・忖度（日本人のコミュニケーションスタイルは最たるもの）
低コンテクスト文化	バーバルコミュニケーションの言語表現に比重を置く（話されている言葉の内容そのものが情報のすべて）

外国人とコミュニケーションを行う際には、本音と建前、形式を重んじるような日本人特有のコミュニケーションは存在しません。曖昧さを排除し、明確でより具体的な言葉遣いをすることが求められます。

（8）その他

近年では、多様性のある柔軟な働き方への理解が求められます。

	短時間正社員	週休3日制 ▶ 1週間に3日の休暇を設定
		時差出勤 ▶ 始業・終業の時間を繰り上げる、また、繰り下げる
多様性のある柔軟な働き方	副業や兼業の解禁	
	ワーケーション	▶ テレワークを利用して、普段の職場と異なるリゾート地等、場所にとらわれずに働きながら休暇を取る過ごし方
	ハイブリッドワーク	▶ テレワークと出社を組み合わせた働き方
	フリーランス	▶ 特定の企業や団体、組織に専従せず、自らの技能を提供することにより成功報酬を受ける社会的に独立した個人事業主を示す
	ワークシェアリング	▶ 1つの仕事を労働者どうしで分かち合うこと。1人当たりの仕事量を減らし、雇用を生み出すことができる
	ギグワーカー	▶ 単発で短期の仕事に従事すること。好きな時間に特技を生かして収入を得ることができる

ダイバーシティへの世界的な意識の高まりは、1960年代のアメリカの公民権運動や女性運動などに起因しているといわれています。日本では、1980年から1990年代にかけて男女の雇用差別の問題に起因して、差別を是正するための法律である「男女雇用機会均等法」が1985年に制定されました。続き、女性の就労環境を改善するための法律である「育児介護休業法」（1991年）、「次世代育成支援対策法」（2003年）、「女性活躍推進法」（2016年）が制定されました。また、少子高齢化・労働力不足が顕著になり一億総活躍プランに基づき「働き方改革関連法」（2019年）が施工され、長時間労働の是正・多様で柔軟な働き方の実現・雇用形態にかかわらない公正な待遇の確保のための措置が盛り込まれました。2022年には女性活躍推進法が改正され、従業員301人以上の企業への男女の賃金差異の情報公開の義務化、また、育児・介護休業法が改正され、男女ともに仕事と育児を両立できるよう、産後パパ育休制度（出生時育児休業法）が創設されました。政府も男性の育児休業取得率を2025年までに50%とする目標を掲げ、多様性のある社会の実現を目指しています。

CHECK　産後パパ育休制度

　産後8週間以内に4週間（28日）を限度として、2回に分けて取得できる休業で、1歳までの育児休業とは別に取得できる制度。また、労使協定を締結している場合に限り、労働者が合意した範囲で休業中に就業することが可能です。

練習問題

問題1 マネジャーが部下に注意をする場合の留意点に関する記述で正しいものをすべて選びなさい。

①マネジャーが部下に対して注意するときには、その原因が根拠のある事実なのか、単なるうわさなのか、あるいは、悪意のある中傷なのかについて、慎重に確認する。

②注意が必要な場合は、間接的に部下の同僚に伝え、本人に真意を伝えてもらうようにすることが効果的である。

③注意を受ける部下の立場になれば、自分の存在を否定されるのではないかといった不安感がある。まずは、相手の身になって、本人の存在価値を認めることから話す姿勢が大切である。また、注意の目的は、反省を促し、再発を防止するための指導であることを明確にする。

④注意事項の指摘は、具体的な行動についての反省と改善を求めることに集中し、本人の性格や家庭環境など、いわゆる個の侵害にあたらないよう、また、自尊心を傷つけないように気をつけなければならない。

問題2 PM理論について、（　　　）の中に入る用語を選択肢から選びなさい。

①目標達成のための成果をあげる能力と、集団をまとめて維持する能力を兼ね備えているタイプを（　　）型としている。

②集団をまとめる能力と人望はあるが、目標達成能力は弱いタイプを（　　）型としている。

③目標達成に熱心で成果をあげる能力はあるが、集団をまとめる能力に乏しく、人望がないタイプを（　　）型としている。

④成果をあげる能力も、部下をまとめる能力や人望もないタイプを（　　）型としている。

ア. pm　　イ. Pm　　ウ. pM　　エ. PM

問題3 部下のモチベーション（動機づけ）に関する記述で正しいものをすべて選びなさい。

①動機づけには、働く意欲を起こさせる欲求や願望の内的要因にあたる「誘因」

と、働きたいという気持ちを起こさせる外的要因であたる「動因」がある。

②部下に対して動機づけをする際には、長所を引き出すのではなく、欠点や短所を見つけ、指摘することが効果的である。

③チーム内の少人数のグループの活動により、役割が明確になり、個人が達成感を感じられるという意味で、仕事への意欲を補完する効果も期待できる。

④グループ内部の運営や活動の具体的内容についても、マネジャーの指示が必要だ。

⑤小さなミスの指摘についても、厳格で失敗しないことを重視することにより、部下のモチベーションは向上する。

問題4 マズローの「欲求段階説」に関する記述で正しいものをすべて選びなさい。

①人は通常、下位の欲求が満たされなくとも、その上の欲求を満たすべく行動する。

②欠乏欲求は、ひとたび満たされれば、もはや動機づけにはならない。

③上位の自己実現の欲求は、外部の環境から得られる。

④5段階の欲求のうち、集団に所属し受け入れられたいという欲求は、「承認欲求」とされる。

問題5 ハーズバーグの「2要因理論」に関する記述で正しいものをすべて選びなさい。

①仕事の満足度に影響を与える要因は、衛生要因と動機づけ要因が個別に存在する。

②衛生要因を充実させることにより、仕事の満足感を引き出すことにつながる。

③動機づけ要因は、賃金・労働時間などの労働条件をいう。

④2要因理論から、単純にモチベーション向上のためには、いかに、衛生要因を充足させるかを考えるべきだ。

問題6 ダクラス・マグレガーの「XY理論」に関する記述で正しいものをすべて選びなさい。

①人の行動は、2つの対照的な見解に分類されると提唱した。

②X理論は、平均的な人間は、生まれつき仕事がいやな特性ゆえに、強制・統制・命令・懲罰などが必要としている。

③X理論に基づくマネジメントの効果をピグマリオン効果という。

④Y理論は、魅力ある目標と責任を与えることにより部下との協力的な関係が生まれるとしている。

⑤Y理論における人間の性質と行動は、マズローの物質的欲求を比較的多く持つ人をモデルとしている。

...

 **「自己決定理論」に関する記述で
正しいものをすべて選びなさい**

①自己決定理論の内発的動機づけとは、興味関心、好奇心など、本質的な欲求によってもたらされる動機づけである。

②自己決定理論の外発的動機づけとは、外部からの評価や報酬を得るための行動そのものである。

③内発的動機づけは、外発的動機づけと比較すると導入しやすい。

④人間の基本的な3つの心理的欲求は、自律性・協調性・関係性である。

⑤人間の基本的な3つの心理的欲求が満たされると、モチベーション、精神的健康が向上し、内発的動機づけが推進される。

 **ダイバーシティ・マネジメントの考え方に関する記述で
正しいものをすべて選びなさい。**

①マネジャーは、正規雇用と非正規雇用との業務分担は明確に区分し、非正規雇用で働く人には、には単純労働や臨時の仕事を担当させるなどの労務管理を行うべきである。

②障害者の法定雇用率は、段階的に引き下がる傾向にある。

③高齢者が働きやすい職場環境の工夫としてユニバーサルデザインの考え方があるが、マニュアルの文字を大きくしたり、わかりやすい図表による作業手順書を作成したりすることは含まれない。

④育児や介護などの理由で働く時間に制限のある部下に対するマネジメントとして、部下の抱える個人的なストレスを軽減することで効率化を図ることが大切である。

⑤職場には、多様な世代の人々が、各世代ごとに共通の価値観や感じ方を持ちながら仕事をしているが、次世代を担うのはミレニアム世代やZ世代といわれる人々であるため、その世代への特別な対処法を模索することが何より優先だ。

⑥LGBTQの就労をめぐっては偏見や差別のない職場環境を構築すべきだ。

⑦「出入国管理及び難民認定法（入管法）」上、外国人は在留資格の範囲内において日本での活動が認められているため、外国人の雇用にあたっては、在留資格の種類により、労働できるかどうかの判断が必要となる。

⑧日本で働くパートやアルバイトの雇用形態の外国人労働者には、労働基準法（労基法）、最低賃金法、労働安全衛生法などは適用されない。

⑨いわゆる「察しの文化」「暗黙の了解」は低コンテクスト文化と呼ばれる。

⑩低コンテクスト文化では、話されている言葉の内容そのものが情報のすべてとなる。

（問題1）答え①③④

②は、本人に直接、丁寧に注意喚起を促すことが大切であるため、正しくない。注意の内容を間接的に部下の同僚に伝えることは、場合により本人に対する中傷と受け取られたり、真意が伝わらなかったりすることが多い。

（問題2）答え①エ　②ウ　③イ　④ア

（問題3）答え③

①は、働く意欲を起こさせる欲求や願望の内的要因にあたるのは「動因」、働きたいという気持ちを起こさせる外的要因にあたるのは「誘因」であるため、正しくない。②は、部下の欠点や短所が見えたとしても、長所を意識的に評価する姿勢が大切であるため、正しくない。④は、活動が成功するようサポートして、運営や活動の具体的内容はグループに任せるべきであるため、正しくない。⑤は、小さなミスなどの指摘は、部下の行動を消極的にして、部下の意欲を失うことにつながるため、正しくない。

（問題4）答え②

①は、人は通常、下位の欲求がある程度満たされると、その上の欲求を満たすべく行動するため、正しくない。③は、上位の自己実現の欲求は、精神的成長のための行動に伴って得られる内的な報酬が満足要因であるため、正しくない。④は、5段階の欲求のうち、集団に所属し受け入れられたいという欲求は「社会的欲求」であるため、正しくない。

（問題5）答え①

②は、衛生要因を充足させても、満足感を引き出すことにつながらないため、正しくない。③は、賃金・労働時間などの労働条件は、衛生要因の1つであるため、正しくない。④は、単純にモチベーション向上のためには、動機づけ要因を充足させることのみを考えるべきではなく、また、衛生要因の充足もおろそかにすべきではないため、正しくない。

（問題6）答え①②④

③は、「X理論」に基づくマネジメントの効果をゴーレム効果というため、正しくない。⑤は、「Y理論」における人間の性質と行動は、マズローの精神的欲求を比較的多く持つ人をモデルとしているため、正しくない。

問題7 **答え①⑤**

②は、自己決定理論の外発的動機づけとは、外部からの評価や報酬を得るための行動そのものではなく、外部からもたらされる事物を実現することが目的のため、正しくない。③は、内発的動機づけは、個々の内面に左右されるものが要因であるため、外発的動機づけと比較すると難しいため、正しくない。④は、人間の基本的な3つの心理的欲求は、自律性・有能さ・関係性であるため正しくない。

問題8 **答え④⑥⑦⑩**

①は、マネジャーは、雇用形態による能力に差はないという前提のもと、専門性を有している人材は、正規雇用で働く人と同様に自律性と自発性を尊重するマネジメントをすべきであるため、正しくない。②は、障害者の法定雇用率は、段階的に引きあがるため、正しくない。③は、ユニバーサルデザインには「マニュアルの文字を大きい」「わかりやすい図表の手順書作成」など、使用する上で身体への負担が軽いという考え方が含まれているため、正しくない。⑤は、異世代の人材への特別な対処法を模索することも大切ではあるが、チームが進むべき本来の目的、チーム全員の共通目的を注視することが求められるため、正しくない。⑧は、国籍を問わず日本で働く外国人労働者に、労働基準法（労基法）、最低賃金法、労働安全衛生法などが、パートやアルバイトといった雇用形態の有無などにかかわらず適用されるため、正しくない。⑨は、「察しの文化」「暗黙の了解」は、高コンテクスト文化と呼ばれるため、正しくない。

第 4 章 上司・外部との コミュニケーション

ココがポイント

▶ 上司への報告や相談は迅速に、特に
事故情報は最優先で報告する

▶ チームの責任者として、外部との人的
ネットワークの構築、調整、交渉などを担う

▶ 外部交渉においては、双方の主張や要求を
整理し、納得性のある妥結を見出す

1 上司とのコミュニケーション

　マネジャーの立場から想定される上司は、経営層など多忙な業務を行っていることが一般的です。そのため、マネジャーは上司の繁忙度を気にするあまり、業務結果の報告などが遅れてしまうことがありますが、適切なコミュニケーションをとり、業務の状況を上司に迅速に報告しなければなりません。

早めの報告や相談を心掛ける
（特に事故情報は迅速に報告）

　マネジャーはタイミングを見計らって時間を調整し、上司への報告を怠らないようにします。なぜなら、早めの報告や相談を実践することで、上司に安心感を与えることができるからです。

　特にマネジャーから上司への報告や相談の中でも、ほかの部門や企業経営に影響を及ぼす可能性があるアクシデント情報は、迅速に行うことによって組織的な対応が可能となるため、上司も協力を惜しみません。

　しかし、マネジャーが報告を迅速に行わないことで問題が悪化し、場合によっては会社を揺るがすような不祥事に発展することがあります。

報告はできるだけ面談によって実行する

マネジャーの上司への報告の内容には、経営上や人事上の問題が含まれることが想定されます。そのため、メールではなく、短時間であっても可能な限り面談で実行しましょう。マネジャーが気づかなかった組織上の問題点の指摘や、速やかな問題処理や対外的な対応策についての助言などを即座に受けることができます。

報告の際には、必ず相談事項を明確にする

マネジャーが上司に報告する際は、結果だけを報告するのではなく、上司に対応してほしいこと、支援してほしいことなどの相談事項を明確にして臨みます。また、速やかな判断や支援を受けるために必要な資料を準備することも大切です。

2 外部とのコミュニケーション

マネジャーは、自己の業務に関係する取引先や業界団体、官公庁の担当者など、多様な人々とかかわりを持ちます。外部とのコミュニケーションを持つことは、部下やチームを導くことと同様に大切な役割です。

人的ネットワーク構築の役割

マネジャーは、日ごろから外部の人々と安定的で良好な信頼関係を築き、チームへの協力者である人的ネットワーク（人脈）の構築をする必要があります。

情報発信者としての役割

チームの責任者の代表として、マネジャーには、外部への情報発信者としての役割があります。また、外部から協力や支援を要請された際には、一定ルールのもと、相身互いの精神で外部への協力も惜しんではいけません。

対外的・対内的な情報を伝達・調整する役割

マネジャーには、外部情報をチームに伝達する役割があります。その場合には、外部の情報がチームの目的にどのような影響を与えるか、不必要な情報はないかなど、情報の整理・調整をして、外部情報によりチームが無用の混乱をきたすことがないように注意が必要です。

マネジャーが、利害関係のある他部署などとの対外交渉を友好的に行う姿勢を、部下は見守っています。

アドバイス

「相身互い」とは、お互いに助け合うという意味です。「仕事は自分1人ではできない。お互いに助け合って、初めてできる」という相身互いの精神を忘れないようにしましょう。

3 対外的な交渉

マネジャーには、チームを代表する者として、相手との信頼関係による、外部との交渉という役割があります。

●交渉および類似する言葉の意味

交渉	必ずしも、意見や利害の対立がある場合に限らず、広く話し合う場合も含まれる
折衝 (せっしょう)	利害の異なる者の間で相互の要求を調整し、妥協点を見出すために話し合う
渉外 (しょうがい)	対外的な交渉・折衝をすることを渉外といい、担当者を渉外担当と呼ぶことがある。また、単に外部との連絡を取ることそのものを渉外と呼ぶこともある
談判 (だんぱん)	折衝より厳しい対立に決着をつけるというニュアンスがあり、直接話し合って決着をつけることを直談判ともいう。相互意見の相違が発生した場合に行われる

対外交渉の考え方

　対外交渉とは、当事者双方の説得の繰り返しによる、**妥協・妥結**のためのプロセスをいいます。相手が理解しようとする意思を持てるような信頼関係のもと、感情的ではない、**客観性**や**論理性**が必要です。

交渉する際の留意点

（1）お互いの主張や要求を整理し、共通項や相違点を明確にする

　交渉は「生きもの」です。交渉においては、論点が刻々と変化していくことが一般的です。

　たえず冷静に論点を意識し、相手の**主張**や**要求**を整理することによって、お互いの交渉内容の明確化につなげましょう。

（2）交渉相手を理解する

　交渉が「生きもの」であるのと同様に、交渉相手もまた多様な個性を持つ人間です。その特性を理解して、その人にあった説得を行うことも大切です。たとえば、猜疑心が強く常に反対ばかりする人には、相手の冷静な判断をもたらすという効果を期待して、あえて相手の反論に異論を唱えない交渉方法で進める場合もあります。

　また、権威主義的な人には、公的機関や有識者などの見解を添えると、相手の納得度が増し、交渉を進めやすくなる場合があります。

　なお、交渉の相手方（説得される側）が説得する側を信頼していないときに、説得内容とは逆の意見を抱いてしまう現象を**ブーメラン効果**などと表現します。

（3）交渉材料としてネガティブな情報も開示する

　交渉の際の材料として、ポジティブな情報の公開だけではなく、**ネガティブ**な情報を公開することも、信頼関係の構築につながります。これは、**ネガティブ**な情報も開示することで、交渉が客観的な資料に基づく冷静なものであることを相手に示せるからです。ただし、情報の開示の仕方には注意しましょう。

ミラーリング　しぐさ・声のトーン・口調などをさりげなく真似ることをいいます。相手に対する尊敬や好意のしるしと受けとめられ、信頼を得ることにつながります。

CHECK 交渉で役立つ心理的効果の知識

●スリーパー効果…信頼性の低い情報源から得た情報でも、時間の経過とともに信頼性の低さがもたらすマイナス効果が薄れ、コミュニケーションの内容そのものの記憶だけが印象に残ることをいいます。交渉に当てはめると、交渉相手からの信頼性が薄い場合であったとしても、時間をかけてじっくり説得することにより、交渉内容の理解度が深まる場合が考えられます。

●返報性の原理…人から利益や好意を受けたとき、「お返しをしなくては申し訳ない」というような気持ちになるという心理作用を指します。交渉に当てはめると、許容の範囲で譲歩することにより、むしろ、有利に交渉を展開できることがあります。

●単純接触効果（ザイオンス［Zajonc］効果）…何度も繰り返して接触することにより、好感度や評価等が高まっていくという心理的効果です。興味がなかったり、あまり好きではなかったりする物や人物でも、頻繁に目に触れる機会があった場合、その対象への警戒心や恐怖心が薄れ、よい印象を持つようになるといわれています。ただし、相手方が悪印象を抱いている場合は、逆効果になり得るため注意が必要です。

様々な交渉のテクニック──米国流交渉術

　アメリカでは、古くから交渉にはテクニックが必須とされてきました。その交渉のテクニックの一部を紹介します。

　ただし、ビジネスにおける取引先などとの交渉でも、一方的な利益だけを求めず、相互の信頼を基礎として、共通の利益を追求する姿勢も大切です。

●交渉のテクニック

ローボール・ハイボール （Low［High］ball）	厳しい条件を提示し、徐々に緩めるテクニック
グッドコップ・アンド・バッドコップ （Good Cop and Bad Cop）	「よい警官と悪い警官（怒り役となだめ役）」という意味。1人が厳しく、もう1人が優しく対応する。2人で行う交渉のテクニック
ウエイ・オプションズ （Weigh Options［Chicken］）	「イエスかノー」の二者択一を迫るテクニック。交渉が頓挫するリスクがある。立場に強弱がある場合に使う
ボギィ（Bogey）	幽霊のようなつかみどころのないものという意味。それほど価値のないものを価値があるかのように装うテクニック

　取引先との交渉においては、一方的に自分の利益のみを求めるのではなく、相互の信頼関係のもと、共通の利益を求める姿勢が必要です。

交渉においては、エゴグラムの考え方における、ＣＰ（厳しい親）の姿勢とＮＰ（優しい親）の姿勢のバランスが大切です。その結果として、相互に納得できる妥協が期待できます。

第4章 上司・外部とのコミュニケーション

練習問題

 問題1 上司や外部とのコミュニケーションのとり方に関する記述で正しいものをすべて選びなさい。

①上司は多忙な業務を行っているため、マネジャーは上司の繁忙度に気を配り、できる限り業務報告を控える。

②上司への報告の際、面談には時間がかかるため、効率を考え、メールでの報告を心掛ける。

③マネジャーの役割の1つは、取引先や業界団体などの外部との人的ネットワークを速やかに数多く構築し、多種多様な協力者との良好な人間関係をつくることである。

④外部の協力者を得るためには、お互いに業務が忙しいため、特段用件のない限りは連絡を控え、安定的な信頼関係を構築する。

⑤外部から協力・支援を求められる場合には、企業の秘密情報の保持など一定のルールのもと、お互いに助け合いの精神で対応することが大切だ。

⑥マネジャーは、対外的なコミュニケーションを通じて得た情報は、部下にすべて正確に伝えることが役割である。

⑦マネジャーがアクシデント情報を上司に報告すると組織に混乱をきたす可能性を考慮して、迅速な報告は必要ない。

⑧マネジャーが上司に報告する際には、対応してほしい項目を要領よく相談できるよう、資料等を整えて支援を求める。

⑨相身互いの精神とは、仕事は自分一人ではできない、お互いに助け合って初めてできる意味を持ち、他者への協力を惜しまないことをいう。

⑩利害関係がある他部門との良好な関係性確保のためには、担当者や責任者との適切なコミュニケーションと、その状況を部下も確認できるような雰囲気づくりが必要だ。

問題2 交渉およびそれと類似した言葉に関する記述で正しいものをすべて選びなさい。

①交渉とは、妥協・妥結のためのプロセスであり、当事者がお互いの目的や要求を実現させるために、相互の主張や要求を整理して、共通点や相違点を明確にすることである。

②交渉の際には、想定される質問や反論への対策等、事前の準備が大切だ。

③交渉とは、国家と国家、会社と組合といったように公の取引に使われる。

④折衝とは、利害の異なる双方が、相互の要求を調整し妥協点を見出すための話し合いをいう。

⑤折衝は、個人と個人、国家と国家の取引といったように幅広いやりとりに使われる。

⑥外部と交渉・折衝、連絡をすることを渉外といい、担当者を渉外担当と呼ぶこともある。単に外部との連絡を取ることを渉外と呼ぶこともある。

⑦折衝と同様の意味を持つ言葉に談判がある。また、見解の相違や問題が発生した場合に、直接話し合い決着をつけることを直談判という。折衝より厳しい対立に決着をつけるニュアンスがある。

問題3 交渉に関する記述で正しいものをすべて選びなさい。

①交渉は自分の主張を最後まで曲げずに貫くことにより成功する。

②交渉過程においては、常に積極的に相違点を見出し、交渉の相手方を従わせることが必要だ。

③知識が豊かで自負心が強い人には、当方の主張の理由を理論的に説明し、判断は相手にさせるように導くとよい。

④猜疑心が強く、反対ばかりする人には、公的機関や学識経験者などの見解を添えることが効果的だ。

⑤交渉の相手方が説得する側を信用していないときに、説得内容とは逆の意見を抱いてしまう現象をブーメラン効果という。

⑥権威主義的な人には、当方の強い主張を繰り返すのではなく、相手の反論に異論を唱えないほうが、結果として、相手の冷静な判断をもたらすという効果がある。

⑦交渉相手に対する情報の提供は、差しさわりのない内容であることが、交渉を有利に進める方法だ。

⑧スリーパー効果とは、信頼性の低い情報源であるとするとマイナス効果は時間が経過しても薄れることはないとするものである。

⑨返報性の原理とは、繰り返して何度も接触することにより、好感度も増加する心理的効果をいう。

⑩単純接触効果（ザイオンス効果）とは、人から自分のために何かを与えられると、与えてくれた人にお返しをしたくなる心理をいう。

問題4 米国流の交渉テクニックに関する記述で正しいものを
すべて選びなさい。

① Low（High）ball は、相手が決して承諾できないような厳しい条件を提示し、徐々に条件を緩めるという、自分のペースで行う交渉テクニックである。

② Good Cop and Bad Cop は、たとえば、交渉の第1次担当者を部下にさせて、相手に対して強気の交渉を指示し、その後でマネジャーが登場してさらに強硬な交渉をするというテクニックである。

③ Weigh Options（Chicken）は、交渉相手がどれを選んだとしても当方が不利にならない複数の選択肢を意図的に準備し、自由に選ばせる交渉術である。ただし、状況によっては交渉自体が頓挫する危険性もある。

④ Bogey は、交渉条件が客観的に見て有利でないものを、あたかも非常に有利であると見せかけて交渉するテクニックをいう。これに対抗するためには、相手方の条件などを定性的に評価できる情報を入手する必要がある。

⑤多様な交渉テクニックを駆使するのではなく、信頼関係を構築し、相互に満足できる交渉スタイルが推奨されている。

⑥現代では、様々な交渉術を駆使して、テクニカル的な交渉スタイルが求められている。

⑦取引先との交渉においては、一方的な利益の追求ではなく、相互の共通の利益を求める姿勢が必要である。

問題1 答え⑤⑧⑨⑩

①は、上司の業務のタイミングを見計らって積極的に時間を調整してもらうなどして、業務の報告は怠るべきではないため、正しくない。②は、上司への報告には、経営や人事上の諸問題が含まれることが多いことから、短時間であっても面談による報告を心掛ける必要があるため、正しくない。③は、外部との人的ネットワークの構築には長い時間をかけて信頼関係などをつくる必要があるため、正しくない。④は、外部の協力者を得るためには、日常のコミュニケーションを密にする必要があるため、正しくない。⑥は、対外的なコミュニケーションを通じて得た情報は、チームに無用の混乱を引き起こさないよう、情報の整理・調整を行う必要があるため、正しくない。⑦は、アクシデント情報は企業の一大不祥事に発展するケースも多く、迅速に報告する必要があるため、正しくない。

答え①②④⑥⑦

③は、交渉とは、個人と個人、国家と国家の取引といったように幅広いやりとりに使われるため、正しくない。⑤は、折衝とは、国家と国家、会社と組合といったように公の取引に使われるため、正しくない。

 答え③⑤

①は、交渉とはある種の妥協であり、相互に歩みよれるところは妥協して、相手が納得する妥協点を見出すことであるため、正しくない。②は、交渉過程においては、常に冷静に論点（争点）を意識し整理することによって冷静な話し合いが可能となるため、正しくない。④は、猜疑心が強く反対ばかりする人には、当方の強い主張を繰り返すのではなく、相手の反論に異論を唱えないほうが、結果として、相手の冷静な判断をもたらすという効果があるため、正しくない。⑥は、権威主義的な人には、公的機関や学識経験者などの見解を添えることが効果的とされているため、正しくない。⑦は、相手に対する情報の提供は、ネガティブな内容を付け加えることにより、相手が信頼する基礎となるため、正しくない。⑧は、スリーパー効果とは、信頼性の低い情報源であったとしても、時間の経過とともにマイナス効果は薄れ、コミュニケーションの内容そのものの記憶だけが残ることをいうため、正しくない。⑨は、返報性の原理とは、人から自分のために何かを与えられると、与えてくれた人にお返しをしたくなる心理をいうため、正しくない。⑩は、単純接触効果（ザイオンス効果）とは、繰り返して何度も接触することにより、好感度も増加する心理的効果をいうため、正しくない。

 答え①⑤⑦

②の「Good Cop and Bad Cop」は、交渉の第1次担当者を部下にさせて、相手に対して強気の交渉を指示し、その交渉が暗礁に乗り上げたところで、マネジャーが優しく相手の言い分を受け入れる姿勢を見せるテクニックであるため、正しくない。③の「Weigh Options（Chicken）」は、「この条件を承認するか、承認しなければ取引を中止する」と二者択一を迫る交渉テクニックであるため、正しくない。④の「Bogey」は、対抗するためには相手の条件などを客観的に評価できる情報を入手する必要があるため、正しくない。⑥は、交渉の基本的な考え方は、あまり技巧に走らず相互の信頼関係を構築し、満足できる交渉スタイルが推奨されているため、正しくない。

第5章 人材の育成と人事考課

ココがポイント

▶ 部下に新たな能力を身につけさせて、継続的に価値創造ができるように指導する

▶ 人材育成は3つの手法(自己啓発、OFF-JT、OJT)を組み合わせて行う

▶ 部下の評価は、公平性・納得性の確保が重要であり、評価基準を明確にする

 1 人材の育成の重要性

人材育成の目的

　組織が継続的に活動し発展するためには、**人材育成**が不可欠です。マネジャーは、企業全体の人材育成体系に従いつつ、自己のチームにおいては日常のマネジメントを通じて、部下の成長を促し、継続的に新しい価値を創造することができるよう指導します。組織の次の時代を託すことのできる人材の育成は、マネジャーの極めて重要な役割です。

人材育成の意味

　人材育成は、部下が業務に関してできなかったことをできるようにさせることや、新しい能力を開発させることです。たとえば、担当業務におけるより高度な能力、他部署などでの**未経験業務**に関する能力、人を**マネジメント**する能力などがあります。つまり、人材育成とは、部下に新たな能力を身につけさせ、さらにはその能力範囲を広げて未経験業務に挑戦させ、対応できる能力を身につけさせることなのです。

2　人材育成に役立つ考え方
―コーチングの基本―

コーチングとは

　マネジャーが部下に行う人材の育成方法の1つに「コーチング」があります。コーチングの特色は、部下の個性を尊重し、持てる能力を引き出し、自律性を高めることにあります。

コーチングとティーチングの使い分け

　コーチングと類似する人材育成の方法に「ティーチング」があります。コーチングとティーチングは、どちらかがより優れているというものではありません。マネジャーは、部下の知識や技量、そのときの状況などに応じて、コーチングとティーチングを適切に使い分ける必要があります。そのため、マネジャーはそれぞれの期待される効果や有効性について、きちんと理解しておく必要があります。

第5章　人材の育成と人事考課

●コーチングとティーチング

	期待効果	有効性
コーチング	基礎知識や新規情報の習得ができている部下に対して、部下の個性を尊重し、能力を引き出し、自律性を高める	自律性のある部下育成に有効
ティーチング	知識や技能を教えること。学校の授業が典型例。基礎知識がない場合、経験のない新規の情報を効率よく習得させる	規律型の部下育成や、集団に対する画一的な知識習得に有効

 アドバイス

コーチングにおけるコミュニケーションの基本は、第2章で解説したエゴグラムの特性である「NP」（優しい親・マネジャー）と「FC」（無邪気な子供・部下）です。一方、ティーチングにおけるコミュニケーションの基本は「CP」（厳しい親・マネジャー）と「AC」（従順な子供・部下）の関係性と考えられます。

コーチングのスキル

　コーチングは、部下の**個性を尊重**し、**自律性を発揮**させることができるよう、指導・育成するための方法です。マネジャーがコーチングを実施する場合には、自分の**感情を抑制**して部下に**冷静**に対応し、話を聞きながら「相槌をうつ」など、**肯定的な雰囲気づくり**も大切です。

(1)部下の話を聞く

　部下が緊張せずに話ができるよう心掛けましょう。そのためには、部下の承認欲求を受け入れ、話を途中で遮ったり、考えを否定したりせず、部下が安心して自由な思考で話せるよう**傾聴**の姿勢を忘れないようにします。

(2)部下に質問する

　コーチングの目的である、部下の自律的・自発的な行動を育成するためには、部下に自ら考えさせて答えさせることが大切です。質問の仕方は、「イエスかノー」の「**紋切り型の質問（Closed Question）**」ではなく、「どのような方法が考えられるか」という「**オープン型の質問（Open Question）**」を使います。

　また、**チャンキング**という手法を用いるのも効果的です。部下の話が抽象的であったり、要領よく説明できなかったりする場合には、より具体性のある説明を促します。たとえば、具体性のある話を導くために、状況説明に必要な「5W1H」に、「How many（数量）」「How much（費用）」を加えた「5W3H」を質問に加えて、**チャンクダウン**することが有効です。

　反対に、部下の説明が細部にこだわりすぎて全体像が見えないときには、「内容をまとめさせる」「意見の目的・目標を確認する」といった質問で**チャンクアップ**させることにより、全体像を把握しやすくなります。

アドバイス
チャンクアップとは「森を見る」視点で、より抽象化すること、部分から全体を見ることです。一方、チャンクダウンとは「木を見る」視点で、より具体化すること、全体から部分を見ることです。

チャンク　アメリカの心理学者ジョージ・ミラーが提唱した考え方で、人間が情報を知覚する際の「情報のまとまり」のことをいいます。

(3)部下の行動進化や成長を認める

　マネジャーは、部下の行動が改善・進化された場合には、単にほめるということではなく、**具体的な事実**を指摘して成長を**承認**（Acknowledgment）することにより、部下がその承認行動をエネルギーとして、さらなる自律的行動力を促進させるようになることが期待できます。

1on1ミーティング

　1on1ミーティングは、意識の共有・相互理解・部下の成長促進やモチベーションの向上を目的に対話を通じて行う個人面談です。面談は、1週間に1回〜1カ月に1回など、マネジャーと部下が定期的に1対1で行います。話す内容は、仕事のこと、職場のこと、うまくいっていること、困っていること、自己実現したこと、キャリアに関することなど、部下が自分の考えを伝え、マネジャーは、カウンセリング、コーチング、ティーチングのスキルを使用して部下を支援します。

●1on1 ミーティングの注意点

[ミーティング内容]
いざ面談となっても何を話していいのかわからず、曖昧な助言や忠告になってしまう

改善点

・部下を中心としたミーティング
・現状の部下の行動に対する改善点や評価を伝え、軌道修正を促すフィードバックが大切
・部下の現状をしっかり伝え将来の行動指針をつくる
・部下を尊重しながら、時には誤りを指摘し、期待値と結果の差を伝えたり、助言や忠告をしたりする

[ミーティング頻度]
面談後、次の面談をどの程度の期間で行うのかわからず時間が空いてしまい、報告やフィードバックができず前回の面談の内容が不明瞭になる

改善点

・1on1ミーティングは、その都度に完結しているのではなく、毎回のミーティングがつながっていてこそ効果を発揮する
・週1回、もしくは月1回などををを目安に短いスパンで継続的に行う

3 人材育成の手順

マネジャーの部下育成には、コーチングやティーチングなどのスキルも大切ですが、スキルと同様に「育てようとする意識」も大切です。部下育成の留意点とその手順を次に紹介します。

部下が成長しやすい環境づくり

部下の育成には、人間の本来持つ自ら伸びる力を最大限に引き出すための支援や、障害を取り除くなどの環境づくりが必要です。

●環境づくりの具体的な方法

業務の習熟度に応じてステップアップ

チーム内での担当替えによる、業務能力を拡大

他部門への異動（仕事の習熟のタイミングの見極めが大切）

部下に期待することで、部下は期待に応えようと努力するという「ピグマリオン効果」があります。部下の自律性を促すための環境づくりもマネジャーの大切な仕事です。「やってみせ、言って聞かせて、させてみて、ほめてやらねば、人は動かじ」という山本五十六の名言は今も引き継がれています（P29・P65参照）。

指導する際の留意点

部下の指導にあたっては、自分自身の育成方法を点検し、問題点があればそれを是正していく必要があります。また、部下を成長させるためには、指示するだけでなく、まず望ましい姿を実際にやってみせるなどして、マネジャー自身が模範を示すことも大切です。

多能工　1人で複数の異なる業務や工程を遂行する技術や、幅広い業務を身につけるようにする人材育成手法の1つ。「マルチスキル」ともいいます。

●指導する際の留意点

細かいことまでこだわりすぎない

同じ仕事ばかりを与えていると部下は成長できない

部下を放置せず、適切なアドバイスや注意をする

動機づけしないと部下は意欲を失う

部下が自主的に考えて行動できるように支援する

（1）部下の主体性を確保する

　マネジャーは、部下が仕事に対して主体性を持って取り組めるように、次の2つの点に留意して支援するようにしましょう。

▶部下が自ら目標を設定するように促す

　自らの目標設定により、部下が主体的に業務に取り組むことは、仕事の習熟度を高め、習熟の加速が期待できます。また、自己管理意識を高めた部下は、視野が広がってチーム全体の業務について意識するようになります。

▶部下の仕事の成果を「見える化」する

　部下が自分の仕事の成果や状況を認識できるような工夫が大切です。たとえば、営業成績を貼り出すなどの「見える化」により、部下が自ら状況を確認して、次の行動を考えることを促します。一方、仕事の成果が見えにくい業務の場合には、目標達成項目の優先順位を基準として、業務内容を図表化するなど、進捗状況をビジュアルでイメージできるような工夫が有効です。

　なお、最終的には部下が自ら成果を「見える化」して仕事を改善できるように指導すべきです。

（2）部下の目標達成をともに喜ぶ

　部下は仕事をやり遂げることにより、主体性が生まれます。また、達成感を得ることにより、成長を実感することができます。あわせて、マネジャーが部下の目標達成をともに喜ぶ共通体験によって承認欲求が満たされ、仲間意識が

醸成されて、信頼感も高まります。

　ただし、部下をほめるだけではなく、ときには反省を兼ねた検討を行うことも重要です。

新人に対する指導のポイント

　部下の育成の際には、1人ひとりの人格を尊重し、職務経験の多少や成長段階に応じた異なるアプローチが大切です。

　新人に対する指導では、マネジャーは配属された新入社員を職場に適応させるとともに、仕事を教えていき、まずは仕事に自信をつけさせることが大切です。一般には、新人の育成については、年次の近い先輩などが教育係となり、マンツーマンの指導体制をつくります。そうすることで、新人は疑問点や不明な点などの質問がしやすくなり、仕事を覚える効率性も高まります。

　また、教育係には業務を振り返る機会となり、自身のレベルアップにつながります。なお、中途採用でキャリアを有している新人の場合には、経験を尊重することや、プライドへの配慮が欠かせません。

●新人に対する指導のポイント

マネジャー自身が仕事をやってみせて、部下の質問に答える

部下に実際にやらせてみる

結果について誤りや改善点をコメントする

適切にできるまで「やらせてみる」「コメントする」を繰り返す

一定の業務経験のある部下に対する指導のポイント

（1）目標を明確にする

　一定の業務経験を有する部下を育成する際には、丁寧にすべてを教えるのではなく、重要なポイントを教えて、その後は部下を信頼して任せるようにします。仕事を任せられることが、部下の成長につながります。

　ただし、任せるといっても放任するのではなく、目標を明確にすることが重

要です。その目標も部下に自主的に提示させ、それをマネジャーが修正・承認して決定することが望ましいといえます。その方法が難しい場合であったとしても、目標は必ず与えなければなりません。

（2）目標達成の方法は任せる

任せるとは、「方法を任せる」ということです。部下が新しい能力を開発するには、「自ら考えることを放棄しない」「指示待ちではなく自主的に行動を起こす」ことが必要です。そのため、目標達成の方法は部下に任せることが大切です。その際には、部下の能力をよく見て任せられる範囲を測り、過重にならない程度の仕事量となるよう、調整が必要です。

（3）必要に応じて部下を支援して成功させる

マネジャーは、部下の業務の進行状況を把握し、支援が必要と判断した場合には、業務遂行の障害となっている内容とその原因を検討して、適切な支援を実行することが大切です。しかし、マネジャーが一方的にできないと判断してしまうことには、部下の自信を喪失させるおそれがあることも認識する必要があります。適切な支援により、部下に成功体験を踏ませ、自信を持たせることは部下育成の重要なポイントです。

▎中堅クラスの部下に対する指導のポイント

マネジャーは、一定の経験やスキルを持つ部下であっても、活躍する人材として育成するために適切な指導が必要です。その際には、敬意を払うことを忘れてはいけません。

●中堅クラスの部下の多様なタイプとその対処法

タイプ	対処法
できない理由ばかりを探すタイプ	経験領域に閉じこもる「Can I do it ?」ではなく、未経験領域の「How can I do it?」の意味を理解させ、積極性を育成する
自ら考えることなくすぐに方法を他人に尋ねるタイプ	部下自身がどう考えるのかを言わせるようにして、その考えをいったん肯定し、よりよい対応策を指導しながら、部下の自主性を育成する
いつでも自分が正しいと信じて疑わないタイプ	比較的難易度の高い、他者の助力が必要な仕事を割り振り、言うべきことはストレートに伝える

周囲に悪影響を与える部下は、マネジメントの妨げとなるだけでなく、周囲の人も感化され、チームの雰囲気が悪くなるおそれもあることから、部下のタイプに沿った方法で対応することが求められます。

タイプ	対処法
自己中心的な部下	共通の話題からコミュニケーションの機会を図る。人間関係に巻き込み、攻撃性を減退させる
何事にも斜に構える部下	じっくりと不平を傾聴することにより、部下の問題把握を行い、ストレスを軽減する

4 人材を育成するための様々な手法

　企業が持続可能な新たな価値を創造するためには、人材育成が欠かせません。当然ながら、マネジャーにとっても人材育成は重要な業務の１つです。ここまでは、部下に未経験業務に挑戦させ、新しい能力を獲得させ、その能力領域を拡大させるといった人材育成の手順を解説しましたが、次はその具体的な教育手法についても解説していきます。

　主な教育手法としては、「自己開発（自己啓発）」「OFF‐JT」「OJT」の３つがありますが、これらの手法には、それぞれに長所と短所があります。そのため、どれかを単独で実施するのではなく、個々の手法を組み合わせながら実施するようにしましょう。

アドバイス

マネジャーは、次ページから解説する人材育成のための様々な手法には、それぞれ長所と短所があることを理解しておくことが大切です。

3つの教育手法（自己開発・OFF-JT・OJT）

人材育成の3つの教育手法には、次のポイントがあります。

●人材育成の3つの教育手法

教育手法	ポイント
自己開発 （自己啓発）	・業務時間外に部下が自主的に行う教育投資 ・ビジネススクール・大学院・外部セミナー、研修・通信講座の受講、 　e-ラーニングなど ・部下の自発的な能力開発のため、企業は資金補助などによる援助で 　推進
OFF-JT （Off the Job Training）	・企業内における、共通のニーズを持つ従業員への教育訓練 ・人事部や教育部門が主管部門として実施 ・階層別・職能別の集合教育により、社内外の専門家などによる、 　広い知識、専門的な知識・スキルの習得が可能
OJT （On the Job Training）	・職場内で、上司・先輩が部下・後輩に行う個別指導 ・個別の教育訓練。日常業務のマネジメントはすべて部下育成の場でも 　ある

OJTによる人材育成

（1）OJTの実施方法

OJTには、次の3つの実施方法があります。

●OJTの3つの実施方法

実施方法	ポイント
個別指導 （狭義のOJT）	・マニュアル化しにくい業務のコツなどを、部下へ個別に伝授する ・部下の仕事への姿勢、業務遂行能力や性格の把握ができる
日常の マネジメント	・業務における部下との接点のすべてが、部下育成の場である ・実際の業務と育成は同時に進行する ・担当業務の振り分けは、期待できる教育効果に配慮する
自ら模範を示す	・マネジャーが自ら模範を示す ・部下に失敗を含めた仕事振りを見せることで、具体的な業務の進め方を 　学習させる ・失敗からのリカバリーが重要であることを学習させる

（2）OJTによって習得させる事項

　OJT により習得させる事項とは、業務マニュアルでは解決できない問題への対処などです。OJT は、部下と相対するコミュニケーションの機会でもあるため、社内特有の事情など部下に**役立つ情報**を伝達することが可能です。

（3）OJTのメリット・デメリット

　OJT には、メリット・デメリットがあります。それらを理解した上で、必要に応じて **OFF-JT** を取り入れ、継続的かつ有効な人材育成を心掛けます。

●OJTのメリット・デメリット

[メリット]	[デメリット]
・個人別にきめ細かく 　指導ができる	・教える側（リーダー・上司・先輩）の能力により 　効果が限定的となる
・実務的、実践的指導ができる	・指導者の時間的負担が大きい
・経済的である	・多様な教育ニーズに気づかないリスクがある
・職場が活性化する	・理論的、体系的な指導に不向きである

仕事と育成の同時進行

　部下を育てることが上手なマネジャーは、ミーティング時や研修時だけでなく、業務中のあらゆる機会を捉えて、無意識のうちに部下を育成しています。たとえば、部下にミスや不十分さがあったとしても、マネジャーは自身が仕事を完了させてしまうのではなく、プロセスや考え方、問題点を指摘し、部下がその都度よく考え、改善し、完成させるなど、仕事そのものを教材として部下に学ぶ機会をいくつも提供することが大切です。

5 人事考課とは

　人事考課は、人事評価・勤務評価・能力考課と呼ばれることもあり、一般に、1年間や半年・四半期ごとに、日常業務を通じて、従業員の業務遂行能力や仕事に対する取り組み姿勢、勤務態度や成果を評価します。目的には、昇格・昇給・賞与のための査定がありますが、部下にとっては、人事考課の不満がモチベーションの低下を招く場合があり、一方で納得感のある適切な評価はモチベーションを高める効果も期待できます。このことからも、会社によって決められた人事考課による評価は、マネジャーの重要な業務の1つといえます。

6 部下を評価する際のポイント

　マネジャーは、部下を評価する際は、必要に応じて面談を実施するなど、部下とのコミュニケーションを積極的に深める機会を持つようにします。

適材適所の人材配置を考える

　部下の能力を最大限に発揮させるように、適材適所の配置に努めるべきです。部下の業績がかんばしくなく、モチベーションが上がっていないと感じたときには、単に部下の評価を下げるだけではなく、業務への適性も考慮することが大切です。

評価の公平性・納得性を確保する

(1) 部下の評価を不正な目的に利用しない

　人事考課をセクハラやパワハラなどの不正な目的に利用してはいけません。「相性が合わない」「性格の不一致」などの個人的な感情による評価は禁物です。

(2) 評価基準をあらかじめ明示する

　部下の納得性を高めるために、求められる行動を示す評価基準をあらかじめ

コンピテンシー　高い業績を安定的・継続的にあげている人に見られる特徴的な行動特性のことを指します。その行動を分析し、その特性を明らかにして人事評価や採用などの基準として用います。

明示することが必要です。評価基準の明示によって、期待する成果や行動を社員に理解させます。また、フィードバックの際にも**評価の根拠**となります。

（3）部下の評価に予断は禁物

　過去の評価などを**うのみ**にせず、自分の目で責任を持って、慎重かつ冷静に評価を行わなければなりません。評価者にも問題がある場合を念頭に置き、前任者と部下との**性格の不一致**や**個人的な癒着**を見抜く力量も必要です。

（4）第一印象だけで判断しない

　評価は、マネジャーが自分の目で判断し、責任を持って行いますが、部下の**第一印象**に偏りがちな場合があります。これは、人の判断に「好き・嫌い」といった**バイアス（偏見）**がかかることがあるからです。このバイアスの補正には、**公平性や公正さ**、**客観的な視点**を持ち、部下の日常の仕事振りやチームメンバーとの関係などから、総合的に判断することが必要です。

（5）リモートワーク時における部下の評価

　リモートワークは、育児や介護など**時間制限**を持ちながら働く人々の就業継続を可能にしただけでなく、柔軟な勤務場所や勤務形態により**優秀な人材の確保**にも寄与しています。一方、非対面であるために、マネジャーには、部下の仕事振りなどが把握しにくい側面があることも認識されています。

●リモートワークにおける評価の注意点

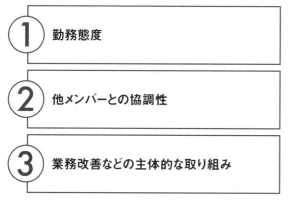

評価の基準として、仕事の量、目標の達成度など数値化できる定量評価と、業務に対する誠実さや熱意といった数値化・定量化が困難な定性評価があります。リモートワーク時には、直接に対面で仕事を進める機会が少ないために、評価が定量目標に偏りがちですが、定性評価を軽視することは回避すべきです。

ハロー効果　ある対象を評価するときに、それが持つ目立ちやすい特徴に引きずられてほかの特徴についての評価がゆがめられる現象のこと。「認知バイアス」などとも呼ばれます。

●その他の対策の活用方法

対策	活用方法
1on1ミーティング	部下の能力発揮・成長を目的として、対話を通じて行われるコミュニケーションを有効活用する
目標管理制度 （MBO:management by bjectives）	組織の目標と整合性のとれた目標を部下自身が決め、達成までを管理することにより、業務の効率化やモチベーションの向上が期待できる。その際には、目標の達成度合いが客観的に把握できるよう、可能な限り数値で設定し、定量評価と定性評価のバランスをとる

 # 評価結果のフィードバック

マネジャーは、部下に対して根拠を明確にした評価結果をフィードバックすることが必要です。また、フィードバックには、部下の成長や行動革新のための方向性を伝える意味も含まれています。

人事考課は、査定の意味だけでなく、部下育成や能力開発の重要な手段として活用していく意識が重要です。

アドバイス

人事考課は、部下の将来を左右しかねない大きな意味合いがあります。そのため、適切でない評価には「評価者にも問題がある」と判断される場合があります。マネジャーには、公平・公正・納得性のある評価が求められます。

第5章 人材の育成と人事考課

練習問題

 問題1 人材育成の説明に関する記述で正しいものをすべて選びなさい。

①人材育成は、各部門のマネジャーが行うよりも、専門的な知識を持つ人事部門が担当することが効果的である。

②部下の育成とは、部下が新たな能力を身につけ、さらにその能力領域を広げ、できなかったことをできるようにすることである。

③コーチングは、集団に対して画一的な知識共有を目指す際に学習効果が期待できる。

④部下に質問をする際は、「イエスかノー」「紋切り型の質問」を反復することにより、自律性を育成する。

⑤話の内容をまとめたり抽象化したりすることを「チャンクアップ」という。

⑥マネジャーは、部下の行動が改善された点など、事実を具体的に指摘して、成長を認めるより、とにかくほめることが重要である。

⑦ 1on1 ミーティングの内容はマネジャーが決め、部下は指示を受ける。

⑧ 1on1 ミーティングでの部下へのアドバイスの際、マネジャーは課題解決の方法を考えさせることが重要だ。

⑨ 1on1 ミーティングは、短いスパンで継続的に行うことが効果的とされているため、都度のフィードバックは必要ない。

⑩フィードバックする場合でも、部下の立場を尊重し行動に対する改善点や評価を伝えることは控える。

問題2 人材育成の手順に関する記述で正しいものをすべて選びなさい。

①マネジャーは、部下育成に関して、コーチングやティーチングなどのスキルが熟達してさえいれば、適切な育成を行うことができる。

②人材育成に必要な環境条件には、仕事がステップアップしていくよう、段階的な調整が必要だ。

③部下の得意な仕事に従事させることが大切であり、未経験の仕事や他部署への異動は仕事意欲の低下を招く。

④マネジャーは部下に対して、自ら目標を設定するよう指導し自己管理を促す。

⑤営業部門での顧客訪問回数や成約件数などの仕事の「見える化」は、常にマネジャーが主導して行う。

⑥目標達成を部下とともに喜ぶ習慣には、仕事の面白さを実感させる作用がある。

問題3 部下の経験や立場に対応した人材育成に関する記述で正しいものをすべて選びなさい。

①新人の教育担当として、数年先輩にあたる人を指名する場合、教育係の業務のレベルが下がることがあるが、新人の育成の必要性からやむを得ない。

②一定の業務経験のある部下の目標設定は、部下から自主的に提示させた上でそれを修正・承認させることが望ましい。なお、目標達成のための方法は部下に任せる。

③いつでも自分が正しいと信じて疑わないタイプの部下には、比較的落ち着いて冷静なときに、共通の話題を取り上げながら、こちらの話に耳を傾けさせる方法が効果的である。

④自己中心的な部下には、比較的難易度の高い、他人の助言がなければ進められないような仕事を担当させ、必要に応じて、言うべきことをストレートに伝えることが必要だ。

問題4 教育手法に関する記述で正しいものをすべて選びなさい。

①社員の自発的な能力開発は、あくまでも従業員自身の自発性によるものであるため、企業は経費補助などによって側面から支援して推進していく。

② OJT は、共通の教育ニーズに即した指導ができるが、効果は指導者の能力により差が出ることもある。

③ OJT は、部下に直接働きかけることから、職場の意識高揚が図られ、かつ理論的・体系的に学ばせることもできる。

④ OFF-JT は、内外の専門家から、より広い知識や専門的な技術を習得することができる。

問題5 人事考課および部下の評価に関する記述で正しいものをすべて選びなさい。

①部下を評価する際に、業績がかんばしくないと感じたときには、部下の当該業務に対する適性などを考慮することも必要である。

②コンピテンシーとは、高い業績をあげる共通の行動特性をいう。

③人事考課の基準をあらかじめ明確にすることは、部下はその基準に従い行動することも想定されるため、知らせないほうがよい。

④リモートワーク時においては、評価がしにくい定性評価より、数値化できる定量評価を重視することが大切だ。

第5章 人材の育成と人事考課

問題1 答え②⑤⑧

①は、人材育成は人事部門が行えばよいというものではなく、部下を持つすべてのマネジャーが常に意識するべき重要な役割であるため、正しくない。③は、コーチングは個々の個性を尊重して、持てる能力を引き出し、自律性を高める効果が期待できるため、正しくない。④は、部下の自律性を高めるには「オープン型の質問」が有効であるため、正しくない。⑥は、ほめるだけでなく、部下の行動が改善された点などの事実を具体的に指摘して、成長を認めることにより自律的行動力が促進されるため、正しくない。⑦は、1on1ミーティングの内容は部下が決め、マネジャーはアドバイスをするため、正しくない。⑨は、1on1ミーティングは、実施頻度に留意して、部下の行動の改善点や評価を伝えて軌道修正を促すためのフィードバックが必要なため、正しくない。⑩は、フィードバックの際には、部下の成長につなげるために、行動に対する改善点や評価を伝えることは必要なため、正しくない。

問題2 答え②④⑥

①は、コーチングやティーチングのスキルの熟達だけでなく、育てる意欲が重要であるため、正しくない。③は、未経験の仕事や部署移動により、新たな能力を獲得させるため、正しくない。⑤は、「見える化」は、最初はマネジャー主導でもよいが、最終的には部下が自ら成果を「見える化」して仕事を改善するよう指導すべきであるため、正しくない。

問題3 答え②

①は、新人を教育することにより、自身の仕事の振り返りの機会にもなり、教育係の業務のレベルアップにもつながるため、正しくない。③は、いつでも自分が正しいと信じて疑わないタイプの部下には、比較的難易度が高く他人の助言がなければ進められないような仕事を担当させ、必要に応じて、言うべきことをストレートに伝えることが必要であるため、正しくない。④は、自己中心的な部下には、比較的落ち着いて冷静なときに、共通の話題を取り上げながら、こちらの話に耳を傾けさせる方法が効果的であるため、正しくない。

問題4 答え①④

②は、OJT は共通の教育ニーズに即した指導ではなく、個別の教育ニーズに適しているため、正しくない。③は、OJT は部下に直接働きかけることから、職場の意識高揚が図られるが、業務時間を使って実施するため、断片的な指導となりがちであり、理論的・体系的な学習には不向きであるため、正しくない。

問題5 答え①②

③は、部下に評価や考課の基準をあらかじめ明確にすることにより、部下はなすべき行動が明らかになるため、人事考課の基準の明確化は必要である。よって正しくない。④は、リモートワークは非対面で行われるからこそ、誠実さや熱量など把握しにくい定性を注視することが大切で、目標管理制度などの活用に偏らない評価が必要なため、正しくない。

第6章
チームのマネジメントと企業組織論

ココがポイント

▶ メンバーの能力を引き出し、強いチームをつくる手法をチームビルディングという

▶ 組織文化は価値判断の集積で、意思決定や行動の基準となる。組織の一体感の源

▶ 企業組織論には、組織の7S、バーナード組織論、コンティンジェンシー理論がある

 # 1 チームビルディングの基本

チームビルディングのポイント

　部下1人ひとりの能力を最大限に引き出し、その能力を補完し合い、強いチームをつくる手法を**チームビルディング**といいます。

（1）チームを機能させる3つのポイント

▶チームの目標を明確にする

　マネジャーは、チームの目標を明確にしなければなりません。異なる能力を持つ各メンバーが、目標達成に向けて協働することによって、それぞれの能力を単純に足し合わせたものよりも大きな成果を得られるよう**プラスの相乗効果（シナジー効果）**をもたらすことが期待されます。また、部下が指示を受けなくとも自律的に行動できるよう、個々の役割を個別・具体的に明示します。**チームビルディング**はマネジャーに求められる重要な役割の1つです。マネジャーは「チーム全体のエネルギーを最大限引き出すこと」を求められているため、このチームビルディングに全力を注ぐ必要があります。

右余白縦書き：

▶チームの効率性を高める

高い能力を持つメンバーが事務的なことなどに時間や手間をとられることがないよう、作業効率に留意します。また、時間を浪費させないために、すべての行動に5分前ルールを設定するなど、まとまりのある行動が求められます。

▶チームの意思決定プロセスを強化する

チームの目標達成において、チームとしての意思決定が不可欠です。そのためには、部門間の派閥争いを避け、チームのメンバーが目標達成に直接必要でない事柄に関心を向けないようにします。目標達成には、メンバーが最良の意思決定ができるよう、意思決定のプロセスの強化に注力することが大切です。

(2)グループダイナミクスとフォーカスの利用

チームのマネジメントには、アメリカの社会心理学者クルト・レビンが提唱したグループダイナミクスの考え方への理解が必要です。グループダイナミクスとは、「集団力学」と訳されます。個人は集団(チーム)から影響を受けつつ、集団に対しても影響を与え、集団は単なる個人の集合ではなく、集団として特徴的な行動が発生するメカニズムがあるとされています。つまり、メンバー間で醸成するエネルギーが、チームのダイナミクスの重要な要素であると理解できます。

また、チームを効率的にマネジメントする手法としての、フォーカスの理解も必要です。フォーカスとは、チームの業績目標、行動指針へ向けて、チームメンバーの力を結集させることであり、チームが一丸となることをいいます。

(3)部下の強みを引き出し、弱みをなくす

マネジャーは、部下の持つ多様な個性をチームに生かし、チームに新たな変化をもたらすためには、部下の強みを引き出し、弱みをなくすように対処することが大切です。

(4)変化に柔軟に対応する

ビジネス環境が大きく変化する現状においては、チームにも環境変化に柔軟に対応して新しい価値を創造することが求められます。過去の成功体験だけにとどまったり、失敗をおそれたりすることなく常に挑戦を続け、変化に柔軟に

リンゲルマン効果　メンバーが単独で作業をするよりも、集団で作業するほうが1人当たりの作業量は低下する現象をいいます。「社会的手抜き」とも呼ばれています。

適応できるマネジメントがチームの活性化につながります。

　一方、挑戦を躊躇していては、仕事に真剣に取り組んでいないと判断される場合もあります。

マネジャーの言動や表情などは、チームの雰囲気に大きな影響を与えます。ユーモアがあり、笑顔の絶えない人の周りに人が集まるように、マネジャーが努めて明るく振る舞うことでチームが活性化して連帯感が生まれ、安定的なチーム運営を可能にします。

全員が発言しやすいチームづくり

(1)チームにおける心理的安全性の構築

　心理的安全性とは、アメリカの組織行動学博士エイミー・C・エドモンドソンが提唱した、組織の中で自分の考えや気持ちに対して安心して発言できる状態のことをいいます。

　心理的安全性は、チームの他のメンバーが自分の意見を拒絶したり、ペナルティを受けたりするリスクを感じることなく、課題やネガティブな事柄でも気兼ねなく発言したり議論したりすることができる状態を指し、職場での、離職率の低さ、収益率の高さへつながっています。

●心理的安全性が高い状態・低い状態

心理的安全性	メンバーが職場に対して抱く「感じ」
高い状態	・チームメンバーの誰もが忖度なく発言でき、疑問も躊躇なく質問できる ・問題点などを指摘してもチームの人間関係が悪化する心配をしなくてよい ・困ったときに、他のメンバーに助けを求めることができる
低い状態	・否定されそうなため、問題点を指摘できない ・問題点を伝えても協力してもらえず、評価を受けることもない ・上司に異論反論すると評価が下がる ・上司の意見は絶対のため、質問はできない

組織の目標を掲げたり、問題解決に向けた行動指針を定めたりして、心理的安全性が高い状態を構築する意識を醸成することは、チームづくりにおいて有効です。ただし、単にメンバーが仲よく和気あいあいと過ごせる雰囲気の職場にすることが目的ではありません。

行動指針の例
・忖度なく発言し、疑問に思ったことは 　率直に質問しなければならない
・改善すべき問題点を率直に指摘しても 　チームの対人関係を悪化させない

2 組織の文化

組織文化が果たしてきた役割

　組織文化は、組織における従業員の行動基準として大きな影響力を持ちます。組織文化は、行動規範や意思決定の基準となり、また、組織に一体感を持たせるといった機能を果たします。

　つまり、組織文化とは価値判断の集積であり、暗黙知の結晶なのです。そして、どのような組織文化が構築・維持されるかは、その組織の価値創造や持続的成長に大きな影響を与えます。

組織文化の果たす機能

(1)意思決定や行動についての基準

　組織文化は、企業における行動基準です。成熟した組織文化は、価値選択の積み重ねを経て成立しているため、業務上の判断に迷ったときには、組織文化から導かれる一定のルールに従うことにより、解決のヒントを得ることができます。また、不測の事態にも組織の強みを発揮することができます。このように、組織のメンバーに共有されている行動基準を集団規範といいます。

　一方、ルールが明確でなく、組織文化が十分に構築されていない企業では、行動基準をその都度、設定しなければなりません。

暗黙知　主観的で言語化することができない、目に見えない知識のことをいいます。一方、設計書や特許などは、言語化された形式知とされています。

（2）組織に一体感を与える

　企業は、組織文化を持つことにより、**一体感のある**行動をとることができます。また、組織文化が共有されていれば、一挙手一投足を縛る詳細なルールが不要になります。また、裁量の余地も広がり、迅速かつ弾力的な行動をとることができるようになり、その組織のメンバーであることに誇りを感じる効果もあることから、仕事に積極的に取り組む姿勢が生まれます。

　アメリカのコンサルタントである、トム・ピーターズとロバート・ウォーターマンは、著作『エクセレント・カンパニー』で、「卓越した企業は、**組織文化を**構築し、共有された**価値観**に基づきマネジメントが行われる」と記しています。

●卓越した企業

卓越した企業は
優れた組織文化を持つ

[優れた組織文化を持つ企業では…]
・経験から学ぶサイクルの好循環
・従業員の全体の能力が高まる効果
・新たな挑戦への意欲　　　が生まれる

組織文化の弊害

　一方、悪しき組織文化が蔓延して、それが根付いてしまうと、その組織文化に基づく従業員の行動や判断によって、最悪の場合には企業の存続が危ぶまれることがあります。たとえば、消費者の利益や環境への影響を無視して、自社の利益優先に走る傾向が見られた場合には、その傾向が消費者などに伝わるところとなると、レピュテーションリスク（評判リスク）にさらされ、企業の社会的信用は著しく損なわれます。

　組織文化は社会の利益に寄与し、社会と共存できるように醸成されることが重要です。また、マネジャーはこのように醸成された組織文化を、コミュニケーションを通じて部下に浸透させていくことが大切です。

集団圧力（斉一性の圧力）　集団規範に沿わない行動をとるメンバーへの働きかけのこと。集団の凝集性（個人を集団にとどまらせるように働く力）が高い組織ほど団結力が強くなるといわれます。

3 企業組織論

企業がいかなる組織を構成するかは、経営資源の効率的な活用のみならず、人材育成の視点からもとても重要です。

組織の7S

組織の7Sは、アメリカのコンサルティング会社であるマッキンゼー・アンド・カンパニーによって提唱された考え方です。優良な企業は、7つの経営資源が相互に補完しながら組織が活性化するとされています。組織の7Sは**ハードの3S**と**ソフトの4S**に大別されます。

●組織の7S（組織におけるハードの3Sとソフトの4S）

ハードの3S	戦略（Strategy）	事業の方向性・優先順位など
	組織（Structure）	組織構造
	システム（System）	システム・仕組み、人事システム・意思決定ルール
ソフトの4S	価値観（Shared Value）	共通の価値観・組織目標
	スキル（Skill）	技術力・販売力など
	人材（Staff）	企業に属する個人の能力
	スタイル（Style）	社風・組織文化など

バーナード組織論

バーナード組織論は、アメリカの経済学者チェスター・バーナードによって提唱されました。組織が成立するための要素を挙げ、それらを備えた組織を**公式組織**と呼んでいます。公式組織が成立し、存続するためにはこの**3要素**が必要とされています。

●バーナード組織論の3要素

共通の目的

組織の目的が浸透していて、
その目的が個人の目的と
合致している

3要素

貢献意欲
（協働意欲）

メンバーは目的達成のための
貢献意欲を持ち、組織は
意欲を引き出すために
多様なマネジメントを行う

コミュニケーション

メンバー間、組織とメンバー間の
正確な情報の伝達により
相互理解が深まり、貢献意欲が
向上する

組織構造の種類と特徴

　組織には、固定的・安定的な**恒久的組織**の集団と、タスクフォースとも呼ばれる臨時で組織される集団があり、さらに**機能別組織**、**プロジェクトチーム型組織**、**事業部制組織**に大別されます。

（1）機能別組織

　仕事の種類ごとに組織を構成して、組織全体の構造を決定する組織構造をいいます。

　機能別組織は、企業の目的を直接遂行する「**ライン部門**」と、ライン部門が効率よく業務を遂行できるように支援する「**スタッフ部門**」（人事や経理、総務など）によって構成されます。

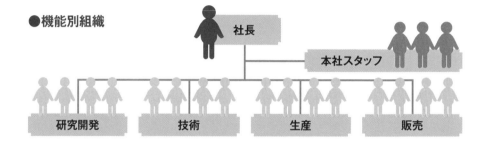

●機能別組織

社長
本社スタッフ
研究開発　技術　生産　販売

(2)プロジェクトチーム型組織（タスクフォース）

　本来は異なる分野に属するメンバーが、特定の仕事を遂行するために構成する臨時の組織（**プロジェクトチーム**）です。メンバーは異なる技能や知識、ビジネス上の経験を有しています。通常は少人数で、プロジェクトまたは顧客単位で編制され、あらかじめ設定された目的を達成すると解散するのが一般的です。

(3)事業部制組織（カンパニー制を含む）

　組織は複数の**独立した事業部**に分割されます。事業部は、**自立した組織**としてビジネスを実践し、独立した事業部が業務プロセスを最初から最後まで担当します。事業部制組織では、事業部単位での**意思決定の権限**や、事業の**執行権限**を持つことになります。つまり、各事業部は**事業計画**を立案することが可能となり、売上や利益などの業績に**責任**を持つことになります。

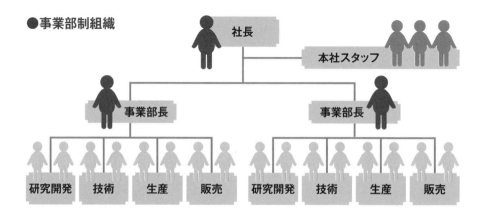

●事業部制組織

社長
本社スタッフ
事業部長　　　　　　事業部長
研究開発　技術　生産　販売　　研究開発　技術　生産　販売

●組織構造の種類と特徴

組織構造のタイプ	メリット	デメリット
恒久的組織（固定的・安定的） 機能別組織	・担当役割が明確 ・部門間の仕事の重複を回避 ・専門知識や効率が向上 ・部下育成が容易 ・意思決定権が集中	・柔軟な対応が困難 ・部門間の壁によって、連携が容易でない ・硬直的
事業部制組織（カンパニー制を含む）	・責任が明確 ・課題理解が容易 ・事業単位での意思決定が容易 ・最適な事業形成が可能 ・事業部間の競争によるシナジー効果が期待できる ・事業業績と成果の責任を負うことから、次世代マネジャーの育成が容易	・事業部ごとの縦割り組織のため、事業部間の協働が行われづらい
臨時で組織される集団 プロジェクトチーム型組織（タスクフォースを含む）	・市場の劇的変化に対応が容易 ・個々のメンバーが強い責任感を持てる ・イノベーションに適している	・安定性に欠ける ・仕事が重複する ・チームメンバーの専門領域が異なるため、仕事の割り振り、人間関係の調整が困難 ・コミュニケーションをとるのが難しい ・他部門からの支援や経営層からの権限委譲が重要

第6章 チームのマネジメントと企業組織論

アドバイス

どの組織構造もメリットやデメリットがあり、完璧なものは存在しません。組織構造は企業戦略と密接に結びつくため、多くの企業は、一定の組織構造を継続させるのではなく、戦略に応じて、最も効率的に目的を達成できる組織構造を模索し続けています。

練 習 問 題

 問題1 チームマネジメントに関する記述で正しいものをすべて
選びなさい。

①成果主義における成果とは、長期的視野に立つものでなければならないが、成果を
出すために間違いや失敗をしないよう、新しい価値の創造への貢献度は基準としな
い。

②チームを効率よくマネジメントするためには、「フォーカス」、つまり「チームとし
ての業績目標や、行動指針などに向けてメンバーの力を結集する」ことが重要であ
る。これにより全体の力を結集することができるようになる。

③マネジャーは目標達成のために、メンバーの醸成するエネルギーを集結させること
が大切であるので、チームのメンバーは、思考や興味などが均質であることが望ま
しい。

④成熟した組織文化が構築・維持されている企業は、不測の事態や難しい判断が求め
られる場面において、暗黙知の結晶により組織としての強みを発揮することができ
る。

⑤組織文化が共有されていたとしても、詳細なルールは必要で裁量の余地が広がる
とは限らない。

⑥リンゲルマン効果とは、メンバーが単独で作業をするよりも集団で作業をするほう
が1人当たりの作業量は低下することをいう。

⑦心理的安全性が高い職場では、チームの他のメンバーが自分の意見を拒絶したり、
ペナルティを受けたりするリスクを感じやすい。

⑧心理的安全性の高い状態とは、仲よく和気あいあいと過ごせる雰囲気の職場であ
る。

⑨心理的安全性が低い職場では、上司と異なる意見でも問題なく発言できる。

⑩心理的安全性を高める方法として、行動指針を定めることなどが考えられる。

問題2 企業組織論に関する記述で正しいものをすべて選びなさい。

①組織の7Sとは、ハードの3Sとソフトの4Sに大別され、ハードの3Sは、Strategy（戦略）・Structure（組織）・System（システム）で構成される。

②組織のソフトの4Sは、Shared Value（価値観）・Skill（技術）・Staff（人材）・Scheme（計画）である。

③バーナード組織論とは、組織は、共通の目的・協働意欲・ダイバーシティの3つ要素から成立するもので、どれか1つが欠けても組織不全になると定義している。

④バーナード組織論の3つの要素のうち、協働意欲（貢献意欲）とは、モチベーションのことであり、その意欲を引き出すために様々なマネジメントが求められる。

問題3 組織構造に関する記述で正しいものをすべて選びなさい。

①機能別組織は、ライン部門とスタッフ部門で構成され、柔軟に市場の変化に対応しやすく各部門の連携も容易である。

②機能別組織は、役割分担が明確なため、部門間での仕事の重複を避けることができる。

③機能別組織は、その職能に関する知識やスキルを習得し、専門性を高めることができる。

④プロジェクトチーム型組織は、チーム全体の仕事と自分の責任を把握しやすい。

⑤プロジェクトチーム型組織は、新しいアイデアや動向を受け入れやすく、事態の変化にも柔軟に適応できる。

⑥プロジェクトチーム型組織は、専門分野の異なるメンバーの集合体であるため、イノベーションは起こりにくい。

⑦事業部制組織は、独立した事業部に分割されるため、各事業で直面する課題の理解が容易で責任が明確である。

⑧事業部制組織は、事業部単位での意志決定の権限を持つことはない。

⑨事業部制組織は、事業部間での競争原理が働き、企業全体としての成長が期待できる。

⑩事業部制組織は、マネジャーが業績と成果に責任を持つため、将来の経営者としての経験を積むことができる。

(問題1) **答え** ②④⑥⑩

①は、成果主義における成果とは、長期的視野に立つものでなければならず、間違いや失敗をしない者は、仕事に真剣に取り組んでいないか、無難なことにしか手をつけない者と判断すべきときもあるため、正しくない。③は、均質ではなく、様々な思考や興味を持った個性により、業務の領域を幅広くカバーできると同時に、相互の個性から受ける刺激により新しいアイデアが生まれるため、正しくない。⑤は、組織文化の共有の結果、詳細なルールづくりは不要になるため、正しくない。⑦は、心理的安全性が高い職場では、他の人の意見を拒絶したり、ペナルティを受けたりするリスクは感じにくいため、正しくない。⑧は、心理的安全性の高い状態とは、仲よく和気あいあいと過ごせる雰囲気の職場ということではなく、組織の目標や問題解決に向けた発言や行動を互いに率直に行える状態を指すため、正しくない。⑨は、心理的安全性が低い職場では、上司と異なる意見では評価が下がるため、正しくない。

(問題2) **答え** ①④

②は、ソフトの4Sは、Shared Value（価値観）・Skill（技術）・Staff（人材）・Style（組織文化）であるため、正しくない。③は、バーナード組織論とは、組織は、共通の目的・協働意欲・コミュニケーションの3つの要素から成立するものであるため、正しくない。

(問題3) **答え** ②③④⑤⑦⑨⑩

①は、機能別組織は、市場の変化や各部門の連携には対応しにくいため、正しくない。⑥は、プロジェクトチーム型組織は、多様性を反映させたイノベーションは起こる可能性があるため、正しくない。⑧は、事業部制組織は、業務を一気通貫で担当し、意志決定の権限を持つため、正しくない。

第3部

業務の

マネジメント

第 7 章
経営計画・事業計画の策定

ココがポイント

▶ マネジャーには経営計画に基づく
　事業計画の策定が求められる

▶ 事業計画の損益計画の肝は
　損益分岐点にある

▶ 事業計画の策定手段として様々な
　経営手法を駆使する

1 経営計画・事業計画の意味と位置づけ

経営計画・事業計画の意味

　「コーポレートガバナンス・コード（CGC）」とは、コーポレートガバナンス（企業統治）を確実に実施するのに必要な原則やルールをまとめたもので、上場企業の経営者が守るべきものです。コーポレートガバナンス・コードは、経済協力開発機構（OECD）が普及を促進しており、経営計画などを策定する場合には、この原則やルールへの理解が必要です。

CHECK コーポレートガバナンス・コードの基本原則

1 株主の権利・平等性の確保

2 株主以外のステークホルダーとの適切な協働

3 適切な情報開示と透明性の確保

4 取締役会などの責務

5 株主との対話

ステークホルダー　企業の経営活動にかかわる利害関係者を指します。具体的には、消費者（顧客）や株主、従業員、債権者、取引先、地域社会、行政機関などです。

(1)コーポレートガバナンス・コードのポイント

　コーポレートガバナンス・コードで注目すべきは、上場企業は**独立社外取締役**を２人以上置き、一定の場合には**3分の1以上**を**独立社外取締役**とするよう促されている点です。また、株主以外のステークホルダーとの適切な協働や透明性の確保が求められている点や、基本原則のうち３つに「株主」という言葉が出てくる点にも注目しましょう。なお、SDGs、ESG の課題解決が重要です。

(2)実施と説明（Comply or Explain）

　「コーポレートガバナンス・コード」は「**基本原則**」「**原則**」「**補充原則**」からなっています。上場企業は「**基本原則**」のみについて対応を求められますが、必ずしも**実施（Comply）**を義務づけられているわけではありません。重要なのは「実施してもいいし、実施しない理由を**説明（Explain）**してもかまわない」という点です。ただし、実施しない場合は説明義務が生じるため、この「**Comply or Explain**」の原則を理解しておきましょう。

(3)スチュワードシップ・コード

　機関投資家からの上場企業への働きかけのための行動規範として、「**スチュワードシップ・コード**」があります。これは、機関投資家による投資先企業への「あるべき経営監視の姿」を規定した「責任ある投資家の諸原則」です。なお、機関投資家が実施すべきスチュワードシップ活動（企業経営への監視活動など）が不十分だったことが、リーマンショック発生の反省点とされています。なお、投資の視点からは ESG が重要です。

第7章 経営計画・事業計画の策定

マネジャーは、経営者が策定する経営計画に基づいて、事業計画の策定が求められます。企業のガバナンスは、「日本型雇用システム」「内部昇進取締役」「メインバンク制」による「内部型」から、機関投資家（投資信託会社、年金基金、生命保険会社、信託銀行）などを中心とする外部株主重視の「アウトサイダー型」への移行が進んでいる点に注意しましょう。

DXの推進

DX（デジタル・トランスフォーメーション）とは、蓄積された様々なデータやデジタル技術を活用しながら企業がビジネス環境の変化に対応し、顧客視点で新たな価値を創出することです。従来のIT化では業務の効率化や生産性の向上、コスト削減などが改善の中心でしたが、DXでは、**経営ビジョンやパーパス（組織の社会的存在意義）に基づき、経営層やステークホルダーと連携しながら行うデジタル技術利用による改革です。DXは、ビジネスモデルや組織の改革、さらには新しい事業への進出も意味しているのがポイントです。**

経営計画・事業計画の位置づけ

「企業理念」とは企業の個々の活動方針のもととなる基本的な考え方であり、その理念に基づいて将来あるべき姿を示したのが「経営ビジョン」です。経営者はそのビジョンをどのように実現していくかという「経営戦略」を策定し、その後に具体的な行動計画や数値目標である「経営計画」の策定を行います。

一方、マネジャーは経営計画に基づき、「事業（部門）戦略」を策定し、「事業（部門）計画」の策定へと進みます。

●経営計画と事業計画の構造

DX推進ガイドライン　経済産業省が2018年に公表した民間企業のDX化の推進に向けたガイドライン。その後、その後継であたる「デジタルガバナンス・コード」が策定されています。

経営計画・事業計画の策定に役立つ 様々な戦略論やフレームワーク

経営計画や事業計画の策定には、組織を取り巻く**外部環境**や**内部環境**の分析が欠かせません。「現状の分析」（P128 ～ 135 参照）で紹介する様々な経営計画・事業計画の策定の戦略論やフレームワークの手法を理解しましょう。たとえば、外部環境分析の手法であれば PEST 分析、内部環境分析の手法であれば経営資源を分析する VRIO 分析などがあります。

2 事業計画の作成

事業計画の策定

すばらしいアイデアを持っていても、それを 1 人で実行することは困難です。そこでアイデアを事業計画という形にして、それを経営者や上司、チームメンバー、取引先などに論理的に、明確に伝え、共感を得る必要があります。また、事業計画を作成しなければ、業務のどこに問題があるのか明確になりません。その際、**実績**と**計画**との差異を把握し、事業計画を**修正**するプロセスも必要となります。なお、事業計画の策定プロセスは次のとおりです。

●事業の目的の明確化のポイント

従来型のアプローチ （社会貢献型）	新しいアプローチ （共通価値型）
CSR (Corporate Social Responsibility) ▶企業の社会的責任	**CSV** (Creating Shared Value) ▶企業と社会の共通価値の創出
・事業活動で得た利益を社会に還元する ・事業活動と利益の社会還元のトレードオフ関係であることが欠点	・利益型企業活動が即、社会課題の解決につながるといった共通価値創設型 （例）EVの販売はCO_2排出量の削減が即、自動車企業の利益創出につながる

121

アドバイス

アメリカの IT 企業大手のアップルは、100％再生可能エネルギーによる生産を掲げており、自社による太陽光発電実施に加えて地域のスタートアップから再生可能エネルギーを買い上げています。その結果、アメリカのいくつかの州では地域の再生可能エネルギー・スタートアップ企業が成長しています。地域社会への貢献とアップルはクリーンエネルギー企業といった企業価値の向上が両立した CSV 事例といえます。

事業の損益の把握

　事業計画で最も重要なのは損益計画です。事業は黒字を出すために行っているわけですから、損益計画の重要性は言うまでもありません。マネジャーは「売上高」「売上原価」「売上総利益（粗利）」「販売費および一般管理費」「営業利益」をよく理解する必要があります。そして、事業が収益を出すために最低限必要となる売上高を計算するための損益分岐点を理解しましょう。損益分岐点とは、売上から経費（固定費と変動費）を差し引いた利益がプラスでもマイナスでもなくゼロになる売上金額（損益分岐点売上高）または売上数量（損益分岐点売上数量）のことをいいます。

　なお、次の2つの図表で解説する計算式は、実際の試験でも問われると考えられます。きちんと理解しておきましょう。

損益分岐点　売上と経費が等しくなって損益がゼロになる売上高のこと。この損益分岐点が高いと、少し売上が減ればたちまち赤字になる状況を示し、逆に低いと損益面での安全性の高さを示します。

●損益分岐点

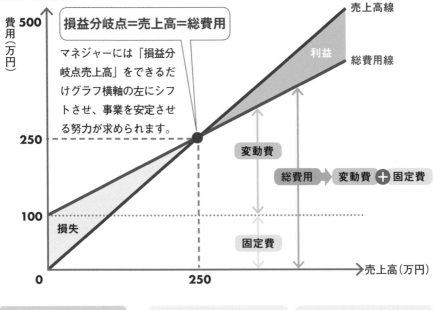

費用（万円）

損益分岐点＝売上高＝総費用

マネジャーには「損益分岐点売上高」をできるだけグラフ横軸の左にシフトさせ、事業を安定させる努力が求められます。

売上高線

利益

総費用線

変動費

総費用 → 変動費 ＋ 固定費

固定費

500

250

100

損失

0　　　　　　250　　　　　売上高（万円）

限界利益 →	1個販売したときの売上高 －	1個当たりの変動費
損益分岐点売上数量 →	固定費 ÷	限界利益
損益分岐点売上高 →	販売単価 ✕	損益分岐点売上数量

（例）1個当たりの「売上高」が200円、「1個当たりの変動費」が160円、「固定費」が200万円の場合

計算方法

「限界利益」＝ 200円－ 160円＝ 40円

「損益分岐点売上数量」＝ 200万円÷ 40円＝ 5万個

「損益分岐点売上高」＝ 200円×5万個＝ 1,000万円

●損益分岐点売上高と損益分岐点比率

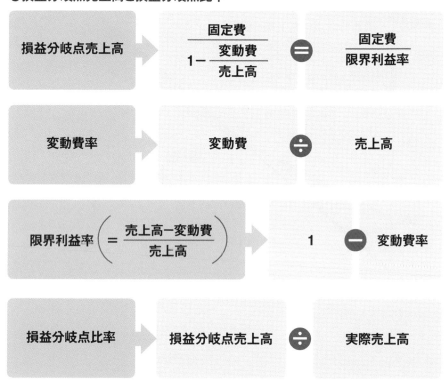

（例）1個当たりの「売上高」が200円、「変動費」が160円、「固定費」が200万円、　実際の売上高が1,500万円の場合

「変動費率」＝「変動費÷売上高」＝ 160 円÷ 200 円＝ 80％

「限界利益率」＝「1 －変動費率」＝ 1 － 80％ ＝ 20％

「損益分岐点売上高」＝「固定費÷限界利益率」＝ 200 万円÷ 20％ ＝ 1,000 万円

「損益分岐点比率」＝「損益分岐点売上高÷実際売上高」＝ 1,000 万円÷ 1,500 万円≒ 66.7％

アドバイス

賞与（ボーナス）を予算の上限（損益分岐点）とした家族旅行（変動費）の損益計画を立ててみましょう。賞与の金額（売上目標）によってどこまで足を延ばせるか考えてみましょう。

事業計画を実施するための体制と人員配置

　事業計画を実施するには、そのための体制の構築が求められます。その場合、重要なのは**人員配置計画**です。たとえば、アルバイトの入れ替わりが激しい飲食店などでは、人員配置をしっかりと行う必要があります。次の図は、従業員のシフト管理の例です。

●従業員のシフト管理の例

曜日別・時間帯別の
必要業務と人員の洗い出し

業務の推定所要時間の
洗い出し

業務の必要技能や知識の
明確化

スケジュール表の作成と
スキルを持った人員の割り当て

　「従業員のシフト管理の例」のように、アルバイトやパートなどの雇用が多い飲食店のマネジャーの役割は、スケジュール表の作成と同時にシフト制度の維持です。予定のシフト勤務時間にアルバイトが突然キャンセルするなどのシフト変更は日常茶飯事です。マネジャーはそういった事態の際、代わりの勤務者を割り当てるなどの迅速な対処が必要です。

人件費の管理

　人件費が売上に占める割合を**人件費率**といいます。**人件費の管理**は損益計画に影響を及ぼします。また、**人時生産性**とは、粗利（売上総利益）に対する**人件費の割合**を示します。これらはマネジャーが人件費の管理を行う上での指標になります。計算方法を理解しておきましょう。

●人件費の管理

人時売上高 （従業員1時間当たりの売上高）	売上		店舗での 総労働時間
人時生産性 （従業員1時間当たりの粗利）	粗利		店舗での 総労働時間

第7章 経営計画・事業計画の策定

（例1）1日平均売上高40万円、従業員数10人、平均労働時間8時間、1日平均時給1,500円、売上総利益率50%の場合

計算方法

「1日平均総労働時間」＝従業員数（10 人）×労働時間（8 時間）＝ 80 時間

「人時売上高」＝平均売上高（40 万円）÷ 80 時間＝ 5,000 円

「人時生産性」＝ 5,000 円×売上高総利益率（50%）＝ 2,500 円

「現在の売上高人件費率」＝平均時給 1,500 円÷ 5,000 円＝ 30%

（例2）「売上高人件費率」の改善目標を25%に設定した場合の人時売上高目標（なお、売上高総利益率は50%）

計算方法

平均時給 1,500 円÷ 25%＝ 6,000 円（人時売上高目標）

なお、この場合の「人時生産性」は 6,000 円× 50%＝ 3,000 円となる。

アドバイス

たとえば、学習塾の塾長になったつもりで考えてみましょう。毎日2人のアルバイトの大学生講師を雇う場合の、スケジュール表の作成をイメージしてください。大学生講師の必要登録人数、気まぐれな人や生真面目な人、生徒に人気の人など性格の把握、突然のシフトキャンセル時の対応なども考える必要があります。

●バックキャスティング思考（未来から現在へ）

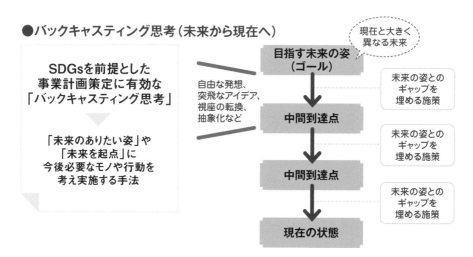

●フォアキャスティング思考（従来型／現在から未来へ）

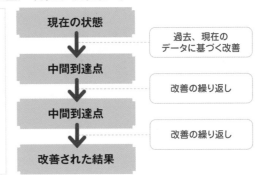

問題点、反省点の
洗い出し改善策のための
論理思考

過去・現在の延長上の
未来の実現。
バックキャスティング思考の結果とは
大きなギャップがある

現在の状態	過去、現在の データに基づく改善
↓	
中間到達点	改善の繰り返し
↓	
中間到達点	改善の繰り返し
↓	
改善された結果	

●サプライチェーンへの理解（サービスを含む）

サプライチェーンとは、商品や製品が消費者の元に届くまでの一連のプロセス

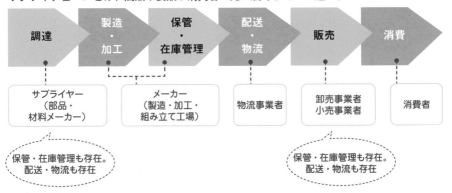

調達　製造・加工　保管・在庫管理　配送・物流　販売　消費

サプライヤー（部品・材料メーカー）　メーカー（製造・加工・組み立て工場）　物流事業者　卸売事業者 小売事業者　消費者

保管・在庫管理も存在。配送・物流も存在

保管・在庫管理も存在。配送・物流も存在

第7章　経営計画・事業計画の策定

●バリューチェーンへの理解

主活動

調達　製造・加工　保管・在庫管理　配送・物流　販売　消費

支援活動

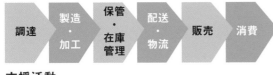

- 全般管理（インフラストラクチャー）
- 人事・労務管理
- 技術開発
- 教育研修

サプライチェーンの
個々のプロセスが生み出す
付加価値の発見と理解
（マーケティング手法の1つ）

サプライチェーンに直接かかわる
左記の「主活動」と、
それを支援する「全般管理」
「人事労務」「技術開発」
「教育研修」などの
支援活動の組み合わせが
利益を生む

127

3 現状の分析

　現状の分析にはフレームワークを使用した分析が効果的です。現状の分析に有益な様々なフレームワークを紹介しますので、使い方やその違いについて理解しましょう。

自社と市場・競合との関係からビジネスチャンスを見出すためのフレームワーク

　「市場における立ち位置（外部環境やポジショニング）」や「自社の経営資源（内部環境）」との関係から、ビジネスチャンスを見出す手法（チャンスの探し方のフレームワーク）は昔から研究されており、様々なフレームワークが提案されています。基本的なフレームワークについて理解し、使い方を身につけておきましょう。

(1) 3C分析

　３C分析は、自社を取り巻く**外部環境**と**内部環境**を分析することで、他社との過剰な競合を避けながらビジネスチャンスを分析する手法です。新規事業の立ち上げや新商品・新サービスの開発、展望のない事業からの撤退の判断などに有効です。

　競合の動向や顧客のトレンドなどは**外部環境**の分析であり、自社の分析は**内部環境（経営資源）**の分析です。その結果、自社が成功するための KSF（主要成功要因）を拾い上げ、成功するための要件を明確化します。

KSF　Key Success Factor の頭文字をとったもので、「主要（重要）成功要因」と訳されます。経営戦略を達成するために何が必要かを定めることをいいます。

●3C分析

市場・顧客 Customer 外的要因

必要な視点…顧客のニーズに合致
しているか？

競合 Competitor 外的要因

必要な視点…競合他社の商品と比
べて新規性や高い品質があるか？

自社 Company 内的要因

必要な視点…自社の強みを生かせるか？

３C分析の視点は、競争力を失った事業や商品、サービスからの
撤退を検討するときなどにも活用できる視点です。たとえば、国
内の家電メーカーがなぜ白物家電から撤退するのかなど、身近な
事例から理由を考えてみましょう。

（2）SWOT分析

SWOT分析は、内的要因（経営資源）における「強み（Strengths）」と「弱
み（Weaknesses）」、外的要因における「機会（Opportunities）」と「脅威
（Threats）」の４つの視点で分類するフレームワークです。

●SWOT分析

	強み Strengths	弱み Weaknesses
内的要因（内部環境）	（例：財務体質が強い、熟練技術者が多い）	（例：社員の高齢化が進んでいる）
	機会 Opportunities	脅威 Threats
外的要因（外部環境）	（例：新製品が高評価を受けた）	（例：他社が低価格製品で市場に参入）

内的要因における「強み」は、他社よりも優位な点、「弱み」は劣っている点をいい、自社の**経営資源**（ヒト＝社員、モノ＝設備、カネ＝資金、情報）や自社の**ノウハウ**などの優劣を評価します。たとえば、「ライバルである外国メーカーの○○電子は有機ＥＬの技術を持っている。しかし当社は持っていない…これは弱みだ」といったように分析します。

一方、外的要因の「機会」と「脅威」の分析は、**政治状況や法律改正、経済情勢、社会環境や消費の動向、技術革新動向や競合状況**などを挙げ、それらが自社に有利に働くか、または不利に働くかを検討しながら行います。その際は、重複や抜け漏れがないよう MECE の視点で行うことが必要です（P148 参照）。

ただし、注意したいのは、「目標が異なれば強みが弱みに、弱みが強みになる」「機会が脅威になり、脅威が機会になる」といった場合がある点です。たとえば、ある大手携帯電話会社のスマートフォンは、今後は画面部品を液晶から有機ＥＬに変更されるといわれています。本当にそうなれば、現在優位（自社の強み）である液晶部品メーカーは、一気に劣位（自社の弱み）になるおそれがあります。一方、有機ＥＬ部品メーカーには、新たなビジネスの「機会」が訪れることになります。

アドバイス

自分の「強み」と「弱み」、自分にとっての「機会」と「脅威」を書き出して、マネジャーとしての自分自身に関する SWOT 分析を行ってみましょう。

（3）ファイブフォース分析

ファイブフォース分析は、自社の属する業界の収益性や収益構造から自社の戦略を分析するフレームワークです。アメリカの経営学者マイケル・ポーターが研究した理論で「５つの要因が結集して、業界の**長期的な投資収益率**を決める」というものです。ファイブフォース分析では、次に解説する５つの競争要因を整理・分析し、その業界における収益性を把握します。

なお、業界における自社の立ち位置を明確にすることができるため、**ポジショニング戦略**とも呼ばれています。

経営資源　ヒト（社員）・モノ（設備）・カネ（資金）など目に見える有形資産と情報（知的財産）のような無形資産の総称をいいます。

●ファイブフォース分析（5つの競争要因）

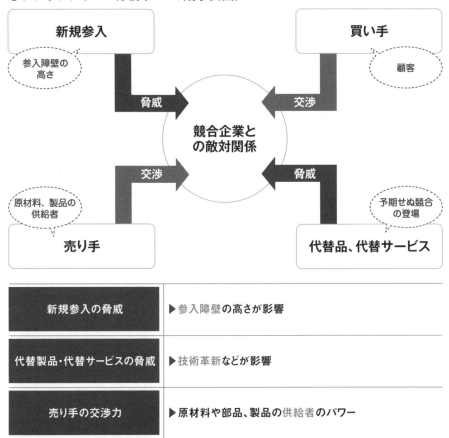

マイケル・ポーターは、ファイブフォース分析を用いて自社が取り得る戦略を次の3つに分類しています。これを「3つの基本的な競争戦略」といいます。自社の状況について、ファイブフォース分析で分析し、取るべき競争戦略を考えてみましょう。

第7章 経営計画・事業計画の策定

●3つの基本的な競争戦略

	価格優位	製品・サービス差別化
市場全体	**コストリーダーシップ戦略** ・市場で最大シェアの企業が取る戦略 ・自社が市場の値決めを行い、 　低価格の製品やサービスを提供して 　市場シェアを維持する	**差別化戦略** ・市場の2～3番手企業が取る戦略 ・トップ企業や競合企業に対して 　製品やサービスの差別化を行い、 　競争優位を確立する
限定的な市場	**集中戦略** ・大手企業が対象としない限定的な市場に絞り込む戦略（ニッチ戦略）	

CHECK　ミンツバーグによるポーターへの反発

　カナダの経営学者ヘンリー・ミンツバーグは、ポーターの外部環境のデータ分析重視、計画重視の戦略に対して猛反発しています。「不確実性の高い現代においては、マネジメントの実行はデータ分析や計画に基づくものではない。基本方針の決定後は、適宜修正を加えながら現場が試行錯誤して行うものである」と述べ、「創発戦略」を提唱しました。多くの現場のマネジャーは、顧客からの突発的な要求を巧みにさばいてマネジメントを行っています。まさにとっさのアイデアに基づく創発戦略なわけです。これは、PDCAサイクルのDにあたります。

(4) PEST分析

　PEST分析は、ビジネスを取り巻く外部のマクロ要因を分析するためのフレームワークで、3C分析やファイブフォース分析、SWOT分析の背景となる外部環境分析のフレームワークとして用いることができます。PESTとは次の4つの項目を指し、それぞれの頭文字からとった言葉です。

●PESTの4項目

政治状況・法制度 (Politics)	ビジネスに関連する法律の改正や内閣の交代による政策転換など 例）TPP（環太平洋戦略的経済連携協定や自由貿易協定）
経済情勢 (Economics)	景気動向や物価、為替、株価、金利動向など 例）日銀のマイナス金利の影響
社会環境や一般消費者の動向 (Society)	人口構成やライフスタイルの変化 例）少子高齢化、大地震後の節電や消費動向
技術に関する状況 (Technology)	技術革新 例）インターネットやバイオテクノロジー、人工知能の影響

アドバイス

様々な競争戦略のフレームワークについて解説しましたが、それぞれの関係と位置づけを比較しながら理解し、外部環境を重視するもの・しないものの違いや特徴を把握しましょう。

経営資源の分析から
ビジネスチャンスを見出すためのフレームワーク

(1) プロダクト・ポートフォリオ・マネジメント (PPM)

　プロダクト・ポートフォリオ・マネジメント（PPM）は、高い収益が見込める商品やサービス、事業に内部の経営資源を投下する際、事業の選択と集中の検討（経営資源の振り向け先の検討）に有効なフレームワークです。これはボストン・コンサルティング・グループによって開発された手法です。

●PPMにおける4象限の位置づけ

市場シェア

| | 高い | 低い |

花形
Star

成長市場で市場シェアが優位にある自社の製品や事業に対して追加投資を行う。

問題児
Question Mark

市場は成長過程だが、自社の市場シェアは高くない。花形を目指し積極投資するか、負け犬を見越して投資を控えるかの悩みどころ。

金のなる木
Cash Cow

市場シェアは優位だが、市場の成長はあまり見込めない。追加投資は控え、収益の最大化を狙う。

負け犬
Dog

市場成長率、自社の市場シェアともに低い。撤退を検討する。

（左縦軸）市場成長率　高い　低い

(2) バーニーの「リソース・ベースト・ビュー」

　リソース・ベースト・ビュー（RBV）は、アメリカの経営学者ジェイ・バーニーが提唱したフレームワークで、技術力や資金力、集客力を持つブランド、優秀な人材とチームワークなど、自社の**経営資源（内部環境）**の「強み」に注目した手法です。

　マネジャーは自社の経営資源をよく理解し、チームの課題を克服したり、目標を達成するための戦略を立案したりするために有効活用することが求められます。

　なお、リソース・ベースト・ビューにおける「リソース」には、資金や施設、技術だけでなく、顧客やサプライヤーとの強固な関係、人材、組織文化なども含みます。これらのリソースが競争力となるための要件（VRIO）は、次の4つに整理されます。

●リソース・ベースト・ビューの4つの要件（VRIO）

経済的価値（Value）	顧客にとって経済的価値を持つことは競争力の源泉
希少性（Rarity）	希少性のある経営資源
模倣困難性（Imitability）	他社が真似できない経営資源
組織力（Organization）	有機的な力、組織の交渉力

外部環境に特化したもの、外部環境と内部の経営資源（内部環境）をともに扱ったもの、内部の経営資源に特化したもの、実行時の創発性を重んじるものなど、企業の競争戦略には様々なフレームワークがあります。それぞれの関係と位置づけを比較しながら理解するようにしましょう。

第7章　経営計画・事業計画の策定

●様々な競争戦略のフレームワークの比較

フレームワーク	ポイント
3C分析	外部環境と内部の経営資源
SWOT分析	組織の外部環境と自社（内部の経営資源）の強み・弱み
ファイブフォース分析	業界収益性と収益構造分析（外部環境分析が中心）
PEST分析	外部環境のマクロ要因（外部環境分析が中心）
ポーターの競争戦略	自社の基本戦略分析（外部環境分析が中心）
創発戦略	PDCAサイクルのD領域
PPM	商品・サービスと内部環境、経営資源の割り当て
VRIO	内部の経営資源が中心

4 戦略の策定

経営戦略とは

　経営戦略とは、「企業の**目標**を達成するために**外部環境**を考慮して、**経営資源**（ヒト・モノ・カネ・情報）といわれる**内部環境を活用する方法**」を意味します。

　経営戦略とは**大局的**、**長期的**な戦略であり、**全社戦略**のことですが、複数の事業がある場合には全社戦略に基づいて個々の事業戦略を立てる必要があります。一方、戦術とは目標を達成するための**具体的な手段**、**実践的な手立て**であり、**短期的**な計画といえます。

アンゾフの「成長マトリクス」

　マネジャーが業務の収益性を高め、チームとしての力を最大限引き出す戦略を立てる際のフレームワークとして、「**成長マトリクス**」があります。成長マトリクスはアメリカの経営学者イゴール・アンゾフによって提唱されました。このフレームワークを使って大まかな戦略を立て、具体的な業務計画に落とし込むことができます。

●アンゾフの成長マトリクス

	既存製品	新製品
新市場	**市場開拓** **Market Development**	**多角化** **Diversification**
既存市場	**市場浸透** **Market Penetration**	**商品開発** **Product Development**

iPhoneが中国で販売開始

グーグルが自動運転市場へ進出

市場の深掘り
・スマートフォン市場に「家族割」を導入

Apple Watch
・iPhone市場に新商品を投入

多角化の分類

多角化には、メーカーが小売業に進出したり、小売業がメーカーに進出したりするような縦展開の「垂直型多角化」、銀行がリース業に進出するような横展開の「水平型多角化」、ソフトウェア会社がアパレルに進出するような既存の市場や商品とまったく関係ない「集成型多角化」があります。また、既存の技術や市場に関連ある分野に集中させて行う「集中型多角化」もあります。

たとえば、洗剤や化粧品で有名な「花王」は、自社の持つ「界面活性剤技術」を応用した集中型多角化が得意な企業です。

●多角化の4つの分類

種類	ポイント
垂直型多角化	製造という上流もしくは販売という下流へと事業を広げる 例) 部品メーカーが販売まで行う
水平型多角化	同じ分野で横に事業を広げる 例) 繊維商社が鉄鋼部門を立ち上げる
集成型多角化	まったく無関係の分野に進出する 例) 自動車メーカーが住宅事業を新規事業として始める
集中型多角化	特定の中核技術に関連する分野に進出する 例) スマートフォン (電話) だけではなくスマートウォッチ (時計) を開発する

コトラーの競争地位戦略

アメリカの経営学者フィリップ・コトラーは、市場（外部環境）の中での自社のポジション（立ち位置）に応じて採用すべき戦略を分類しています。この

考え方は、「コトラーの**競争地位戦略**」などと呼ばれます。

たとえば、市場シェアがトップの企業と、そのトップの企業を追いかける2番手の企業とでは、取るべき戦略が異なります。マネジャーはポジションから導かれる戦略を理解した上で、方針や計画を検討しましょう。

●コトラーの競争地位戦略

戦略	ポイント
リーダー戦略	・**市場シェアトップの企業** ・**卓越した資金力、商品開発力** ・**全方位化、フルライン戦略** ・**他社の優れた商品を簡単に真似る**　　「横綱相撲」の戦略を取れる企業!
チャレンジャー戦略	・**市場シェアトップを狙うポジションにある企業** ・**市場シェアは大きい、差別化戦略**　　大画面型スマートフォンでアップルに対抗したサムスン電子
フォロワー戦略	・**リーダーやチャレンジャーのような大きな市場シェアを持たない。独自性も強みもない**　　中国のスマートフォンメーカー
ニッチャー戦略	・**限定的な経営資源、独自の技術、ブランドを限定市場に集中投下** ・**特化した市場において確固たるシェアを獲得する戦略**　　インド市場に強い自動車メーカーのスズキ

コトラーの競争地位戦略は、内部環境である「経営資源」を軽視しているという批判もあります。

事業モデルの決定

　事業計画には様々なものが考えられますが、それらは自社の様々なビジネス（事業）モデルに対応したものだといえます。

　ビジネスモデルの収益構造には次のようなものがあります。特に最近注目されている**マッチングモデル**や**フリーミアムモデル**、**継続課金モデル（サブスクリプションモデル）**はしっかりと理解しましょう。

●事業モデルの収益構造の例

事業モデル	収益構造の例やポイント
① 物販（事業の主体による直接販売）	・製品やサービスの対価を受け取る 　例）飲食店や農家の直販など
② 小売	・商品を仕入れて販売する 　例）百貨店、スーパー、コンビニなど 　　　ポイントカードの導入などによる差別化
③ 広告収入モデル	・広告を掲載して広告料金を取る 　例）テレビ、雑誌、新聞、ラジオ、インターネット媒体
④ 継続課金モデル（サブスクリプションモデル）	・顧客から契約が解除されるまで定期的に料金を払ってもらう 　例）ケーブルテレビ、携帯電話のサービス、会員制スポーツジム、インターネットの音楽サービスや映像サービス
⑤ 消耗品モデル	・消耗品の継続購入やメンテナンス料で収益を得る 　例）コピー機やプリンターのトナーやインク、用紙、髭剃りの替え刃など
⑥ マッチングモデル	・需要側と供給側を仲介することで収益をあげる 　例）不動産仲介、人材仲介、結婚相談所、ネットオークションなど
⑦ フリーミアムモデル	・機能が限定された製品やサービスを無料で使ってもらい、より高度な機能やサービスを求める利用者に対して有料で製品やサービスを提供する(無料コンテンツと有料コンテンツ) 　例）インターネット上のニュースサイトやゲームなど

フリーミアム　基本的な製品やサービスは無料で提供し、さらに高度な機能や特別な機能については料金を課金する仕組み。インターネットの発達とともに普及した事業モデルです。

●マッチングモデルの考え方

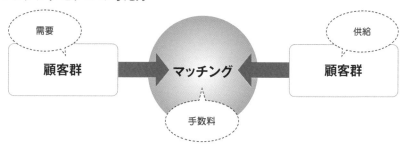

●フリーミアムモデルの例（電子新聞の例）

ニューヨーク・タイムズ紙の電子版は毎月10本まで記事
を無料で購読可能。11本目からは購読契約が求められる。

アドバイス

フリーミアムモデルは雑誌「WIRED」の編集長クリス・アンダーソンの著書『フリー』で世界的に注目されました。一方、マッチングモデルは世界中で流行している自動車配車サービス（個人請負）の「ウーバー」、民泊の「エアビーアンドビー」などが有名ですが、規制緩和との関係で日本では物議をかもしています。

戦略として事業への非財務資本の適切な投入・配分

　国際統合報告評議会による分類によると、企業の経営資本は、財務資本と、5つに分類された非財務資本を合わせた6つに分類されます。

●国際統合報告評議会による経営資本の6分類

財務資本	▷ カネ、利益	
非財務資本	▷ 以下の5分類 ・人的資本 ●---- ・知的資本 ●---- ・社会・関係資本 ●---- ・製造資本 ・自然資本	人的資本、知的資本、社会・関係資本は無形資産に含まれる

●非財務資本（5分類）

非財務資本	具体例
人的資本	・組織を構成するメンバー（経営者、従業員）による組織戦略の理解力、実践能力、経験、マネジメント能力 ・イノベーションへの意欲、ロイヤリティ（忠誠心）
知的資本	・知的財産権（特許権、著作権、商標権やライセンスなど）、組織の形になった知識であるノウハウや業務手順、ソフトウエア・データも知的資本に含まれる ・組織メンバーの持つ暗黙知。組織的な知識に基づく無形資産
社会・関係資本	・組織内やステークホルダーとの共通の価値や行動、信頼、共有された規範、組織が構築したブランドや評価、評判、ネットワークの価値など
製造資本	・製品の生産やサービス提供を支える建物、設備、インフラなど
自然資本	・水、空気、森林などの生態系からもたらされる人類の恵み

アドバイス

非財務資本は数値化が難しい定性的な情報で、即ち「見えない資産」です。決算書には記載されません。背景には環境課題を含むSDGsの重視とデジタル社会への移行の加速があります。知的資本や人的資本など非財務資本の中心である無形資本をリードするのはデジタル無形資産です。その結果、企業の価値の源泉が有形資産から無形資産に代わってきています。なお、推薦図書として、『無形資産が経済を支配する：資本のない資本主義の正体』（東洋経済新報社）などがあります。

第7章 経営計画・事業計画の策定

●**価値創造のプロセス** 　経営資本（財務資本及び5つの非財務資本）を事業に投入（インプット）し、売上及び利益と資本の増強の表れ（アウトカム）として新たな経営資本を得るプロセス

長期にわたる価値創造（保全、毀損）

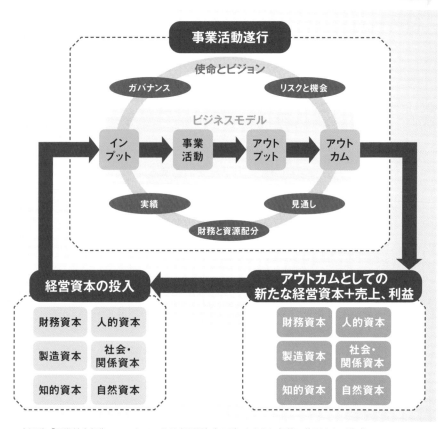

（出所）「国際統合報告フレームワーク日本語訳」（IIRC）をもとに加筆・修正をして作成

2030年における世界のあるべき姿を示すSDGsの課題を解決するには、現状組織の事業や業務のやり方との間のギャップを埋めることが必要な場合があります。そのためには従来の改善では間に合わず、多くの場合、バックキャスティングによるイノベーションが必要です。

練習問題

問題1 ビジネス環境分析と競争戦略に関する記述で正しいものをすべて選びなさい。

①3C分析とSWOT分析は外部環境だけでなく、内部環境（経営資源）をともに分析している。

②マイケル・ポーターのファイブフォース分析と「3つの基本的な競争戦略」は外部環境を分析している。

③計画よりも現場での創発的な出来事を重視したのが創発戦略である。

④PEST分析やPPMは外部環境を重視した分析であり、リソース・ベースト・ビューは内部環境（経営資源）を重視した分析である。

問題2 （ア）～（ウ）の中に入る用語を選択肢からそれぞれ選びなさい。

　弊社の商品のうち、市場で最も売れている製品を（　ア　）といいます。一方、市場がピークに達していて伸びる可能性はないが最も儲かる製品を（　イ　）と呼びます。また、当社もブームに乗って発売した新製品ですが厳しい競争の中、今後どうするか会議でしばしば話題になっている製品を（　ウ　）といいます。

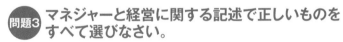

①金のなる木　②花形　③問題児　④負け犬

問題3 マネジャーと経営に関する記述で正しいものをすべて選びなさい。

①技術系出身のマネジャーも含めて、マーケティングの基礎知識はマネジャーの必須知識である。

②一部のマネジャーには財務の基礎知識は必要ない。

③経営戦略とは企業目標達成のため、外部環境を考慮しながら経営資源（ヒト・モノ・カネ・情報）を活用する方法である。

④経営資源は内部環境と呼ばれることがある。

⑤アンゾフの成長マトリクスは、収益性を高め、組織の成長に貢献する戦略である。

⑥戦略とは個別・具体的、短期的な業務遂行であり、戦術とは全体的・長期的な方向や計画を意味する。

アンゾフの成長マトリクスとコトラーの競争地位戦略に関する記述で正しいものをすべて選びなさい。

①成長マトリクスの市場浸透、商品開発、市場開拓、多角化において自社のポジションはそれぞれリーダー、チャレンジャー、フォロワー、ニッチャーのどこかに位置づけられる。

②商品開発において、従来フォロワーだった当社は思い切ってチャレンジャー戦略を打ち出すことにした。これは実際にあり得る戦略である。

③市場開拓において、北海道では地場企業に地域的な強い競合がいるため、コマーシャルを一定層向けのみに行う戦略を立てた。これはチャレンジャー戦略である。

④多角化において、当社は最初から思い切ってリーダー戦略を打ち出した。理由はまったくの新商品市場だからである。

 （ア）〜（オ）の中に入る用語を選択肢からそれぞれ選びなさい。

（　ア　）は、国連が 2015 年に採択した 17 の目標であり、（　イ　）までに貧困、格差、気候変動などの課題を解決し、持続可能な社会を実現する枠組みです。同じ領域の国連用語には機関投資家層に求められる（　ウ　）があります。日本では 2015 年に年金積立金管理運用独立行政法人（GPIF）が責任投資原則に署名して以降、投資家による（　ウ　）投資、投資先企業による（　ウ　）経営が進んでいます。（　ア　）や（　ウ　）は企業統治指針である（　エ　）や投資家指針や企業統治指針の（　オ　）にも大きな影響を与えています。なお ESG とは文字の順番に（　カ　）、（　キ　）、（　ク　）を意味します。

ESG　SDGs　XRP　スチュアートシップ・コード　コーポレートガバナンス・コード　2030 年　2050 年　統治を意味するガバナンス　人権などを意味するソーシャル　攻撃精神　環境への配慮

 バックキャスティング思考に関する記述で正しいものをすべて選びなさい。

①変化の激しい時代にはフォアキャスティングの思考を新たに試す価値がある。

②未来を起点にした SDGs に相応しい思考はバックキャスティングである。

③バックキャスティングは改善や現在からの積み上げ型の経営に適した思考法である。

④バックキャスティングはフォアキャスティングと比べて優れた思考法であり、相互補完することはない。

問題1 **答え**①②③

④は、PPM は商品やサービスへの内部環境（経営資源）の割り当てについての分析であるため、正しくない。

問題2 **答え　ア**②　**イ**①　**ウ**③

選択肢の④「負け犬」は、市場成長率も市場シェアもともに低い製品や事業などのことをいう。この場合は、その市場からの撤退を検討することになる。

問題3 **答え**①③④⑤

②は、財務の基礎知識は全マネジャーに必須であるため、正しくない。⑥は、戦略と戦術が入れ替わっているため、正しくない。

問題4 **答え**①②④

③は、ニッチャー戦略であるため、正しくない。

問題5 **答え　ア** SDGs **イ** 2030年　**ウ** ESG
エ コーポレートガバナンス・コード
オ スチュアートシップ・コード　**カ** 環境への配慮
キ 人権などを意味するソーシャル
ク 統治を意味するガバナンス

SDGs は概して政府や企業に参考にされ、ESG は投資家と企業に参考にされる。E は環境問題への配慮、S はセクハラなどへの人権配慮、G はコンプライアンス、統治を意味する。

問題6 **答え**②

①は、変化の激しい時代には未来のあるべき姿とのギャップを埋めるバックキャスティングを試す価値があるため、正しくない。③は、改善や現在からの積み上げ型の経営に適しているのはフォアキャスティングであるため、正しくない。④は、フォアキャスティングとバックキャスティングの関係は変化の少ない環境に適した、過去のデータに基づく改善型のフォアキャスティング、変化の激しい環境で有効な手が打てるバックキャスティングと分類され、どちらが優れているというモノではなく、相互補完関係である。そのため正しくない。

第 8 章
マネジャーに求められる業務のマネジメント

ココがポイント

- ▶ 状況に応じた論理的な思考を使い分けて業務をマネジメントする
- ▶ 激しい変化に対処するには仮説思考が有効
- ▶ 事業や業務計画の進捗管理には「見える化」が有効

1 事業計画の実施としての業務のマネジメント

PDCAサイクルの活用

業績目標達成には、業務遂行のツールである**計画（Plan）**、**実施（Do）**、**確認・評価（Check）**、**処置・改善（Action）**という **PDCA サイクル**によるマネジメントが必要です。目標を設定して実施計画を立てる**P**、部下とともに実際に計画を実施する**D**、結果や成果を確認し評価する**C**、そして次の業務計画に修正や改善措置を加える**A**をあわせて、**PDCA サイクル**と呼びます。

業務のマネジメントは、この PDCA の**反復実施**であるといえます。PDCAは業務マネジメントの基本中の基本であり、人と組織のマネジメントなど経営全般にもしばしば応用される普遍的な手法です。PDCA サイクルを繰り返し回さないと改善項目が把握できないため、組織は失敗から学習することができません。また、実施（Do）においては**創発戦略**への配慮も必要となります。

なお、PDCA サイクルの考え方は、国際標準化機構（ISO）の管理システムとして知られる「ISO 9001」「ISO 14001」「ISO 27001」や、日本工業規格の「JIS Q 15001」などの**品質**に関する**規格**で用いられています。

146　　**PDCA サイクル** PDCA サイクルとは、生産管理や品質管理で活用される一般的な手法です。第2次世界大戦後、デミング賞で有名なエドワーズ・デミングらによって編み出されました。

●PDCAサイクル

① Plan 計画
・業務目標の達成に必要
・状況に応じた代替案の準備

④ Act 処置・改善

② Do 実施
・創発戦略も重要

CとAを実施すると
責任を負わなければ
いけないからいやだ！

マネジャーの
最悪な態度

③ Check 確認・評価
・失敗から学ぶ姿勢
・次の業務計画への改善措置

CHECK 創発戦略

　カナダの経営学者ヘンリー・ミンツバーグが提唱した創発戦略は、「不確実性の高い現代において、企業経営はデータや理論に基づいて計算の上で行われるものではなく、基本的な方針を決定した後は、適宜修正を加えながら現場で実行していくもの」という考え方です。たとえば、経営トップと現場とが、対話を重ねながらダイナミックに戦略を創造していく経営戦略策定と実行のスタイルは、創発戦略に基づいた例といえます。

第8章 マネジャーに求められる業務のマネジメント

業務のマネジメントでも重要な「人と組織のマネジメント」

　マネジャーの仕事は、チームのエネルギーを最大限に引き出し、チームとして成果を出すことにあります。したがって、貢献意欲を引き出すための部下との丁寧なコミュニケーションなど、様々な「人と組織のマネジメント」の手法が業務においても求められます。

　特に重要なのは、「同じ言葉」を使っていたり、「同じ風景」を見ていたりしていても、部下とマネジャーの認識は多くの場合異なる、という点に留意することです。マネジャーはこれらの点に留意しながら、適切なコミュニケーションによって部下との認識のギャップを埋める努力が必要です。

アドバイス

業務のマネジメントのためにも、人と組織のマネジメントの基本姿勢は不可欠となります。PDCAサイクルの考え方は重要なので、個々のP、D、C、Aのフェーズに分解して、深く理解するように心掛けましょう。

2 マネジャーが身につけるべき論理的思考

業務マネジメントで求められる論理的思考法

　論理的思考法とは、現状を単純かつ構造化して理解する手法をいいます。この論理的思考法の原理・原則ともいえるのが、**帰納法**と**演繹法**です。

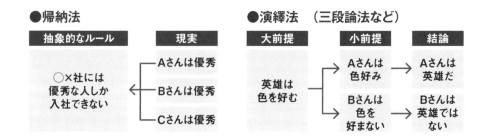

●帰納法

抽象的なルール		現実
○×社には優秀な人しか入社できない	←	Aさんは優秀 Bさんは優秀 Cさんは優秀

●演繹法　（三段論法など）

大前提		小前提		結論
英雄は色を好む	→	Aさんは色好み	→	Aさんは英雄だ
	→	Bさんは色を好まない	→	Bさんは英雄ではない

　帰納法とは、現実的かつ具体的な様々な類似事例をもとに仮説を立て、抽象的なルールを発見する手法です。たとえば、「○×社のAさんとBさんは優秀な人だ」「○×社から転職したCさんも優秀な人だ」という類似事例から、「○×社には優秀な人しか入社できない」という論理が成り立ちます。

　一方、**演繹法**とは、三段論法のように普遍的・抽象的な理論を現実に当てはめる手法です。抽象的な理論が正しければ大いに威力を発揮します。しかし、「英雄は色を好む」といった類の間違った理論だと、結論がおかしなことになりかねないリスクもあります。

重複や抜け漏れのない論理的な分析——MECE

　MECE（ミーシーまたはミッシー）とは、Mutually Exclusive and Collectively Exhaustive の頭文字をとったものであり、現状分析に**重複**や**抜け漏れ**がないことを意味します。第7章で解説した様々な現状分析のフレームワークは、それぞれの考え方が MECE になっています。

　重複や抜け漏れを避けて、論理的な現状分析のもとに計画を立てるためには、次の点に注意しましょう。

148　　三段論法　推論の方法の1つで、大前提（主に普遍的な法則）と小前提（個別の単なる事実）から結論を導き出す方法です。

●MECEの注意点

1	2	3
要素分解をする	時系列の ステップ分けをする	優先順位づけ をする

抽象から具体へと論理展開して 目標を業務に落とし込む——ロジックツリー

　マネジャーが業務目標を具体的な業務に落とし込む場合、しばしば用いられる手法に「ロジックツリー」があります。ロジックツリーは、上位概念のイシューと、イシューから展開されるボックスからなります。ボックスを書き上げるときは、それぞれのレベルでのボックスにMECEを意識してつくります。ロジックツリーには次の3種類のツリーがあります。ロジックツリーの論理展開の仕方とあわせて理解しましょう。

●ロジックツリー

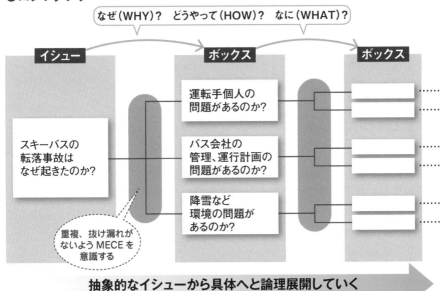

なぜ（WHY）？　どうやって（HOW）？　なに（WHAT）？

イシュー　ボックス　ボックス

スキーバスの
転落事故は
なぜ起きたのか？

運転手個人の
問題があるのか？

バス会社の
管理、運行計画の
問題があるのか？

降雪など
環境の問題が
あるのか？

重複、抜け漏れが
ないようMECEを
意識する

抽象的なイシューから具体へと論理展開していく

(1) WHYツリー（原因の調査や探求）

　WHY ツリーには、有名な「トヨタの生産5法則」と呼ばれる手法があります。これは、1つの問題事象に対して「なぜ？」を5回繰り返して品質問題の真の原因を究明する手法です。

(2) HOWツリー（方法の調査や探求）

　HOW ツリーは「どうやって？」と自問しながら展開します。目標設定後の計画策定の方法に有効です。

(3) WHATツリー（要素の調査や探求）

　WHAT ツリーは会社の組織図のように、イシューからチャンクダウンされるボックスの要素に重複や抜け漏れがないように展開します。

アドバイス

ロジックツリーを理解するには実際に自ら書いてみるのが有効です。たとえば「好きなサッカーやプロ野球のチームがなぜ強い（弱い）のか？」「どうすれば強くなるのか？」「何が足りないのか？」などを、オーナーや監督になったつもりで書いてみましょう。

判断材料が乏しくても仮説思考で行動する

　変化が激しい現代のビジネス環境下では、マネジャーはすべての情報やデータを活用しながら、日々の戦略や行動を決めるような余裕がありません。このように、手持ちの情報（判断材料）が乏しい場合には「仮説思考（仮説検証）」を使って行動に移りましょう。仮説思考とは、情報収集が不十分だったり、情報分析が進んでいなかったりする段階であっても「仮の答え（仮説）」を持って行動するという手法です。

　また、判断材料が乏しく、不確実性が高いような場合でも、スピーディな意思決定を求められることがあります。その場合も、マネジャーは仮説思考を使い、検証と修正を繰り返すことによって最適な結論を出したり、アイデアを深

化させたりしましょう。なお、仮説思考を使う際は、正しい問い
（asking the right questions）と PDCA サイクルが重要です。

●仮説思考

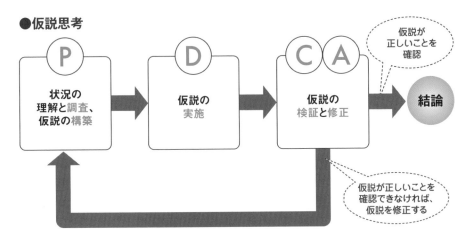

アドバイス

「仮説思考」は、コンビニ大手のセブン - イレブンが店舗戦略（た
とえば、運動会の当日にどのおにぎりが売れるのか）に採用して
いることから広まったといわれる手法です。また、今後は「ビッ
グデータ」を用いた人工知能（ＡＩ）分析との対比が問われるか
もしれません。

3 業績目標の設定

　PDCA サイクルの業務計画（P）を立案するときは、業績目標を設定します。
その場合、マネジャーは目標項目（例：売上高、不良率など）と目標値（例：
売上高 10％向上）を必ずセットで設定しましょう。

　目標項目と目標値の設定には、前年度の実績を参考にすることがありますが、
できれば、従来そのチームで採用してきた方法を改善することで達成できる目
標値を設定するべきです。これは、企業や部下の成長を促すには有効だからで
す。

ビッグデータ　情報通信技術の発達によって収集や分析などができるようになった膨大かつ多様なデータ。
消費者ニーズに即したサービス提供や新産業の創出、近未来の予測などへの活用が期待されています。

目標設定の重要性

　仕事の成果はマネジャーの**目標設定**の内容によって決まります。そのため、業務計画は目指すべき目標から考えましょう。設定する目標には、次に解説する「**有形の目標**」と「**無形の目標**」の2種類、また「**短期的目標**」と「**長期的目標**」の2種類があります。

設定すべき目標の種類

（1）有形の目標と無形の目標

　有形の目標とは「何を・どれだけ・いつまでに」といった、**具体的・定量的**に表現できる目標を意味します。

　一方、**無形の目標**とは「当社は社会に責任を持つ」のように、関係メンバーが理解できる**定性的**な言葉で表現されます。マネジャーは、有形の目標と無形の目標のどちらも設定する必要があります。

（2）短期的目標と長期的目標

　目標の達成までに費やすことができる期間によって、**短期的目標**と**長期的目標**に分類されます。一般的に、年度内に直ちに結果が求められるのが短期的目標であり、複数年度にわたって取り組むのが長期的目標とされます。なお、短期的目標と長期的目標の区別については、その企業や組織によって考え方が異なります。

目標の「見える化」

　目標設定の全体像を見るには、目標を**図表**や**チャート**にする「見える化」がとても重要です。

　マネジャーはチームの業績に責任を負っているため、「**見える化**」によって目標を可視化し、チーム内に浸透させる必要があります。そのためには、次の表のようなフォーマットをあらかじめ用意して、具体的に目標を記入するようにしましょう。

見える化　可視化されづらい目標や実績、仕事の進捗状況などを、誰にでも見えるようにしておくことです。問題の早期発見や効率化、改善に役立てます。

●目標設定のフォーマット（記入例）

	短期的	中長期的
有形の目標	・今期中に黒字化を達成する	・10年間の平均営業利益率10%を達成する
	・残業時間を60時間以内にする	・残業を完全になくし、有給休暇の完全消化を達成する
無形の目標	・新事業方針を浸透させる	・従業員からの提案を活発化させる

HECK 業務目標と計画策定

- **●業務目標の設定…目標項目＋目標値**
  - ▶目標値はできるだけ数値目標を設定する
    例）「売上高30%アップ」「利益率20%アップ」「不良率15%ダウン」
- **●策定のコツ**
  - 部下を巻き込む ▶ WHATツリーを設定する
  - 目標の「見える化」 ▶ 有形の目標（定量的目標）を設定する（QCDの改善など）
  - 進捗の「見える化」 ▶ 無形の目標（定性的目標）を設定する

アドバイス

目標項目は3〜4つに絞り込むのがよいといわれています。目標項目が多くなりすぎると、それぞれの項目について、適切かつ十分なマネジメントを行うことが難しくなります。なお、目標項目が上司から課されたものだけで3〜4つある場合でも、マネジャーは1つでもよいので、目標項目を自発的に設定して、その達成に向けて取り組むことが大切です。

4 進捗管理

実施事項を洗い出す

　マネジャーは、業務計画の作成にあたり、まず目標達成に向けて取り組むべき実施事項の洗い出しが必要です。たとえば、カードに書き出して整理するなど、「見える化」の工夫をしてみましょう。また、頭の中ですべてを完結させるのではなく、できるだけ手を動かす作業をしながらのほうが、よいアイデアが浮かびます。

　目標項目・目標値と実施事項との関連は、マトリクス図にまとめるなどして整理してみましょう。なお、業務計画に盛り込むべき実施事項は、MECE（重複や抜け漏れのない状況）の関係になっているか注意が必要です。実施事項は目標達成のために効果的なものに絞り込み、有効な事項に集中する必要があります。関係するメンバーを交えて実施項目を検討しましょう。

アドバイス

目標項目と実施事項の洗い出しにはロジックツリー、特に「方法の探求（HOW ツリー）」と「要素の探求（WHAT ツリー）」を用いると効果的です。たとえば、家族の旅行計画を立てるための目標項目を決め、実施事項を洗い出してみましょう。

「誰が」「いつまでに」行うかを決定する

　業務計画表（ガントチャート）は、実施事項について「誰が」「いつまでに」行うかを記入します。その際、マネジャーは、部下が納得できる合理的な内容や、曖昧でない具体的なスケジュールを示すことが求められます。また、チーム全員で共有できるように「見える化」することも必要です。

　次の図表の例では、上段に予定や期限を、下段に実施の実績を示しています。これは PDCA サイクルにおける P（Plan：業務計画）の設定にあたります。

●業務計画表（ガントチャート）

担当者	9月					10月			
	⑤	⑩	⑮	⑳	㉕	㉚	⑤	⑩	⑮
作業A Xさん						予定			
作業B Yさん						実績			
作業C Zさん									

進捗を全員に「見える化」する

　進捗はチームの全員に「見える化」することが重要です。特に通年で継続的に実施する業務に関しては、目標管理グラフによる「見える化」が効果的です。

　見える化による管理とは、「目で見る管理」です。現場がわかりやすく、問題が発生しても誰でもすぐに対応できる環境を整えましょう。たとえば、トヨタの「カンバン方式」は、必要な部品を描いた看板を生産工程で回覧し、必要なときに必要な部品を必要なだけ調達する「ジャスト・イン・タイム生産」として知られていますが、これも見える化による管理の一例といえます。

●目標管理グラフ

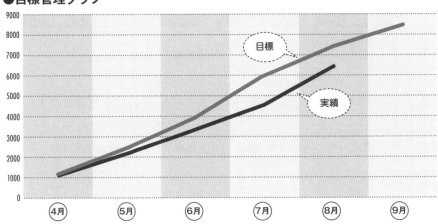

第8章
マネジャーに求められる業務のマネジメント

進捗が遅れている場合の対応

マネジャーは、業務計画の進捗を管理する過程で、実績が目標値に達しない場面に遭遇した場合、その問題に対応することが求められます。

このような状況は「**本来あるべき姿・目標**」と「**現在の状況**」の間にギャップがあり、「**問題**」が生じている状態といえます。そのような場合は、第9章で解説する「**問題解決の7ステップ**」に基づいて問題の解決を図りましょう。また、進捗の遅れは、「三現主義」に基づいて「現場・現実・現物」を実際に確認します。調査の結果、**真の原因**となり得る要因が挙げられたら、**WHY ツリー**を使って原因の掘り下げを行いましょう。

5 目標値と実施事項の因果関係を把握し対応する

マネジャーは、PDCA サイクルの **A**（Act：処置と改善）を行って、次の業務計画を作成する資料とします。マネジャーは、実施事項が目標値を達成するために有効だったか（因果関係）を振り返り、その結果によって目標項目や目標値、もしくは実施事項を見直すことが必要です。

業務計画における処置と改善には、次の4つのケースがあります。

●**業務計画における処置と改善**（テレビの販売台数の例）

	目標値	実施事項	必要な考え方やスキル
①	達成	達成	現状維持
②	未達成	達成	実施事項の修正（追加、水準アップ）
③	達成	未達成	実施事項の見直しまたは現状維持
④	未達成	未達成	実施事項の見直し（追加、修正）

業務計画における処置と改善について、テレビの販売台数の例で考えてみましょう。

目標値が未達成、実施事項が達成である②の要因が、「全国で新型テレビを売り出し、各地でよく売れたが、目標の販売台数に届かなかった」とします。この場合、目標値を達成するための実施事項が不足していると考えられるため、必要な実施事項を追加したり、その水準を上げたりする必要があります。

また、目標値が達成、実施事項が未達成である③の要因が、「全国で新型テレビを売り出そうとしたものの、手違いで北海道だけ販売できなかったが、全国の目標販売台数は達成した」とします。この場合、引き続き、現状維持で計画を進めてもかまいませんが、実施事項と目標達成の関連が薄い可能性が考えられます。そのため、因果関係を点検し、必要に応じて実施事項を見直すようにしましょう。

なお、目標値と実施事項のどちらも達成である①の場合、順調に業務が進行しているため、そのまま計画を進行させることができます。一方、目標値と実施事項のどちらも未達成である④の場合、業務自体が失敗に終わるおそれがあるため、対応策を早急に検討して、実施可能かつ目標達成につながる実施事項を追加することが求められます。

PDCA サイクルの A（Act：処置と改善）は、スポーツや楽器の練習をイメージすると理解しやすくなります。たとえば、「週末には必ず1時間のジョギングをする計画を立てたが、実際には月間に平均3回しか実施できなかった。また、途中で何度も歩いてしまった」という場合の処置と改善を考えてみましょう。

練 習 問 題

問題1 PDCAサイクルに関する記述で正しいものをすべて選びなさい。

①計画（Plan）とは、目標を設定して計画を立てることである。
②実施（Do）とは、実施した結果と目標・計画を比較・分析することである。
③確認・評価（Check）とは、計画を実行することである。
④処置・改善（Act）とは、目標・計画を満たしていない原因に対して修正を、また、さらに改善に向けて必要な修正措置を行うことである。

問題2 PDCAサイクルの回し方に関する記述で正しいものをすべて選びなさい。

①マネジャーは目標設定から計画立案まで計画（Plan）をすべて1人で行わなければならない。
②業務計画に完全無欠なものはないため、状況に応じて代替案が必要である。
③マネジャーは実施（Do）を1人で行うのが望ましい。
④マネジャーは確認・評価（Check）や処置・改善（Act）を、経験豊富なベテラン社員とともに行うのが望ましい。

問題3 業務のマネジメントに関する記述で正しいものをすべて選びなさい。

①業務のマネジメントには部下とのコミュニケーションが重要である。
②部下との密なコミュニケーションは、チームのエネルギーを最大限引き出すための手段である。
③部下がマネジャーと同じ用語を使っているのを聞いて、安心して任せることにした。
④ PDCA サイクルの実施にはコミュニケーションをとることが重要である。

問題4 論理的思考に関する記述で正しいものをすべて選びなさい。

①演繹法とは、具体的な事象から普遍的・抽象的なルールを見出す推論法である。
②帰納法とは、抽象的なルールから個別的・具体的な事象を導き出す推論法である。
③ MECE（ミーシー）とは、論理的な分析にあたって重複や抜け漏れがないことを意味する。

問題5 **ロジックツリーに関する記述で正しいものをすべて選びなさい。**

①ロジックツリーとは、具体的な事柄から抽象的な事柄へと論理展開する手法をいう。

②ロジックツリーの最上位概念をイシューと呼ぶ。

③具体化の過程で記述される項目をボックスと呼ぶ。なお、各ボックスの間には抜け漏れがないように配慮する必要がある。

④原因の探求には WHAT ツリー、方法の探求には HOW ツリー、要素の探求には WHY ツリーを用いる。

問題6 **次の文章の（ア）と（イ）に入る言葉を答えなさい。**

業績目標は、目標（　ア　）と目標（　イ　）の2つを必ずセットで設定する。

問題7 **目標に関する記述で正しいものをすべて選びなさい。**

①無形の目標とは、QCD などの具体的・定量的なものである。

②有形の目標とは、スローガンなど言葉で表現され、組織力を強化したり、部下を成長させたり、社会的責任、企業活動の質の向上などに資するものである。

③年度内に達成するのが短期的目標である。

④部下の育成は長期的な課題である。

⑤目標の数は3〜4項目に絞り込むのが望ましい。

問題8 **目標・項目・目標値と実施事項に関する記述で正しいものをすべて選びなさい。**

①目標項目と目標値を必ずしもセットにする必要はない。

②目標項目と目標値達成のためには実施事項の洗い出しが必要である。

③目標項目と実施事項の設定は PDCA サイクルのDにあたる。

④目標項目、目標値、実施事項の関係をマトリクス図にまとめる手法がある。

⑤イベント終了後に、目標項目に対して目標値を達成できたかどうかを確認するのは、PDCA サイクルのCにあたる。

第8章 マネジャーに求められる業務のマネジメント

問題9 実施事項に関する記述で正しいものをすべて選びなさい。

①実施事項の検討はマネジャーが1人で行うのが望ましい。

②業務計画では実施項目間の MECE のチェックは必要ない。

③実施項目の検討は HOW ツリーや WHAT ツリーを用いて抽象的な項目から具体的な項目へ展開する。

④実施項目が決まったら「いつまでに」「誰が」実施するのかを明確にするスケジュール表をつくることになる。

⑤スケジュール表は「見える化」する必要がある。

問題10 業務計画の進捗管理に関する記述で正しいものをすべて選びなさい。

①進捗管理の「見える化」の手段には目標管理グラフがある。

②業務計画の進捗遅れは目標値の未達成として明らかになることが多い。

③進捗に問題があれば、問題解決が求められる。「問題解決の7ステップ」の最後は定着化であり、問題解決の結果を出すために定着化は必須のステップである。

④進捗遅れが発生した場では、三現主義、WHY ツリーを使って真の原因を探求する方法がある。

⑤進捗遅れが発生しても原因に関係なく遅れを取り戻せればよいため、改善計画は必要ない。

問題1 答え①④

②は、実施（Do）とは「計画の実行」のことであるため、正しくない。③は、確認・評価（Check）とは、「実施した結果と目標・計画との比較・分析」のことであるため、正しくない。

問題2 答え②④

①は、計画（Plan）はマネジャーの基本的な業務で、マネジャーを中心に業務に詳しい部下の協力を得て立案するため、正しくない。③は、実施（Do）は部下とともにチームで行うため、正しくない。

問題3 答え①②④

③は、部下がマネジャーと同じ用語を使っていても理解が異なる場合があるため、正しくない。

問題4 答え③

①は、演繹法とは抽象的なルールから個別的・具体的な事象を導き出す推論法であるため、正しくない。②は、帰納法とは具体的な事象から普遍的・抽象的なルールを見出す推論法であるため、正しくない。

問題5 答え②③

①は、ロジックツリーは抽象的な事柄から具体的な事柄を探求する手法であるため、正しくない。④は、原因の探求にはWHYツリー、方法の探求にはHOWツリー、要素の探求にはWHATツリーを用いるため、正しくない。

問題6 答え　ア 項目　イ 値

マネジャーは、業務計画を立案するために、最初に業績目標を設定する。業績目標の設定をする際は、目標項目と目標値を設定することが大切である。

問題7 答え③④⑤

①は、無形の目標ではなく有形の目標についての記述であるため、正しくない。②は、有形の目標ではなく無形の目標についての記述であるため、正しくない。

問題8 答え②④⑤

①は、目標項目と目標値は必須であり、目標値がないと進捗管理ができないため、正しくない。目標値は目標項目と必ずセットにすること。③は、目標項目と実施事項の設定はPDCAサイクルのPにあたるため、正しくない。

問題9 答え③④⑤

①は、実施事項の検討は関係するメンバーを交えて行うのが望ましいため、正しくない。②は、実施項目間のMECEチェックは常に必要であるため、正しくない。

問題10 答え①②③④

⑤は、進捗遅れの発生の場合には真の原因探索後、改善計画を立案して対処するため、正しくない。

第 9 章
成果の検証と問題発見 およびその解決

ココがポイント

▶ キャッシュフロー計算書を含む財務諸表の 理解が必須

▶ ABC分析や付加価値分析など 経営指標の深い理解が必要

▶ 損益分析や人件費の管理などとの関連を 理解する

1 成果の検証

損益計算書に関する基本知識（検証に不可欠な視点）

　マネジャーに求められる役割は、設定された業務目標の進捗状況や解決すべき問題点の把握ですが、その際に重要な視点の1つとして「損益の管理」が挙げられます。そのため、マネジャーは財務諸表（貸借対照表・損益計算書・キャッシュフロー計算書）に関する基本知識を身につける必要があります。

（1）事業の損益（売上と費用）

　マネジャーは、損益分岐点売上高（売上高と費用の額が等しくなる売上高）に注目するなどして事業の損益を把握し、費用としての原価と販売管理費や、売上を確認しましょう。なお、原価とは、商品の仕入れや製品の製造に必要な費用のことですが、特に後者は製造原価と呼ばれます。この製造原価には、①「原材料費」、②「労務費（製造にかかわる従業員の人件費）」、③「経費」の3種類があります。

　また、売上高から製造原価を差し引いた粗利（売上総利益）の把握も重要で

す。あわせて確認しておきましょう。

(2) 事業のキャッシュフロー

　事業の現状を把握するには、損益だけでなく、キャッシュフロー（現金の流れ）の確認も必要です。たとえば、キャッシュフローを把握することで、黒字倒産を防ぐことが可能です。仮に買掛金（仕入れ先へ支払う代金）の支払いが1カ月後で、売掛金（営業取引から発生する未収入金）の入金が2カ月後だった場合、企業は黒字であってもお金が支払えなくなってしまうこともあります。

　マネジャーはそのような事態を防ぐためにも、自らが携わる事業のキャッシュイン（お金が手元に入ってくること）とキャッシュアウト（お金が手元から出ていくこと）のタイミング（入金は早いほうが、支払いは遅いほうがよい）を把握しなければなりません。

ABC分析

　ABC分析（パレート分析）は、効率的な在庫管理手法や販売管理手法として知られています。この分析手法は、商品を売上高や売上数の高い順に並べて評価・判定して分類します。たとえば、自社の商品の中で売上の70〜80％を占める最も重要なA商品群、売上の15〜25％を占めるB商品群、残りの5％程度を占める重要性の低いC商品群といった分類をして、それぞれに適した管理の仕方を決めます。この場合、A商品群は在庫場所を広く取り、「定期発注法（発注量を計算して定期的に発注する方式）」で管理しますが、重要度の低いC商品群は、できるだけ在庫数を少なく持ち、一定の量が売れたら発注する「定量発注法」で管理します。

　なお、インターネットが高度に発達した現在では、ABC分析の応用であるロングテールが注目されています。たとえば、販売する書棚に限りがある書店（リアル書店）ではAやBの商品群の書籍は販売できますが、めったに売れないC商品群の書籍は販売するスペースがありません。しかし、アマゾンのようなオンライン書店であれば販売スペースは無限にあり、C商品群の書籍も販売できます。そのため、売上数の少ない商品でも種類を数多くそろえることで、大きな売上につなげられるという手法です（アマゾンはこのC商品群で収益をあげています）。

ロングテール　インターネットによる物品販売の手法で、販売機会の少ない商品でもアイテム数を幅広く取りそろえたり、対象となる顧客の総数を増やしたりすることで、全体の売上を増大させることができます。

●ABC分析とロングテール

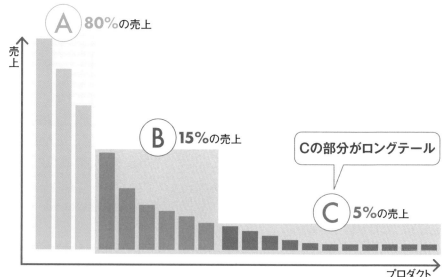

※A、B、Cの各パーセンテージは、企業や業界、市場によって変わります。

成果の検証に役立つ経営指標

　マネジャーは事業の成果を検証するために、経営指標を活用しましょう。経営指標とは、財務諸表で表される項目を用いて算出され、経営状況を判断するための指標です。経営指標を活用することで、事業の収益性や効率性、安全性などを把握することができます。

（1）付加価値分析

　製品やサービスは消費者に価値を提供しますが、その価値は様々な加工業者や販売業者を経て累積され、製品やサービスがもともと持っていた価値との差が生まれます。このように、自らの事業活動によって新たに創造された価値を付加価値と呼びます。

　付加価値の計算方法は多数あります。たとえば中小企業庁が採用している「控除法」は、「付加価値＝売上高－外部購入価値」で計算します。一見、損益計算書上の粗利に似ていますが、付加価値は財務諸表とは異なる、経営指標のための概念です。

●付加価値と売上高の関係

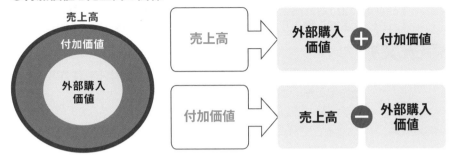

　ほかにも、日本銀行で採用されている「集計法」といった様々なやり方がある点も覚えておきましょう（たとえば、経済産業省『工業統計』、財務省『法人企業統計』などでは計算方法が異なります）。

CHECK　付加価値分析と労働分配率（人件費の適正数値指標）

　付加価値とは自らの事業活動によって創造された価値です。各指標は次の計算式で算出します。

(例1) 従業員2人の小規模工場を営む企業の例。
　　　　1日平均売上10万円、仕入れ原価1万円、原材料費2万円、燃料動力費
　　　　1万円、外注加工費1万円、人件費2万円、法定福利厚生費1万円の場合

計 算 方 法

「付加価値額」＝「売上（10万円）」−「仕入れ原価（1万円）」−「原材料費（2万円）」−
　　　　　　　　　　「燃料動力費（1万円）」−「外注加工費（1万円）」＝5万円

「付加価値率」＝「付加価値額（5万円）」÷「売上（10万円）」＝50%

「労働分配率」＝（「人件費2万円」＋「福利厚生費1万円」）÷「付加価値額（5万円）」＝60%

「労働生産性」＝「付加価値額（5万円）」÷「社員2人」＝25,000円

(例2) 新たに2人を中途採用する企業の例。
　　　　付加価値率80%、年間平均給与500万円、労働分配率25%の場合の
　　　　年間必要売上額

計 算 方 法

「年間必要売上高」＝「年間平均給与500万円」÷「労働分配率25%」÷「付加価値率80%」×
　　　　　　　　　　「2人」＝5,000万円

付加価値分析で用いられる各指標は、第7章で解説した「人件費の
管理」と混同しやすいので注意が必要です。「人時売上高」は「従業
員1時間当たりの売上高」、「人時生産性」は「従業員1時間当たり
の粗利」、「人件費率」は「売上に占める人件費の割合」と区別して
覚えましょう。

(2) 収益性の分析指標

　収益性の分析とは、企業がどれほどの利益を獲得しているかを分析するもの
です。なお、「収益性の分析指標」「効率性の分析指標」「安全性の分析指標」に
は、多くの指標があります。各指標の計算式は、単に暗記して覚えようとする
のではなく、実際のビジネスシーンをイメージしながら、指標がどんな目的で
使われるかを考えると、頭に入りやすくなります。

　収益性の分析では、主に次の指標が使われます。

　　福利厚生費　従業員の健康や医療衛生、慰安、慶弔禍福等のために支払う費用のこと。福利厚生費は付加
　　価値額の計算上、人件費に含まれます。

●収益性の分析指標

分析指標	ポイント
総資産利益率 (ROA:Return on Asset)	「当期純利益」÷「総資産（負債＋純資産）」×100 ・経営資源を活用して効率的に利益を得ているか分析する 　（値が高いほど良好）
自己資本利益率 (ROE:Return on Equity)	「当期純利益」÷「自己資本」×100 ・株主による資金を用いて効率的に利益を得ているか分析する 　（値が高いほど良好）
投下資本利益率 (ROI:Return on Investment)	「利益」÷「投下資本」×100 ・投下資本の効率（投資に対する利益）を分析する
売上高総利益率 （粗利益率）	「売上総利益」÷「売上高」×100 ・売上高に占める売上総利益（粗利）の割合を示す 　（値が高いほど良好）
売上原価率	「売上原価」÷「売上高」×100 ・売上高に占める売上原価の割合を示す 　（値が低いほど良好）

(3) 効率性の分析指標

　効率性の分析とは、企業が資本や資産を活用して効率的に売上高や利益を獲得しているかを分析するものです。主に次の指標が使われます。

●効率性の分析指標

分析指標	ポイント
総資本回転率	「売上高」÷「総資本」 ・総資本に占める売上高の割合で、回数で表される 　（大きいほど効率がよい）
固定資産回転率	「売上高」÷「固定資産」 ・固定資産が売上高として年に何回転するかという 　回数で表される（値が高いほど良好）
流動資産回転率	「売上高」÷「流動資産」 ・流動資産が売上高として年に何回転するかという 　回数で表される（値が高いほど良好）

（4）安全性の分析指標

　安全性の分析とは、企業の財務上の支払い能力を分析するものです。主に次の指標が使われます。

●安全性の分析指標

分析指標	ポイント
自己資本比率	「純資産」÷「総資本」× 100 ・総資本に対する自己資本（純資産）の割合で経営の安定度合いを表す（値が高いほど良好）
負債比率	「負債合計」÷「純資産」× 100 ・自己資本（純資産）に占める負債の割合（値が低いほど良好）
固定比率	「固定資産」÷「純資産」× 100 ・自己資本（純資産）に占める固定資産の割合で、過剰投資がなされていないか判断する（値が低いほど良好）
固定長期適合率	「固定資産」÷（「純資産」＋「固定負債」）× 100 ・長期資金によって固定資産がどれだけまかなえているかを表す（値が低いほど良好）
流動比率	「流動資産」÷「流動負債」× 100 ・1年以内に返済すべき負債によって、1年以内に現金化することができる流動資産がどれだけまかなえているかを表す（100%を超えていれば安全とされる）

損益分岐点の分析

（1）損益分岐点の分析指標

　マネジャーは、第7章で解説した損益分岐点を分析して、事業の損益状況を把握することも重要です。「損益分岐点比率」や「安全余裕率」を確認することで、売上が減少した場合に利益の確保が可能かを知ることができます。

●損益分岐点の分析指標

分析指標	ポイント
損益分岐点比率	「損益分岐点売上高」÷「実際の売上高」× 100 ・実際の売上高に占める損益分岐点売上高の割合を示す（低いほど赤字への影響が小さい）
安全余裕率	（「実際の売上高」－「損益分岐点売上高」）÷「実際の売上高」× 100 ・実際の売上高に占める「実際の売上高と損益分岐点売上高」の割合を示す（高いほど良好）

(2)損益分岐点の分析に基づく損益構造の改善

　マネジャーは損益分岐点の分析を行ったら、その分析に基づいて損益構造を改善する必要があります。その場合は、次のような方法が考えられます。

●損益構造の改善

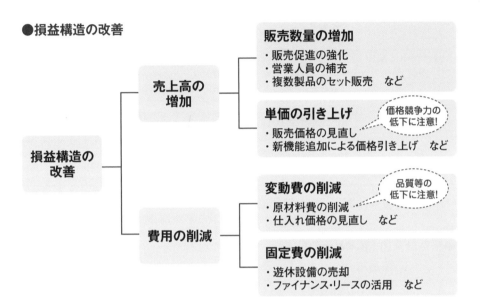

2 財務諸表の基本とその見方

　財務諸表とは、企業活動における財務状態や経営成績などを明示するために作成される書類で、一般的には決算書とも呼ばれます。財務諸表には、**貸借対照表**（Balance Sheet、B/S）、**損益計算書**（Profit and Loss Statement、P/L）、**キャッシュフロー計算書**（Cash Flow Statement、C/F）の３つの種類があり、**財務三表**とも呼ばれます。

┃ 貸借対照表

　貸借対照表は、ある一定の時点での企業の**財務状況**を明示したもので、企業の**財務の安全性**や**資金繰り**などを知ることができます。

●貸借対照表

1年以内に現金化	（資産の部）	

（資産の部）
- I 流動資産
  - 現預金
  - 売掛金
  - 受取手形
  - 棚卸資産
- II 固定資産
  - 不動産
  - 機械設備
  - 無形固定資産
- III 繰延資産
  - 新株発行費
  - 開業費

資産合計

（負債の部）
- I 流動負債
  - 短期借入金
  - 買掛金
- II 固定負債
  - 長期借入金
  - 引当金

負債合計

（純資産（資本）の部）
- I 資本金
- II 資本剰余金
- III 利益剰余金

負債・純資産合計

左側の注記：
- 1年以内に現金化
- 長期にわたり保有
- 有形固定資産
- 無形固定資産 営業権 特許権 借地権

右側の注記：
- 1年以内に返済義務
- 長期の返済義務
- 資本
- 総資本

損益計算書

損益計算書は、ある一定の期間における企業の経営実績を表したものです。

●損益計算書（基本とその見方）

I 売上高	①	
II 売上原価	②	
売上総利益（①－②）	③	粗利とも呼ぶ
III 販売費及び一般管理費	④	
営業利益（③－④）	⑤	本業での利益
IV 営業外収益	Ⓐ	利息の支払いや受け取り
V 営業外費用	Ⓑ	
経常利益（⑤＋Ⓐ－Ⓑ）	⑥	営業利益にⒶⒷを合わせる
VI 特別利益	Ⓒ	固定資産の売却益など
VII 特別損失	Ⓓ	
税引前当期純利益（⑥＋Ⓒ－Ⓓ）	⑦	
法人税、住民税及び事業税	Ⓔ	
当期純利益（⑦－Ⓔ）	⑧	税引き後の当期純利益

キャッシュフロー計算書

　キャッシュフロー計算書は、会計期間における資金（現金および現金同等物）の増減、つまり収入と支出を営業活動・投資活動・財務活動ごとに区分して表示したものです。キャッシュフローには「営業活動によるキャッシュフロー」「投資活動（株式など有価証券への投資）によるキャッシュフロー」「財務活動（長期・短期の借入金など）によるキャッシュフロー」の３種類があります。「期末のキャッシュ残高」とあわせて確認するようにしましょう。

●キャッシュフロー計算書のポイント

期末のキャッシュ残高	営業キャッシュフロー
期中のキャッシュフロー ＋期首のキャッシュフロー	本業に伴う収入と支出の差が生む キャッシュフロー
投資キャッシュフロー	財務キャッシュフロー
主に固定資産の取得や有価証券の 売却に伴うキャッシュフロー	資金調達（社債、借入金、新株発行、 配当の支払い）に伴うキャッシュフロー

アドバイス

キャッシュフロー計算書が読めるようになれば、資金ショートや黒字倒産のリスクを知ることができます。また、費用構造（固定費と変動費）の関係もしっかり理解しましょう。

3 非財務情報とその開示の重要性

　財務諸表に示される情報だけでは、企業の成長性や経営の安定と密接にかかわる潜在的リスクなどの把握は困難です。本来の企業価値を適切に評価するため、国際社会・資本市場からの企業に対する非財務情報の開示要請が増加しています。

●国際社会・資本市場などからの非財務情報の開示例

国際社会・資本市場の種類	非財務情報の開示例
金融システムのリスクを監視する 金融安定理事会（FSB）	「気候関連財務情報開示タスクフォース」による 気候関連の情報開示
国際サステナビリティ基準審議会 （ISSB）	「サステナビリティ関連財務情報開示における 全般的要求事項」と「気候関連開示」
日本政府	「人的資本可視化指針」
「コーポレートガバナンス・コード」 （2021年改訂版）	「人的資本」と「知的財産への投資等」の 開示要請
金融庁	「投資家と企業の対話ガイドライン（改訂版）」

 # 問題発見・戦略策定のための考え方

問題発見とその解決

業務の問題発見と解決のためには、正しい問い（asking the right questions）の立て方が重要です。WHYツリーでいう「なぜ？」を繰り返しながら正しい問いを見つけましょう。たとえば「なぜ不良品率が目標値まで下がらないのか？」などの問いかけがそれにあたります。

（1）マネジャーが認識すべき「問題」

マネジャーにとっての問題とは、「現在の状況」と「本来のあるべき姿」のギャップやズレを意味します。たとえば「不良品率が目標に届かない」「交通費の精算期日は1週間以内なのに守らない部下がいる」「売上目標が達成できない」「残業時間が月100時間を超える部下がいる」などが現在の状況と本来のあるべき姿のギャップやズレにあたります。

（2）問題発見の具体的方法

問題発見の具体的方法としては「異なる視点による問題発見」「比較による問題発見」などがあります。

異なる視点による問題発見

　異なる視点による問題発見には、ユーザー目線など立場の異なる視点が重要です。同じチームで同じ業務を繰り返していると、心理学でいう「馴化」（じゅんか）が発生し、刺激に対する反応が鈍化します。「ああ、またいつもの小さな事故だ。騒がずほうっておこう」と鈍感になりかねません。新しく配属された部下のフレッシュな見方を参考にしたり、仕事振りを動画にとって客観的に眺めたりするのも脱馴化（慣れからの脱却）や問題発見に有効です。

アドバイス

いつも忙しく働いている人は「慣れ」が生じている可能性が高く、自分の抱えている問題になかなか気がつかない場合があるため、注意が必要です。

比較による問題発見

　問題発見の手法に「比較」する方法があります。たとえば「前年よりも売上が10％下がった」「残業時間が先月と比較して50％も増えている」などです。

CHECK 生産現場での問題発見・分析に用いられる「4M」

　生産現場における具体的な問題発見の方法として「問題発見の4M」があります。「4M」とは各要素の頭文字のMをとってそう呼ばれます。右記の4要素を確認することで、重複や抜け漏れのない検証が可能です。

1 人（Man）
「人の作業に問題がないか?」

2 機械（Machine）
「機械や設備に問題がないか?」

3 材料（Material）
「判断材料となった情報や資料に問題がないか?」

4 方法（Method）
「業務の段取りや方法、マニュアルに　問題がないか?」

馴化　ある刺激が長時間繰り返し与えられると、その刺激に対して鈍感になって反応が徐々に見られなくなる現象をいいます。「慣れ」とほぼ同義です。

問題解決の7ステップ

　問題解決の方法として、次に解説する「問題解決の7ステップ」があります。部下が納得感を持って問題解決に取り組むためには、**論理的な説明**が有効です。たとえば、有名な「トヨタ式問題解決法」は「問題解決の7ステップ」を磨き上げたものですが、次に解説するステップ1とステップ2による**現状分析**や**真の原因の探求**など、問題の特定を特に重視しています。

ステップ1——問題を明確化するための現状把握

　「現在の状況」と「本来のあるべき姿」のギャップやズレを認識するためには**三現主義**（定性的手法）と数値データによる**現状把握**（定量的手法）の2つのアプローチの組み合わせが有効です。
　三現主義とは、「問題は現場にある」という視点から「**現場**（実際に問題が起こった現場に行くこと）」「**現物**（問題が起こったモノを確認すること）」「**現実**（生じた事実をありのままに確認すること）」を重視することで問題解決を図る考え方です。つまり、三現主義に基づくということは、実際に問題が起こった現場に行くことを意味しています。ここで重要なのは、マネジャー自身が経験豊かなベテラン社員とともに現場に行ってモノに触れる点です。

ステップ2——真の原因の探求

　ステップ1で現状把握を行ったら、次は問題の原因を追及するステップに移ります。多くの場合、問題発生の原因には1つか2つの根本的な原因があります。根本的な原因は「**真の原因**」と呼ばれますが、この真の原因を取り除くことで、問題は起こらなくなります。
　真の原因を探求する手順は、①「**要因の整理**」、②「**WHY（なぜ）の繰り返しによる原因の掘り下げ**」、③「**真の原因の特定**」という順番で進めます。

要因の整理
　ステップ1の分析結果に基づいて、**WHY ツリー**を用いて要因の論理関係を整理します。なお、要因項目を洗い出すには **WHAT ツリー**が有効です。また、要因項目の整理にあたっては、**4M（人、機械、材料、方法）**の視点と、**QCD（品質、費用、納期）**の視点が有効です。また、重複や抜け漏れをなくす **MECE**

QCD　もとは製造業の用語で、Quality（品質）、Cost（費用）、Delivery（納期）の頭文字をとったもの。生産管理で重視する項目ですが、現在では様々な事業・業務に当てはまる視点として利用されています。

の考え方も重要です。もし、重複や抜け漏れが見つかった場合は、ステップ1の現状分析に戻りましょう。

▶**WHY（なぜ）の繰り返しによる原因の掘り下げ**

CHECK **整理整頓**

現場のモノもデータも整理整頓が重要です。整理整頓作業は問題発見のきっかけになるため、日ごろから心掛けましょう。

　要因の整理が終了したら WHY ツリーによって原因を深く掘り下げていきます。たとえば「なぜ、週に1度、納期の遅れが発生してしまうのか？」などと、「なぜ？」「なぜ？」と正しい問い（asking the right questions）を立て、真の原因に迫ります（P21参照）。その場合も、MECEや4M、QCDの視点を意識しましょう。

　なお、現場と離れたところで問いを立てるのは意味がありません。あくまでも三現主義を徹底するように心掛けましょう。

▶**真の原因の特定**

　真の原因の特定は、マネジャーを中心に業務経験や勘のあるベテラン社員など、チーム全体で判断するのが大切です。「できることから始めてみよう」などと、単にやりやすいところから取り組みがちですが、真の原因を特定・解決しなければ、問題は再発します。したがって、チーム全体で真の原因の特定にきちんと取り組むことが必要です。

ステップ3——改善目標の設定

　「あるべき姿・目標」と「現状」とのギャップを埋めるだけではなく、さらに高い目標を掲げましょう。その際は、数値目標の設定とともに目標実現の期限も決めるようにします。目標値の設定には、KPI（重要業績評価指標）とKGI（重要目標達成指標）を用いるのが有効です。

ステップ4——改善計画の立案

　改善計画は、HOW ツリーなどを用いて作成します。「どうやって？」「どうやって？」と正しい問いを立て、問題の真の原因を取り除く改善計画をつくります。その際に重要なのは、改善計画を実行するためのコストです。できるだけコストを抑え、優先順位、担当者、期限を決め、計画進捗を図るKPIやKGIを設定しましょう。

KPI　Key Performance Indicators の頭文字をとったもので、「重要業績評価指標」（先行指標）と訳されます。目的を達成する過程を計測するための中間目標を指します。

ステップ5──改善計画の実施

改善計画の実施段階で重要なのは、先行指標であるKPIの確認などの定期的な進捗管理です。多くの場合、定例の確認会議を開催して進捗管理を行います。また、メンバーからの「報告・連絡・相談（報・連・相）」も進捗管理に欠かせません。

CHECK 優先順位づけ

改善計画の立案で重要なのは、優先順位をつけることです。「まず何を改善するのか？」「後回しにすべき事項は何か？」を決めて、メリハリをつけましょう。

進捗管理は、予定と実績の差を確認することで、スケジュールに遅れがないか確認したり、遅れている場合には改善策を講じたりします。場合によっては、スケジュールや人員配置の変更なども検討しましょう。

ステップ6──効果の確認

改善計画を実施したときは、効果の確認を必ず行いましょう。その際は、第8章で解説したPDCAサイクルに沿って確認します。

改善計画を実施した結果、効果が確認できず、プロジェクトが失敗に終わる場合もあります。そのような場合は、新たな改善計画をまた一からつくり直さなければならないため、チームメンバーのモチベーションに悪影響が出るリスクがあります。そのため、マネジャーはチームメンバーのモチベーションを維持し、リーダーシップを発揮することが求められます。

なお、問題解決においては結果（結論）を出すことこそが重要です。仮に成果が出なかったとしても、一定の結果（結論）が出れば、問題点の発見につながり、問題解決の糸口になるからです。

ステップ7──成果の定着化

問題の解決が確認されれば、最後は成果の定着化が必要です。そのためにはマニュアル化などで作業方法を標準化するとともに、チームメンバーに新しい作業法を周知徹底しましょう。チーム全体でのマニュアルに基づく新しい作業法について、訓練を実施することも効果的です。

KGI Key Goal Indicators の頭文字をとったもので、「重要目標達成指標」と訳されます。「ゴール」という言葉が示すように、KGI は最終目標が達成されているかという結果を計測するための指標です。

●問題解決の7ステップ

ステップ	必要な考え方やスキル
① 問題を明確化するための現状把握（P）	三現主義、数値化
② 真の原因の探求（P）	WHYツリー、正しい問い、MECE、4M、QCD
③ 改善目標の設定（P）	数値化、KPI、KGI
④ 改善計画の立案（P）	HOWツリー、コスト視点、QCDやKPIの設定
⑤ 改善計画の実施（D）	創発戦略、報告・連絡・相談（報・連・相）
⑥ 効果の確認（C）	数値化、PDCAサイクル
⑦ 成果の定着化（A）	マニュアル化

※ステップの（ ）内の英字は、PDCAサイクルのどれにあたるかを示しています。

「問題解決の7ステップ」で重要なのは、「結果を出す」ことです。
なお、「問題解決の7ステップ」は、アメリカのコンサルティング
会社のマッキンゼー・アンド・カンパニーが開発したもので、国
内ではトヨタなどが取り入れて磨かれた手法といわれています。
その中にもPDCAサイクルがしっかりと回っているので、確認し
てみましょう。

CHECK 中間指標（先行指標）と最終結果指標

KPI（Key Performance Indicator）は、中間指標または先行指標です。一方、KGI
（Key Goal Indicator）は、最終結果指標であると覚えましょう。KPIが先行し、KGI
が結果としてついてきます。

練習問題

問題1 付加価値額と月額平均売上高を計算しなさい。

A社の平均月額人件費が100万円、労働分配率が40%、付加価値率が50%の場合、付加価値額と月額平均売上高がいくらになるか計算しなさい。

問題2 人件費の増加をまかなうために必要な売上高を計算しなさい。

B社は社員1人を中途採用する計画がある。社員の年収500万円、B社の付加価値率50%、労働分配率40%の場合、増加する社員の人件費をまかなうには、売上高をいくら増やす必要があるか計算しなさい。

問題3 損益分岐点を計算しなさい。

C社の損益計算書上の各項目は次の数値である。この場合のC社の損益分岐点を計算しなさい。
売上高…2,000万円　固定費…200万円　変動費…1,600万円
利益…200万円

問題4 キャッシュフローを計算しなさい。

次の表から売上および仕入れに関するキャッシュフローを計算しなさい。

	期首残高	期末残高
売上債権	200万円	300万円
仕入債務	120万円	200万円
商品	60万円	100万円
当期売上高	2,000万円	
当期仕入高	1,200万円	

問題5 財務諸表について、(ア)〜(カ)に入る言葉を答えなさい。

①重要な財務諸表には貸借対照表、損益計算書のほかに、お金の流れを示す（　ア　）がある。

②売上総利益は別名（　イ　）とも呼ぶ。

③売上総利益から販売費および一般管理費を引いた利益を（　ウ　）と呼ぶ。

④経常利益は本業外で得た（　エ　）（利息の受け取りなど）、（　オ　）（利息の支払いなど）を足したり引いたりしたものである。

⑤経常利益から固定資産や事業や投資株式の売却損益のような一時的な利益（特別利益）や損失（特別損失）を足し引きしたものを（　カ　）と呼ぶ。

問題6 問題発見とその解決に関する記述で正しいものをすべて選びなさい。

①問題発見と解決のためには、正しい問い（asking the right questions）を立てることが最も重要である。

②問題発見のためには、いつも同じ視点、慣れた視点で問題を見ることが肝要である。

③問題発見のためには、前年実績や他店実績などとの比較をすることが有効である。

④生産現場における問題発見と解決のためには、4Mや三現主義が有効である。

⑤数値やデータに頼るよりも経験と勘に頼るべきだ。

問題7 問題解決の7ステップに関する記述で正しいものをすべて選びなさい。

①問題解決の7ステップは、ボストンコンサルティンググループが開発したものである。

②問題を明確化するための現状把握には、数値化、PDCAサイクルが効果的である。

③改善計画の立案には、方法論としてWHYツリーや「正しい問い」が活用される。

④改善目標の設定にはKPIやKGIが求められる。

⑤成果の定着にはマニュアル化が有効である。

⑥改善計画の実施には、報告や相談は有効だが、創発戦略は有効とはいえない。

⑦効果の確認にはKGIではなくKPIが有効である。

問題8 **損益分岐点に関する見解で適切なものを選びなさい。**

A社は製品Xの製造と販売を営んでいる。製品Xの販売価格は1,600円、1個当たりの変動費は700円である。またA社は年間30,000個の製品Xの生産能力を有しており、年間の固定費は9,000,000円である。A社は前年度の需給実績を勘案し、今年度の生産計画を確実に売れる25,000個と計画していた。そこにこれまで取引関係のないB社から以下のような値引き要請の打診を受けた。

(打診内容)
今年度内に製品Xを4,000個、1個当たり900円で納入してほしい(1個700円の値引き要請)。

A社における製品Xの生産能力は年間30,000個であるため、B社の要望する4,000個の追加製造は可能である。それを前提にこの打診を受けるべきか否かについて、次の(見解1)と(見解2)が考えられる。

(見解1)
製品Xの販売価格は1,600円、1個当たりの変動費は700円であり、固定費9,000,000円の1個当たりの固定費は300円(固定費9,000,000円/年間生産能力30,000個＝300円/1個)となる。したがって、これを合計すると製品Xの原価は1,000円である。B社からの打診は1個当たり900円で納入であるから、製品Xは1個当たり100円の損失が生じる。これを4,000個販売すれば400,000円の損失が発生する。したがって、本件の打診は拒絶すべきである。

(見解2)
B社に対して製品を1個900円で販売すると、変動費は700円であるから製品Xは1個当たり200円の利益が生じる。これを4,000個販売すれば800,000円の利益が見込まれるので引き受けるべきである。

A社にとってどちらの見解が適切か答えなさい。
①見解1が正しい
②見解2が正しい
③どちらも間違いである。

問題9 業務目標であるKGIとKPIに関する記述で正しいものをすべて選びなさい。

① 一見、定性的な事項を定量的に捉える手法がKGIとKPIである。

② KGIはプロセスごとの中間的な目標値（主要業績評価指標）である。

③ KPIはプロセス全体の最終目標値（重要目標達成指標）である。

④ 売上10%増のためにホームページをリニューアルして月間閲覧数を5000PVから10000PVに増やすとする目標はKGIである。

⑤ KPIの設定によりチームや個人の短期的な目標や行動が明確になる。

⑥ マネジャーはKGI・KPIの達成度を測ることによって重要目標値達成の可能性を高めることができる。

問題1 答え 付加価値額250万円　月額平均売上高500万円

「付加価値額」は「（平均月間人件費）100万円÷（労働分配率）40%＝（付加価値額）250万円」、「月額平均売上高」は「（付加価値額）250万円÷（付加価値率）50%＝（月額平均売上高）500万円」となる。

問題2 答え2,500万円

「（年収）500万円÷（労働分配率）40% ＝（付加価値額）1,250万円」、「（付加価値額）1,250万円÷（付加価値率）50% ＝（売上高）2,500万円」。よって2,500万円の増加が必要となる。

問題3 答え1,000万円

「変動比率」は「（変動費）1,600万円÷（売上高）2,000万円＝0.8」となる。「損益分岐点売上高」は「固定費÷（1－変動比率）」で求めるため、「（固定費）200万円÷（1－0.8）＝1,000万円」となる。

なお、「損益分岐点比率」は「（損益分岐点売上高）1,000万円÷（実際の売上高）2,000万円＝50%」となる。

問題4 答え 売上キャッシュフロー1,900万円
仕入れキャッシュフロー1,120万円

「売上キャッシュフロー」は、「（当期売上高）2,000万円＋（売上債権期首残高）200万円－（売上債権期末残高）300万円＝1,900万円」となる。また、「仕入れキャッシュフロー」は、「（当期仕入高）1,200万円＋（期首仕入債務）120万円－（期末仕入債務）200万円＝1,120万円」となる。

(問題5) 答え　**(ア)** キャッシュフロー計算書　**(イ)** 粗利
　　　　　　(ウ) 売上高営業利益　　　　　**(エ)** 営業外収益
　　　　　　(オ) 営業外費用　　　　　　　　**(カ)** 税引前当期純利益

(問題6) 答え①③④

②は、異なる視点による問題発見、脱馴化（慣れからの脱却）が大切であるため、正しくない。⑤は、数値やデータによる現状把握が大切であるため、正しくない。

(問題7) 答え④⑤

①は、ボストンコンサルティンググループではなく、マッキンゼー・アンド・カンパニーが開発したものであるため、正しくない。②は、PDCA サイクルではなく、三現主義が効果的であるため、正しくない。③は、WHY ツリーや「正しい問い」ではなく、HOW ツリーや WHAT ツリー、QCD の目標、KPI などが活用されるため、正しくない。⑥は、創発戦略は有効であるため、正しくない。⑦は、KGI が最も有効であるため、正しくない。

(問題8) 答え②

固定費は販売量に関係なく発生する費用である。したがって 1 個当たりの販売において変動費との関係で利益が出る限り、固定費は考慮に入れず、追加の注文の場合は受けるべきである。よって、②が正しい。
ちなみに A 社製品Ｘの損益分岐点は、販売個数 10,000 個である。固定費 9,000,000 円 /(販売価格 1,600 円－変動費 700 円) = 10,000 個、損益分岐点販売金額は販売価格 1,600 円× 10,000 個 =16,000,000 円である。

(問題9) 答え①⑤⑥

②は、中間的な目標値とは KPI であり、正しくない。③は、最終目標値は KGI のため、正しくない。④は、月間閲覧数の増加は最終目標値売上 10％増を達成するための中間的な改善目標値のため KPI である。よって正しくない。

第 10 章
経営にかかわる基礎知識

ココがポイント

▶ マネジャーにはマーケティングや
イノベーションの基礎知識が必須

▶ マネジャーはマーケティング・プロセス
などの深い理解が重要

▶ イノベーションは予期せぬ出来事や
ギャップ、認識の変化に注目する

 ## マーケティングの基礎

　マーケティングやイノベーションに関する知識は、所属している部門にかか
わらず、すべてのマネジャーが身につけておくべき基礎知識です。

マーケティングとは

　マーケティングとセールス（販売）の違いについて、それぞれがどのような
活動を指すのか正しく理解する必要があります。

　マーケティングとは、**売れる仕組みづくり**のことを指しており、この仕組み
づくりの中には、広告・宣伝活動なども含みます。一方、セールスとは、**商品
を売ること**を指しています。

マーケティング・プロセス

　マーケティング・プロセスとは、市場の調査や分析、市場の分類と絞り込み、
ポジショニングや戦略の決定、実行と検証といった、マーケティングの一連の
手順をいいます。

●マーケティング・プロセス

手順	ポイント
① 環境分析	・自社の強みを生かせる市場を探す ・第7章で学習した 3C 分析や SWOT 分析、 　ファイブフォース分析、PEST 分析などを活用する
② 市場の細分化 （セグメンテーション）と 絞り込み（ターゲティング）	・①で見つけた市場をニーズによって分類。分類した市場の 　ニーズに対して、自社の強みが生かせるターゲット層を 　絞り込む
③ ポジショニング	・②で絞り込んだターゲット層に対する自社の優位価値を 　見極め、立ち位置を決める
④ マーケティング・ミックス （マーケティングの4P）	・③で見極めた優位価値を②で絞り込んだターゲット層へ 　伝えるため、製品、価格、流通経路、販売戦略の施策を 　組み合わせる
⑤ マーケティングの 実行と検証	・①〜④で定めた計画を実行し、実行結果を検証・分析する

マーケティングの4P

　ターゲット層に自社の優位価値を伝えるためには、マーケティングの4Pを意識する必要があります。このマーケティングの4Pは、提唱者であるアメリカのマーケティング学者ジェローム・マッカーシーの名をとって、「マッカーシーの4P」と呼ばれることもあります。

マーケティングの 4P	製品（Product）	品質やデザイン、商品名、容器
	価格（Price）	商品の価格
	流通経路（Place）	提供地域、物流、販売チャネル、陳列法
	販売戦略（Promotion）	広告、販売方法、イベント、キャンペーン

2 イノベーション

イノベーションを生み出す7つの機会

イノベーションとは、「市場で受け入れられる新たな**価値創造**」を意味します。「新しい資本主義社会」といえる現在の価値創造社会では、企業は継続して新たな価値の創出を求められるため、イノベーションの役割が非常に重要です。

現実との**ギャップ**や、顧客の**ニーズ**などからイノベーションが始まる例が多いといわれていますが、**予期せぬ出来事、産業構造や人口構造の変化、認識の変化、新しい知識（技術革新）**の出現もイノベーションのきっかけになります。イノベーションは、これらが相互に関連し合って実現されます。

●イノベーションの7つの機会

組織・産業の内部に生じる事象	予期せぬこと ① ▶失敗やクレームも含む （失敗やクレームを利用してイノベーションの機会とする）
	ギャップ ② ▶理想と現実のギャップ
	ニーズ ③ ▶顧客のニーズ （例:中国人の「爆買い」をビジネスチャンスと捉える）
	産業構造の変化 ④ ▶変化が起こる前に行われてきた方法が陳腐化することで、新しい方法が生み出される
組織・産業の外部に生じる事象	人口構造の変化 ⑤ ▶人口の増減、年齢構成や所得の変化が市場のニーズに影響する （例:少子高齢化、シニア世代向け商品）
	認識の変化 ⑥ ▶消費者の認識が変わることで、イノベーションのきっかけになる （例:地球温暖化、わけあり野菜）
	新しい知識の出現 ⑦ ▶発明や発見（例:シェールガス田の掘削法）

イノベーション 従来のモノやサービスの仕組みに対して、まったく新しい技術や考え方によって新たな価値を生み出し、変化を起こすことをいいます。

アメリカのフィンテック企業であるベンモは、旅行先で財布を忘れた（予期せぬ出来事）創業者が「スマートフォンによる個人間送金」を偶然、思いついた（創発した）ことから始まっています。また、日本の花王は、消費者からの予期せぬクレームを商品開発のヒントに、商品やサービスを創発するのが得意な企業です。イノベーションは予期せぬことから創発する（偶然、思いつく）例が多いということを覚えておきましょう。

イノベーター理論

(1)イノベーションの普及

　イノベーションの結果、生み出された商品やサービスを普及させ、適切な利益を得るために参考になるのが**イノベーター理論**です。

　アメリカの社会学者エベリット・ロジャースによって提唱されたイノベーター理論は、消費者を**5つのタイプ**（P187 参照）に分類し、それぞれの特徴に応じたマーケティングを実践することで、イノベーションを普及させることができる、という考え方です。

(2)イノベーションの生死を分ける「キャズム（Chasm）」

　5つの消費者のタイプの中で**初期採用者（アーリー・アダプター）**と**前期追随者（アーリー・マジョリティ）**との間には、著しい特徴の違いがあります。このことをアメリカのコンサルタントであるジェフリー・ムーアは、初期採用者を超えて前期追随者に普及する困難さを「溝」になぞらえて「**キャズム**」と呼んでいます。

　革新者は「自分たちの価値観は社会と相容れない」と思っている"とがった人々"ですが、**初期採用者**は革新者とはまるで反対の「自分たちの価値観は社会を代表する」と考える人々です。また、**前期追随者**は多くの人に採用された実績を重視する人々です。キャズムは**初期採用者**と**前期追随者**の断絶を意味し、商品やサービスの**普及**には、キャズムを超えるマーケティングが必要です。

●イノベーター理論

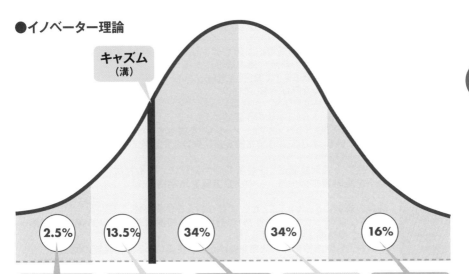

| キャズム（溝） | | | | |

| 2.5% | 13.5% | 34% | 34% | 16% |

革新者 （イノベーター）	初期採用者 （アーリー・ アダプター）	前期追随者 （アーリー・ マジョリティ）	後期追随者 （レイト・ マジョリティ）	遅滞者 （ラガード）
好奇心旺盛。自分たちの価値観は社会と相容れないと考えている。	好奇心旺盛。自分たちの価値観は社会に調和すると考えている。	多くの人に採用されている実績を重んじる。	大多数の人が使用するのを確認した後に、新製品を試す。	流行に関心が薄い。製品が衰退期に入った頃に採用。

5つのタイプの割合は、革新者が2.5％、初期採用者が13.5％、前期追随者と後期追随者がそれぞれ34％、遅滞者が16％とされています。数字をしっかり暗記しましょう。

●イノベーションに対する公的助成

助成の必要性	・近時の（デジタル技術活用による）世界的な事業環境の大幅な変化への対応。生産性向上と産業の新陳代謝の活性化が不可欠 ・これは第四次産業革命（内閣府）を意味している。各国政府は様々な呼び方をしている （例）インダストリー4.0（ドイツが提唱） ソサイエティ5.0（日本政府が提唱） ▶企業にはデジタルトランスフォーメーションを推進するためのガイドライン（経産省）が示されている。名目GDP600兆円実現に向けた生産性革命のための1つの手段
関連する法律	・生産性向上特別措置法　・産業競争力強化法　・会社法 ・中小企業等経営強化法　・中小企業経営承継円滑法
生産性の向上策	・既存の規制にとらわれることなく、実証が行える環境整備 ・IoT※1投資（データの共有、連携）に対し、30%特別償却もしくは3%の税額控除措置（生産性向上特別措置法※2） ・市町村から生産性革命の認定を受けた中小企業による設備投資の促進。固定資産の課税標準を3年間ゼロから半額に軽減（生産性向上特別措置法）
産業の新陳代謝促進策	・産業の新陳代謝を促進 ・（株）産業革新促進機構を、（株）産業革新促進投資機構に変更し、リスクマネーの継続供給 ・M&Aに関する課税繰り延べなどの各種特別措置（会社法） ・事業所轄大臣に申請する「経営力向上計画※3」の対象に、M&Aによる再編統合を追加（中小企業等経営強化法） ・親族外による事業継承に対する金融支援強化（中小企業経営承継円滑法） ・「創業支援事業計画※4」の対象に、創業の普及啓発の取り組みを追加（創業気運醸成事業と呼ばれる）。（産業競争力強化法） ・大学ファンドの支援対象拡大。自大学と連携する大学発ベンチャーだけではなく、他大学との連携や企業連携をする大学発ベンチャーも対象へ※5

※1 IoTとはInternet of Things（モノのインターネット）の略。ありとあらゆる機械やものがインターネットにつながるさまをいう。

※2 経産省が「コネクテッド・インダストリーズ税制」と呼ぶIoT投資に対する30%特別償却もしくは3%の税額控除措置は、2020（令和2）年3月31日に廃止となった。しかし、2020年にはオープンイノベーション税制や無線通信の5G投資に対する類似の税額控除措置が登場している。

※3 「経営力向上計画」とは事業所轄大臣への「経営力向上計画」申請により、中小企業経営強化税制（即時償却等）や各種金融支援が受けられる制度。

※4 「創業者等支援事業計画」とは市区町村が民間の創業支援等事業者（地域金融機関、NPO法人、商工会議所・商工会等）と連携し、ワンストップ相談窓口の設置、創業セミナーの開催、起業家教育事業等の創業支援を実施する「創業支援等事業計画」について、国が認定する制度。創業支援等事業者は、国からの補助金（創業支援等事業者補助金）の申請対象となる。

※5 大学ファンド。たとえば大阪大学ベンチャーキャピタル株式会社は発起人が総長の平野敏夫氏（2015年退任）であり、出資者は国立大学法人大阪大学（議決権割合100%）となっている。出資金が税金でまかなわれているのが特徴。

③ SDGsとイノベーション

戸籍がある世界とない世界のギャップ

2023年のG20はインドで開催され、その中でインドはデジタル公共インフラ（Digital Public Infrastructure：略称DPI）という興味深い政策を紹介しました。これはインドにおける日本のマイナンバーカードに相当します。これはSDGsとデジタル・イノベーションの成功例といわれています。

日本のような戸籍や住民票の制度がないインドではDPIにより国民識別番号のアダールID（生体認証により実現）の普及と戸籍の登録、全国民対象のスマートフォン送金（少額送金は無料）、標準的なデータ交換の仕組みを立ち上げました。

これにより貧困や飢えの撲滅、人的資本としての教育、さらに農業、金融などの基本的なSDGsの課題を解決して高度経済成長実現の土台としました。インディア・スタックと呼ばれるDPIの仕組みはアフリカなど11カ国に無償で提供され、2023年のG20におけるアフリカ連合のG20加盟実現などグローバルサウスにおけるインドの地位は向上しました。

グローバルサウスでは戸籍の獲得はイノベーション

戸籍や住民票がないと金融機関に預金口座がつくれず、町の雑貨屋は運転資金が借りられません。さらには選挙権が与えられず、選挙に行くことができないほか、教育を受ける子供たちに入学の通知を正しく出すこともできません。企業は農民にアドバイスをしたり、害虫駆除の薬を売掛で販売したりすることも叶いません。

一方、デジタルにより歴史上初めて戸籍を獲得したインドでは、コロナ感染症の流行時に約10日で対象となる国民に給付金を配り終えました。グローバルサウスではデジタル公共インフラにより、銀行は安心して預金口座を開くことができ、国民は役所から信頼できる各種の通知をもらうことができるようになったのです。

グローバルサウス　インドやブラジル、タイ、インドネシア、トルコ、南アフリカなど、南半球に位置するアジアやアフリカ、中南米地域の新興国・途上国の総称。

練習問題

問題1 マーケティングに関する記述で正しいものをすべて選びなさい。

①マーケティング・プロセスには環境分析、市場の細分化と絞り込み、ポジショニング、マーケティング・ミックスがある。一方、PDCA サイクルのCとAに相当するマーケティングの実行と検証は必要ない。

②マーケティング・ミックスは、マッカーシーの3P（Product、Price、Place）を意味する。

③市場の細分化と絞り込み、およびその後のポジショニングの結果、企業は市場の一部を狙うニッチ戦略を取ることもあれば、価格優位や差別化で市場全体を狙うこともある。

④外部環境分析には SWOT 分析、3C分析、ファイブフォース分析、リソース・ベースト・ビュー（RBV、VRIO）などがある。

問題2 イノベーションに関する記述で正しいものをすべて選びなさい。

①どんなに優れた技術でつくられた商品でも、市場に受け入れられなければイノベーションとはいえない。

②イノベーションの機会は変化から生まれる。変化には産業構造の変化、人口構造の変化、認識の変化、技術革新などの新しい知識の出現がある。

③予期せぬ出来事はイノベーションの重要な契機となり得る。思いもしなかった顧客の声や市場での予想外の反応、創業者の個人的な体験などがイノベーションの契機になることが多い。

④顧客の声など予期せぬことをイノベーションの中核に据える戦略は、ヘンリー・ミンツバーグの創発戦略の応用といえる。

⑤理想と現実のギャップやニーズがイノベーションを招く例はほとんどない。

問題3 イノベーター理論と普及曲線に関する記述で正しいものをすべて選びなさい。

①イノベーター（革新者）とアーリー・アダプター（初期採用者）の合計は、約16%と考えられている。

② アーリー・マジョリティ（前期追随者）とレイト・マジョリティ（後期追随者）との間の境目がキャズムであり、イノベーションの生死を分けるといわれる。

③ イノベーターの多くは「自分たちの価値観は世の中と相容れない」と思っている、少し変わった、専門知識を持った、好奇心が旺盛な人々が多い。一方、アーリー・アダプター（初期採用者）には「社会と自分たちは価値観を共有している」と考える人が多い。

④ ラガード（遅滞者）とは、ほかの大多数の人が採用した後に新規製品を試す傾向がある人々を指す。

⑤ 製品が衰退期に入る頃にようやく購入する人々は、レイト・マジョリティ（後期追随者）である。

問題4 イノベーションの公的助成に関する記述で正しいものをすべて選びなさい。

① 近時の世界的な事業環境の変化に対応するため、生産性の向上策、同一労働同一賃金などの施策が求められている。

② 生産性の向上策には「生産性革命」対応など市町村の認定を受けた設備投資に対し、固定資産税の減免などの措置が取られている。

③ 産業の新陳代謝促進策として、(株) 産業革新機構は (株) 産業革新投資機構に名前を変え、投資機能を強化し、長期大規模の成長投資に対してリスクマネーを供給できるようになった。

④ 中小企業やベンチャー企業向けには「経営力向上計画」や「創業支援事業計画」などがそれぞれ強化されている。

⑤ 大学ファンドの支援対象は自大学と連携するベンチャー企業だけである。

問題5 SDGsとイノベーションに関する記述で正しいものをすべて選びなさい。

① SDGs は持続可能な開発目標であるため現状の改善の繰り返しが望ましく、イノベーションは不要である。

② 電気自動車（EV）などエコカーの普及は SDGs の目標 11「住み続けられるまちづくり」、目標 13「気候変動に具体的な対策を」の解決につながるため、EV と SDGs は相性がよい。EV の実現にはガソリン車からエコカーへの新規商品開発のイノベーションが必要である。

③ SDGs は 2030 年における世界のあるべき姿を示している。そのため電力関係など一部の業界にとっては組織や事業の現状のやり方との間でギャップがある場合が多く、イノベーションが必要である。

④電気自動車（EV）の充電インフラの開発や設置は、ガソリンスタンド業にとっては新規事業であり、一種のイノベーションといえるが SDGs とは無関係である。

⑤国内物流業界は EV の試験利用に乗り出しており、EV 運用面での不安を回収しようとしている。これは一種のモビリティに関するイノベーションの一環であり、企業をサステナブルなもの（持続可能なもの）とする SDGs や ESG の範疇である。

問題1 答え③

①は、マーケティングの実行と検証が必要であるため、正しくない。②は、「マッカーシーの3P（Product、Price、Place）」ではなく、「マッカーシーの4P（Product、Price、Place、Promotion）」であるため、正しくない。④は、「リソース・ベースト・ビュー（RBV、VRIO）」は外部環境分析ではなく、内部環境分析（経営資源分析）であるため、正しくない（第7章をあわせて参照）。

問題2 答え①②③④

⑤は、理想と現実のギャップやニーズがイノベーションの機会となるため、正しくない。

問題3 答え①③

②は、キャズムはアーリー・アダプター（初期採用者）とアーリー・マジョリティ（前期追随者）の間に存在するため、正しくない。④は、ラガード（遅滞者）とは製品が衰退期に入る頃にようやく購入する人々のことであるため、正しくない。⑤は、レイト・マジョリティ（後期追随者）はほかの大多数の人が採用した後に新規製品を試す傾向がある人々を指すため、正しくない。

問題4 答え②③④

①は、同一労働同一賃金はイノベーションと関係ないので、正しくない。⑤は、大学ファンドは他大学との連携や企業連携する大学発のベンチャーも支援の対象であるため、正しくない。

問題5 答え②③⑤

①は、SDGs は「2030 年の世界のあるべき姿」を示すため、現状の組織や事業との大きなギャップがあり、エネルギー業界や自動車関連業界を中心にイノベーションが求められる。よって正しくない。④は、EV の充電インフラ開発は SDGs の 11「住み続けられるまちづくり」、13「気候変動に具体的な対策を」につながるため SDGs 活動の一環である。そのため、正しくない。

第 **4** 部

リスクの
マネジメント

第 11 章
リスクマネジメントの考え方とその実践

ココがポイント

▶ リスクマネジメントで重要なのは
　未然防止と再発防止策

▶ マネジャーは、リスクが発生したら
　上司に相談しながら自ら解決にあたる

▶ リスクマネジメントのプロセスは、
　リスクの洗い出し、分析、処理、結果の検証

1 マネジャーに必要なリスクマネジメント

リスクとリスクマネジメントの意味

　リスクの定義は様々なものがありますが、ここではリスクを「組織に何らかの損害を生じさせるおそれのある不確実性」と定義します。そして、リスクマネジメントを「組織が効率的にリスクを予防する施策を講じるとともに、リスクが顕在化したときの処理をあらかじめ定めることにより、リスクを管理する一連の活動」と定義します。

●マネジャーに必要なリスクマネジメント

	ポイント	取り組みの手順
未然防止	損失などが生じる前にあらかじめその防止を図る	①損失などの発生確率や規模の予測・分析 ②リスクの範囲の設定 ③業務マニュアルとは別に、緊急時対応マニュアルを作成
再発防止	損失などが生じた後に同様の損失などが再び発生することを防止する	①損失などが発生した根本原因の究明 ②損失発生の防止策を検討 ③業務マニュアルに具体的な防止策を組み込む

チームにおけるリスク発生の傾向

　同じ内容の仕事でも、リスクが発生するチームと発生しないチームがありますが、これは**マネジャーによるチーム運営**の違いがその一因になっています。リスクが発生するチームは、業務遂行の難易度や業務上の制約条件などに原因があることよりも、多くの場合、マネジャーの**リスクマネジメントに対する考え方や、取り組み方の不十分さ**に原因があります。

リスクマネジメントの基本的な考え方

　マネジャーは、チームをマネジメントする中で、リスクの**発生**を予想し、適切に**管理**することが必要です。しかし、リスクを適切に管理していても、ときに想定外の事態に直面することがあります。そのような場合でも、「なぜ想定できなかったか」と考えて、**日常業務の進め方や情報伝達**などに不備がなかったかを検討する必要があります。

　チームの責任者であるマネジャーは、リスクの極小化やトラブル時の原因究明が求められます。なお、リスクの発生原因の究明には、**WHY ツリー**（「なぜ発生したのか」と掘り下げる）が有効です。また、リスク分析の手法には、**定量分析**（損失や規模の数量的把握）と**定性分析**（数値以外の方法での把握）があります。

CHECK　情報伝達のショートカット

　アクシデント（事故）が発生した場合、その情報は、**緊急性**が通常よりも高く、一刻も早くしかるべき人に**報告**する必要があります。通常の伝達ルートが機能していれば問題ありませんが、機能していない場合は**ショートカット**(直属の上司を飛ばして報告すること)による情報伝達を認めることが必要です。

　ただし、**ショートカット**による情報伝達を行った場合、スキップした上司への**フォローアップ**は必須です。その理由と事後の報告を忘れずに実行するよう指導しましょう。

2 リスクの洗い出し・分析・リスクの処理・結果の検証

リスクマネジメントのプロセス

　リスクマネジメントは、①リスクの洗い出し、②リスクの分析、③リスクの処理、④結果の検証のプロセスで行われます。

●リスクマネジメントのプロセス

手順		ポイント	PDCAの分類
①	リスクの洗い出し	・予測されるリスクを把握する ・WHAT ツリーを使う	P
②	リスクの分析	・リスクの発生確率や、発生した場合の損失規模を見積もる ・定量分析や定性分析を使う	P
③	リスクの処理	・リスクの除去、回避策を実施する 　（保険の積み立てなどはその一例）	D
④	結果の検証	・実施した結果を検証し、必要な見直しを図る ・実際のリスク処理担当者の積極的関与が重要	CとA

●リスクの発生の原因となる事象例

リスクの種類	事象例
自然要因リスク	地震、台風・豪雨、火山の噴火、落雷
環境リスク	土壌や水質の汚染
人的要因リスク	社内不正
業務リスク	火災、爆発、盗難など
労働関連リスク	労働災害、ハラスメント
技術・製品要因リスク	知的財産リスク、PL（製造物責任）、リコール
信用リスク	倒産
情報セキュリティリスク	機密情報の漏えい
レピュテーションリスク	風評被害、クレーム
感染症に関するリスク	新型インフルエンザ

実効的なリスク管理の方法

　リスクに対する備えには、倒産リスクの回避や事故防止の研修・訓練などの「リスクを回避するための人的・物的備え」、データのバックアップや資材調達先の分散などの「損害拡大を防止するための備え」、保険や損失準備金の手当てなどの「経済的損失に対する備え」があります。

> リスクマネジメントの訓練として、あなたの家族に関してどのようなリスクがあって、それらのリスクにどんな対策を取れるか考えてみましょう。

 3 リスクの顕在化時にマネジャーに求められるもの

リスク顕在化時のマネジャーの心構え

　リスクが発生した場合、組織は業務の中断や組織の緊張感などといった非日常的な状態に置かれますが、マネジャーは平常心と覚悟を持つことが必要です。マネジャーは意識を緊急モードに切り替え、語調を変えて指示を出すなどして、部下にも緊急事態であることを理解させましょう。

リスクが顕在化した際の初期対応

　事故情報の伝達は、部下に「客観的な報告を上げるよう指示する」ことが重要です。マネジャーは、部下に客観的な事実把握と報告を徹底させることによって、リスクを的確に評価することができます。

　たとえば事故などのバッドニュースが発生した場合、最悪なのは「部下が叱責をおそれて報告しないこと」です。マネジャーは速やかな報告を求めるとともに、部下が客観的な報告を出してくるように、日ごろから指示を徹底する必要があります。客観的な報告が速やかにあがってくれば、マネジャーはチーム全体で事故情報を共有し、素早く動くことができます。

4 リスクマネジメントと 関連する様々な概念

事業継続計画（BCP）

　組織は、リスクの発生によって取引先や顧客を失ったり、事業から撤退したりすることなどは、全力で避ける必要があります。

　そのため、現実に災害などのリスクが発生した場合に、組織の存続や事業の継続を図るための行動計画である「**事業継続計画**（BCP：Business Continuity Plan)」や、その運用や見直しのためのマネジメントシステムである「**事業継続マネジメント**（BCM：Business Continuity Management)」を構築することが求められます。

コンプライアンス

　コンプライアンスとは、「**法令等の遵守**」のことです。特に重要なのは、その背景にある法令などの趣旨や精神に沿った活動をすることです。

　しかし、組織はときにコンプライアンスに違反する行動をとってしまうことがあります。組織がコンプライアンス違反に陥ってしまう理由として、次のようなことが挙げられます。

Ⅽ**HECK**　**コンプライアンス違反に陥る理由**

1 経営トップから発信された指示の内容が、伝言ゲームによって変容する

2 最終消費者（ユーザー）に影響が及ばないことによって、法令違反が常態化する

3 組織内の馴れ合いなどによって、責任の所在が曖昧になる

組織の社会的責任（CSR・SR）

　CSR（Corporate Social Responsibility）と SR（Social Responsibility）は、どちらも一般に「**企業の社会的責任**」と訳されます。これらは、企業の利益だけではなく、**人権の尊重**など様々なステークホルダー（利害関係者）との

関係で企業としての**行動規範**を策定し、これらに従って適切に行動することを求める考え方です（ビジネスマネジャー検定試験では、マネジャーが属する企業全体を「組織」と表現すること、また、社会的責任はあらゆる組織が対象であり、「SR」と表されることが多いため、「組織の社会的責任」と表現するとされています）。

　なお、近年、CSR や SR の考え方が重視されつつあり、その表れとして、社会的責任の国際規格である ISO26000 （別名：SR26000）が発行されています。

⊂HECK 組織の社会的責任のための企業行動規範の策定

[7つの重要な視点]

1　説明責任

2　透明性（見える化）

3　倫理的な行動

4　ステークホルダー（消費者・顧客、従業員、株主、債権者、仕入れ先、得意先、地域社会、行政機関など）の利益の尊重

5　法の支配の尊重

6　国際行動規範の尊重

7　人権の尊重

[7つの中核的な主題]

1　組織統治

2　人権

3　労働慣行

4　環境

5　公正な事業慣行

6　消費者課題

7　コミュニティ（共同体）への参画

内部統制システム

　内部統制システムとは、組織の**業務の適正**を確保するための**体制**を**構築**するシステムをいいます。たとえば、銀行では間違いを防止するため、必ず２人がお金を数えますが、これも内部統制の一例です。

　内部統制は、**リスクマネジメント**と緊密な関係にあります。リスクマネジメントは、**内部統制システム**を構築するための前提条件です。その理由は、当該組織にどのようなリスクが存在するのかを**把握**し、十分な**分析**を加えることが不可欠であるためです。

アドバイス
内部統制システムを理解するために、あなたの仕事の中でそれにあたるものを洗い出してみましょう。たとえば、上司が判子を押して稟議書（りんぎしょ）の内容を承認することも、内部統制システムの１つです。

5 マネジャーが実践すべきリスクマネジメント

　業務のマネジメントには関連するリスクがあります。マネジャーは、これらすべてのリスクについて、日常業務を行いながら、適切に管理する必要があります。このように、日常業務を進めながら実施するリスクマネジメントを、「平常時における**予防・保全のためのリスクマネジメント**」といいます。これは一種の「**先憂後楽**（せんゆうこうらく）」の教えです。なお、業務のマネジメントに関連するリスクは、**QCDSME**という管理項目で表されます。各項目について理解しましょう。

アドバイス
先憂後楽とは「天下の憂（うれ）いに先んじて憂い、天下の楽しみに後（おく）れて楽しむ」という中国の故事成語で、「備えあれば憂いなし」や「段取り八分、仕事二分」などとほぼ同じ意味です。

●QCDSME

リスクの種類	管理すべきリスク
Q（Quality）	品質不具合
C（Cost）	コストオーバー
D（Delivery）	納期遅延
S（Safety）	職場の安全
M（Moral）	社内不正、ハラスメント
E（Environment）	自然災害

組織のマネジメントの場面

　組織のマネジメントに不可欠な心構えは、職場をよくしていこうという気持ちを常に保持することです。具体的にはマネジャー自身が、「自分の職場を他人に自慢できるか？」「自分の家族を働かせたい職場であるか？」などと考えてみましょう。そのような職場（組織）にするためには、「4S」と呼ばれる整理、整頓、清掃、清潔を徹底するようにしましょう。

業務のマネジメントの場面

　業務のマネジメントは、「段取り八分、仕事二分」などといわれるように、その準備が必要不可欠です。また、マネジャーの業務への姿勢も重要で、「積極的」であることが求められます。マネジャーは業務に取り組む際に「Can I do it？（自分にできるのか？）」ではなく、「How can I do it？（どうやったらできるのか？）」と自問するように心掛けましょう。

緊急時におけるリスクマネジメントの実践

　マネジャーは普段からリスクの予防・保全に努める必要がありますが、リスクが顕在化して緊急事態への対応を迫られる事態が発生することも覚悟しておく必要があります。

　緊急時におけるリスクマネジメントには、平常心であること、部下の報告を冷静に聞く姿勢、出張時などは報告受理の代行者を決めることなどが挙げられます。

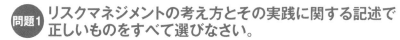

練習問題

問題1 リスクマネジメントの考え方とその実践に関する記述で正しいものをすべて選びなさい。

①リスクマネジメントの「未然防止」と「再発防止」の計画は、いったん策定すれば、終わりと考えてよい。

②同じレベルの難易度の業務に従事する複数のチームにおいて、リスクが発生し顕在化するチームと発生しないチームが存在する。その原因はすべての場合、マネジャーのチーム運営に帰することが明確になっている。

③リスクマネジメントは一般に、i）リスクの洗い出し、ii）リスクの分析、iii）リスクの処理からなり、結果の検証は必要ない。

④コンプライアンスとは事業継続計画のことである。

⑤組織の社会的責任は CSR・SR と呼ばれており、国際規格としてISO26000がある。

問題2 リスクマネジメントと関連する様々な概念に関する記述で正しいものをすべて選びなさい。

①内部統制とは、組織の業務の適正を確保するための方策であり、リスクマネジメントは内部統制システム構築のための前提条件である。

②組織が社会的責任を果たすための中核的主題は、「説明責任」「透明性」「倫理的な行動」「ステークホルダーの利益の尊重」「法の支配の尊重」「国際行動規範の尊重」「人権の尊重」が挙げられる。また重要な視点としては、「組織統治」「人権」「労働慣行」「環境」「公正な事業慣行」「消費者課題」「コミュニティ（共同体）への参画」の7つが挙げられる。

③マネジャーが実践すべきリスクマネジメントとして、Q（品質不具合）、C（コストオーバー）、D（納期遅延）、S（職場の安全）、M（社内不正やハラスメントに対するモラル維持）、E（自然災害）などへの対策がある。

④リスクマネジメントにおけるマネジャーの姿勢は「先憂後楽」の心掛けが基本となる。

⑤マネジャーは業務を「段取り八分、仕事二分」と考えるべきではない。

問題3 バッドニュースと情報のショートカットに関する記述で正しい対処と思われるものをすべて選びなさい。

①緊急事故発生時、上司が休暇のため連絡がつかず、緊急マニュアルに沿って代理報告者に報告した。

②緊急事故発生時、上司が休暇のため連絡がつかなかった。対応策はマニュアルが

なかったので（上司の上司にあたる）部長に直接報告した。上司には理由を説明し、十分な事後報告を行った。

③顧客を失うというバッドニュースが発生したが、事後対応策を練るのに時間をかけ、上司には後々まで報告しなかった。

④事故発生時、マネジャーは平常心も覚悟も必要なく、部下とともにあわてふためくのが正しい姿勢である。

⑤事故が発生したため担当マネジャーは自己の意識を平常モードから緊急モードに切り替え、「語調」も変えて部下の意識を覚醒させた。

問題4 以下の3つの空欄に入る用語を下の選択肢から選びなさい。

職場における予防保全の4Sとは、（　　）、（　　）、清掃、（　　）である。

整頓　セキュリティ　清潔　整理　清貧　製品

問題5 バッドニュースを受けるマネジャーの姿勢に関する記述で正しいものをすべて選びなさい。

①顧客を失いかねない悪い情報なので、不機嫌な表情を顔に出した。

②事故の情報なので部下を怒鳴りつけた。

③常に平常心を失わず、覚悟を持って部下の客観的な報告を最後まで詳細に聞いた。

④事故時には出張中であったため、代行者に報告を受けてもらい、代行決裁を行ってもらってから詳細報告を受けて、代行決裁を終了した。

⑤事故発生時、担当マネジャーは会社全体の利益よりも自己チームの利益を優先する対処をした。

問題6 事業継続計画（BCP）に関する記述で正しいものをすべて選びなさい。

①ある証券会社では基幹情報システムがすべて止まる障害時、中核業務として株式注文システムを優先して、即再稼働させる事業継続計画（BCP）を作成している。

②大手自動車会社では自然災害に備え、地域の異なる部品調達先工場を2カ所以上、常に準備している。

③ある販売企業では、災害発生時の売掛金の回収リスク判断も兼ね、災害対策を取引銀行と相談し、緊急融資も含めたマニュアルを作成している。

④災害時の事業継続計画（BCP）に関しては、取引先に任せているため、自社では特に作成していない。

問題1 答え⑤

①は、新たな未然防止策や再発防止策を不断に講じていく必要があるため、正しくない。②は、マネジャーによるチーム運営の違いはその一因であり、すべての場合ではないため、正しくない。③は、結果の検証は必要であるため、正しくない。なお、結果の検証はPDCAサイクルのCとAにあたる。④は、コンプライアンスとは事業継続計画のことではなく、法令等の遵守であるため、正しくない。

問題2 答え①③④

②は、中核的主題と重要な視点が入れ替わっているため、正しくない。⑤は、業務を「段取り八分、仕事二分」と考えるべきであるため、正しくない。

問題3 答え①②⑤

③は、バッドニュースはすぐに報告する必要があるため、正しくない。④は、緊急時にはマネジャーには平常心と覚悟がともに必要とされるため、正しくない。

問題4 答え整理　整頓　清潔

問題5 答え③④

①②⑤は、バッドニュース発生時のマネジャーとしてあるまじき態度であるため、正しくない。

問題6 答え①②③

④は、災害時の事業継続計画（BCP）に関しては、他社任せにせず、自社で作成する必要があるため、正しくない。

第12章
職場における
リスクマネジメント

ココがポイント

▶ 労働三法など労働法規の多くは強行法規であるため、個別契約で変更できない

▶ 部下から上司へのパワハラ、女性から男性へのセクハラもある

▶ メンタルヘルスやワーク・ライフ・バランスの対策は、企業の生産性に寄与する

1 マネジャーが知っておかなければならない基本知識

マネジャーが最低限、身につけておくべき法律の知識は、憲法 28 条とそれに基づく**労働三法**（労働基準法、労働組合法、労働関係調整法）です。

●労働三法

憲法 28条	労働基本権を規定し、これを具体化した労働三法を制定している	労働基準法	・労働者が人間らしく働くことができるように、労働条件の最低基準を定めた法律 ・「労基法」と略される
		労働組合法	・労働者が労働組合を結成して団体交渉を行い、労働協約を結んだり、争議行為を行ったりすることを保障する法律 ・「労組法」と略される
		労働関係調整法	・労働争議の予防や解決を目的とした法律 ・斡旋、調停、仲裁や、争議行為の制限禁止などを定めている

また、次の表のように、労働関係を規律する法律が制定されています。代表的な法令を押さえておきましょう。

●主な労働関係法令

分類	代表的な法令
労働関係	労働基準法、労働契約法、労働組合法、労働関係調整法
雇用関係	職業安定法、労働者派遣事業法、パートタイム労働法、男女雇用機会均等法、障害者雇用促進法
安全衛生関係	労働安全衛生法、じん肺法
労働保険関係	雇用保険法、労働者災害補償保険法
生活安定関係	最低賃金法、勤労者財産形成促進法、育児・介護休業法、労働金庫法、中小企業退職金共済法

　なお、労働関係法規の多くは**強行法規**である点が重要です。この強行法規とは、当事者が労働法規と異なった内容を取り決めることができない規定をいいます。たとえば、労働法規と異なる（違反する）雇用契約を結んでも、その違反している部分は無効になります。

労働条件

（1）賃金

　賃金とは、賃金、給料、手当、賞与その他名称を問わず、使用者が労働者に**支払うすべてのもの**をいいます（労働基準法 11 条）。なお、賃金の額は、労働者の最低限の生活を保障する観点から、最低賃金法によって最低賃金を保障しています（労働基準法 28 条、最低賃金法 1 条）。

　最低賃金の対象となる賃金には、**皆勤手当**、**通勤手当**、**家族手当**、**残業手当**などは含まれません。あくまでも基本的な賃金（**基本給**）に限られます。

　このほか、出来高払い制の場合も「労働時間に応じ**一定額の賃金を保障する**」ことが、**労働基準法**により義務づけられています（労働基準法 27 条）。仮に出来高がゼロでも最低の保障給は発生します。

（2）労働時間

　使用者は、原則として労働者に、1 日 8 時間、1 週間につき 40 時間を超え

出来高払いの保障制度　出来高払い制やその他の請負制で使用する労働者については、使用者は労働時間に応じて一定額の賃金の保障をしなければならないことが定められています。

て労働させてはなりません（労働基準法32条）。もし労働者に時間外労働（残業）をさせる場合は、労働者の過半数代表者（組合を含む）と書面による協定（三六協定）を締結し、所轄の労働基準監督署長に届け出る義務があります。

　また、労働基準法で認められている制度として、**みなし労働時間制**と**変形労働時間制**があります。まず、みなし労働時間制は、営業職の社員など、事業所外での業務に従事した場合に労働時間を算定することが難しいときは、原則として通常の所定労働時間を**働いたものとみなす**、というものです。ただし、事業所外みなし労働時間制には、次のような例外があります。

CHECK　事業所外みなし労働時間制の例外

事業所外みなし労働時間制では原則残業代は発生しませんが、右記の場合には割増賃金を支払う必要があります。

1 午後10時**以降の深夜または**法定休日**の作業**

2 所定労働時間外**の内勤作業**

　一方、**変形労働時間制**（1カ月単位、1週間単位、1年単位）は、業務の繁閑に差がある場合に、それにあわせて労働時間を設定することが認められているというものです。基本的に、その期間の労働時間が**平均して週40時間**以内であれば、1日8時間を超える労働も認められます。

アドバイス

「フレックスタイム制」とは、コアタイムを決め、始業時刻と終業時刻の決定を個々の労働者に委ねる制度です。また、「裁量労働制」とはみなし労働時間制の一種で、専門業務型（労使協定で決定）と企画業務型（労使協定で決定）があります。

（3）休日

　休日とは、労働者が**労働義務**を負わない日のことで、使用者は少なくとも週1日の休日を与えなければならないと、法律で定められています（労働基準法35条）。

三六協定　労働基準法36条に基づいて、労使間で締結する時間外・休日労働に関する協定をいいます。

また、**年次有給休暇**については、労働基準法上の週休制とは別に、次のように定められます。

●年次有給休暇

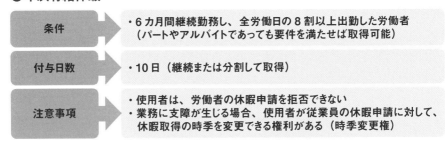

条件	・6カ月間継続勤務し、全労働日の8割以上出勤した労働者 （パートやアルバイトであっても要件を満たせば取得可能）
付与日数	・10日（継続または分割して取得）
注意事項	・使用者は、労働者の休暇申請を拒否できない ・業務に支障が生じる場合、使用者が従業員の休暇申請に対して、休暇取得の時季を変更できる権利がある（時季変更権）

(4) 休憩時間

　休憩時間とは、労働時間の途中に設けられた、労働者が労働から離れることを保障された時間をいいます。使用者は労働者に対して少なくとも次の休憩時間を与えることが義務づけられています（労働基準法34条）。

●休憩時間

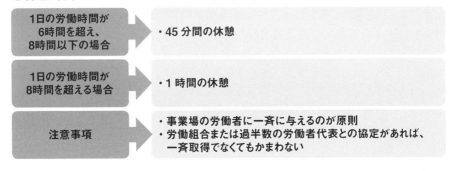

1日の労働時間が 6時間を超え、 8時間以下の場合	・45分間の休憩
1日の労働時間が 8時間を超える場合	・1時間の休憩
注意事項	・事業場の労働者に一斉に与えるのが原則 ・労働組合または過半数の労働者代表との協定があれば、一斉取得でなくてもかまわない

(5) 育児休業・介護休業

　育児・介護休業法は、育児や家族の介護を行う労働者の福祉に関する法律です。介護休業や育児休業の場合、賃金は支払われませんが、**雇用保険**が適用されます。

　専門業務型裁量労働制　研究開発や情報処理システム分析、取材などの業務のように、業務遂行の方法等を大幅に労働者の裁量に委ねる必要がある場合に、あらかじめ定めた時間を働いたものとみなす制度です。

●育児・介護休業法

	ポイント
育児休業 制度	・休業のため、賃金は支払われない ・原則、制度を利用できるのは、子が 1 歳に達するまで ・両親ともに育児休業を取得する場合、子が 1 歳 2 カ月に達するまで ・保育所がみつからない、配偶者にやむを得ない事情があるなどの場合、子が 1 歳 6 カ月に達するまで ・取得する者の男女は問わない。また、子が実子であるか養子であるかも問わない ・使用者は、解雇その他の不利益な取り扱いはできない
介護休業 制度	・休業のため、賃金は支払われない ・対象家族 1 人につき、通算して 93 日まで、3 回を上限として介護休業を分割して取得できる ・使用者は、解雇その他の不利益な取り扱いはできない

第12章 職場におけるリスクマネジメント

(6) 男女差別の禁止

労働基準法や男女雇用機会均等法などによって、原則として男女の差別は禁止されています。具体的には女性の妊娠や出産における雇用差別（いわゆるマタハラ）の防止措置などが、近年は注目されています。

●男女差別の禁止

	ポイント
労働 基準法	・労働者が女性であることを理由に、賃金について男性と差別的取り扱いをしてはならない（労働基準法 4 条） ・業務内容、能力、年齢、勤続年数などの合理的理由によって賃金を区別することは問題ない ・男女の身体的特徴の違いから、女性社員に対して特別な保護規定を設けている
男女 雇用機会 均等法	・労働者の募集、採用、配置、昇進、退職、定年、解雇などの事項について、男女が均等な機会、待遇を確保できるように、措置を講じることを求め、性別による差別的取り扱いをしてはならない

アドバイス

労働者の募集では、「男性歓迎」「女性向きの職種」などの表示を行うことも禁止されています（平成 18 年 10 月 11 日厚生労働省告示 614 号）。

企画業務型裁量労働制　労使委員会の決議により企画・立案・調査・分析業務に従事する従業員が対象。業務遂行の方法等を大幅に従業員の裁量に委ね、あらかじめ定めた時間を働いたものとみなす制度です。

雇用

（1）雇用形態の違い

　企業が雇用する労働者には、正規雇用（正社員）のほかに、パートタイマーやアルバイト、契約社員、派遣社員などの非正規雇用の労働者がいます。

●非正規雇用の労働者の区分

	ポイント
パートタイマー・アルバイト	・労働時間が短い ・パート法（短時間労働者の雇用管理の改善に関する法律）が適用される（フルタイム勤務の契約社員には適用されない）
契約社員	・労務を提供する企業と直接雇用契約を締結（有期雇用）
派遣社員	・労働者は人材派遣会社と雇用契約を、人材派遣会社は派遣先企業と労働者派遣契約を締結 ・労働者は派遣先企業の指揮命令を受ける

　なお、非正規雇用の労働者についても、次の要件に該当する場合には、使用者には雇用保険や社会保険に加入させる義務が発生します。

●非正規雇用の雇用保険と社会保険

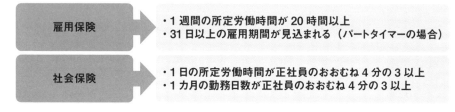

雇用保険	・1週間の所定労働時間が20時間以上 ・31日以上の雇用期間が見込まれる（パートタイマーの場合）
社会保険	・1日の所定労働時間が正社員のおおむね4分の3以上 ・1カ月の勤務日数が正社員のおおむね4分の3以上

　また、マネジャーは、請負労働者に対する対応について理解しておく必要があります。請負労働者とは、業務を受発注する事業者間の業務請負契約に基づいて、発注者の事業所で業務に従事する労働者をいいます。しかし、マネジャーは請負労働者に対して直接的な指示（指揮命令）などはできません。もし指示

（指揮命令）を出したい場合は、請負企業の**責任者**を通じて指示をする必要があります（一方、派遣労働者に対しては、直接的な指示をすることができます）。

なお、仕事の発注の仕方が**請負契約**であるにもかかわらず、現場の仕事の指揮命令を発注元の企業が直接行う場合は**偽装請負**となります。偽装請負は**職業安定法違反**であるため、現場のマネジャーにも**罰則規定**が適用されることがあります。

（2）未成年者雇用の留意点

労働基準法では、**親権者**が**未成年者**に代わって労働契約を結ぶことを禁止しています。これは、肉体的・精神的な**未熟**さを考慮し、一般の従業員より**保護**が必要であるとされるためです。

CHECK　未成年者雇用の留意点

1　児童（満15歳に達した日以後の最初の3月31日までの者）は原則、社員として雇用できない

2　年少者（満18歳未満の者）は、午後10時から午前5時までの深夜労働を禁止

3　親権者が未成年に代わって労働契約を結ぶことを禁止。未成年者が労働契約を結ぶ場合は、親権者の同意を得て、自分で結ぶ

部下の労働条件は就業規則が基本となるため、マネジャーは自社の就業規則をよく知っておく必要があります。就業規則の内容を理解していないと、人事労務管理を適切に行うことができません。

▌働き方改革のポイント

2019年4月より働き方改革関連法案の一部が施行されました。働き方改革は大企業、中小企業共に重要な経営課題となっています。テレワークも含め、次のポイントを押さえましょう。

偽装請負　仕事の発注の仕方が請負契約であるにもかかわらず、現場の仕事の指揮命令は発注元企業が直接行うなどの偽装契約をいいます。

(1) 働き方改革の背景

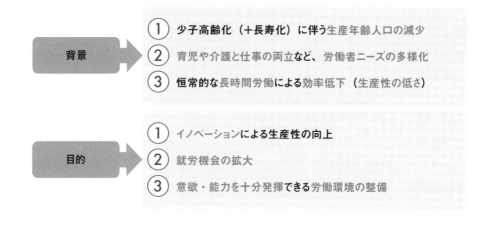

背景	①	少子高齢化（＋長寿化）に伴う生産年齢人口の減少
	②	育児や介護と仕事の両立など、労働者ニーズの多様化
	③	恒常的な長時間労働による効率低下（生産性の低さ）

目的	①	イノベーションによる生産性の向上
	②	就労機会の拡大
	③	意欲・能力を十分発揮できる労働環境の整備

(2) 働き方改革関連法

法律	内容
① 労働基準法	長時間労働の是正、柔軟で多様な働き方などの実現等
② 労働契約法	同一労働同一賃金など雇用形態にかかわらない公正な待遇の確保
③ パートタイム労働法	同一労働同一賃金など雇用形態にかかわらない公正な待遇の確保
④ 労働者派遣法	同一労働同一賃金など雇用形態にかかわらない公正な待遇の確保
⑤ 労働時間等設定改善法	勤務時間インターバル
⑥ 労働安全衛生法	長時間労働の是正、柔軟で多様な働き方などの実現等

(3) 働き方改革のポイント

①労働法制時間の見直し（大企業は 2019 年 4 月 1 日、中小企業は 2020 年 4 月 1 日実施）

働き方改革　働き方改革は首相官邸の進める SDGs（持続可能な開発目標）の一環と考えられます（SDGs は P18 参照）。

	ポイント
① 法定労働時間を超える残業の上限規制と労働時間の客観的な把握義務（労働基準法）	通常は原則として月45時間以内、年間360時間以内が労働時間の上限だが、「臨時的な特別の事情」があり三六協定で労使が合意していれば、以下の条件での時間外労働が可能となる 1. 年間の時間外労働は720時間以内（12カ月で割れば月平均60時間） 2. 休日を含んで、2カ月ないし6カ月平均は80時間以内 3. 休日労働を含んで単月は100時間未満 4. 原則である月45時間を超える時間外労働は年間6カ月以内 ▶これに違反すれば、使用者への罰則として6カ月以下の懲役または30万円以下の罰金が科せられる
② 勤務間インターバル制度の導入（努力義務）（労働基準法、労働時間等設定改善法）	前日の終業時刻から翌日の始業時刻まで一定以上の時間を設ける。労働者の生活時間や睡眠時間の確保
③ 高度プロフェッショナル制度（労働基準法）	高度の専門的知識等を有し、職務の範囲が明確で一定の年収要件を満たす労働者を対象として、労使委員会の決議及び労働者本人の同意を前提として、年間104日以上の休日確保措置や健康管理時間の状況に応じた健康・福祉確保措置等を講ずることにより、労働基準法に定められた労働時間、休憩、休日及び深夜の割増賃金に関する規定を適用しない制度のこと
④ 年次有給休暇の確実な取得（労働基準法）	年次有給休暇が10日以上付与される労働者に対し、以下のいずれかの方法で年5日以上の年次有給休暇を、労働者ごとに時季を指定して取得させる義務のこと 1. 労働者本人の意見を聴取した上での時季指定 2. 労働者自らの請求・取得 3. 計画年休 ▶これに違反すれば（6カ月以下の懲役または）30万円の罰金の罰則規定がある。その他、上記とは関係なく労使協定による時間単位での有給取得も5日を限度として可能

②雇用形態にかかわらない公正な待遇の確保（大企業は2020年4月1日、中小企業は2021年4月1日実施）、いわゆる同一労働、同一賃金（労働契約法、パートタイム労働法、労働者派遣法）

CHECK 同一労働同一賃金

　同一労働同一賃金の導入は、同一企業・団体におけるいわゆる正規雇用労働者（無期雇用フルタイム労働者）と非正規雇用労働者（有期雇用労働者、パートタイム労働者、派遣労働者）の間の不合理な待遇差の解消を目指すもの（ただし、罰則規定はなし）。

第12章 職場におけるリスクマネジメント

なお、派遣労働者に関しては同一労働同一賃金逃れなどのため、偽装請負に対して注意が必要。偽装請負は労働者派遣法違反であるだけではなく職業安定法の違反となります。

（4）テレワークの普及

　世界の先進国に比べてその普及が遅れていたテレワークが、働き方改革や新型コロナウイルス（COVID-19）の影響で国内でも普及し始めています。マネジャーはテレワークの労働者に対して残業や休日など通常と同様の労働時間の管理が求められます。また、マネジャーは労働者のメンタル面の変化や身体の変化を察知する努力が求められます。

　なお、テレワークには以下の形態があります。

テレワークの種類	説明
在宅勤務型	自宅において業務に従事
モバイルワーク型	顧客先、移動中、出張中、喫茶店や宿泊先などでパソコンやスマートフォンを用いて業務に従事
サテライトオフィス勤務型	小規模なオフィス、レンタルスペースなどで業務に従事

※近年はサテライトフィスの一種であるシェアオフィスの利用も増加している。

●テレワークと職場のリスクマネジメント

管理項目	リスク管理の視点
労働時間	・テレワーク労働者に対しても、使用者は労働時間を適正に把握する義務を負う ・労働基準法上の時間外・休日労働に関する規則は、通常の労働者と同様に適用される ・テレワークでも三六協定の締結・届出及び割増賃金の支払いが必要
休憩時間	・休憩時間に関する労働基準法34条の規定は、テレワークに従事する労働者にも適用される
メンタルヘルス（部下のストレスへの気づき）	・テレワークは孤独感などメンタルヘルスに不調をもたらす例がある（メンタルヘルスについてはP218参照） ・マネジャーはテレワークに従事する労働者の精神面や身体の変化を察知することが重要 →日常業務の連絡の頻度を増やし雑談も交える →顔を合わせてのミーティングを月に何度かセッティングする →定期的な出社の機会をつくる ※「家族による労働者の疲労蓄積度チェックリスト（2023年改正版）」（厚生労働省）が参考になる

2 ハラスメントを防止するために

　ハラスメント（職場での脅かし、嫌がらせ）には、主なものとして**セクシュアル・ハラスメント（セクハラ）**と**パワー・ハラスメント（パワハラ）**などがあります。なお、セクシュアル・ハラスメントとジェンダー・ハラスメント、LGBT 差別などは別個の概念ですが、性的相違に由来する嫌がらせであるという点や、その対策などに共通する部分があります。

セクシュアル・ハラスメント

　セクシュアル・ハラスメント（セクハラ）は、一般的に「性的嫌がらせ」という意味で用いられます。セクハラは一般に、**対価型セクハラ**と**環境型セクハラ**の２つに大きく分類されます。

●対価型セクハラと環境型セクハラ

対価型セクハラ	・労働者の意に反する性的要求に応じるか否かで、その労働者が労働条件について、解雇や降格、減給などの不利益を受けること ・上司が加害者である場合が多い （例）解雇しないことを条件に性的行為を強要する 　　　交際を求めたが拒否されたため、相手を左遷する
環境型セクハラ	・労働者の意に反する性的な言動によって、労働者の職務遂行や能力の発揮に支障が生じ、職場環境が損なわれること ・同僚や部下も加害者になる場合がある （例）必要がないのに相手の体に触る　特定社員の性的なうわさ話をする 　　　職場にヌード写真のカレンダーを貼る

　なお、セクハラは男性が女性に対して行うものと思うかもしれませんが、**女性が男性**に対して行う場合もあります。また、職場でセクハラが発生した場合、会社は**使用者責任**（民法 715 条）や**債務不履行責任**（民法 415 条）を問われるおそれがあります。**使用者責任**は「原則として会社は被害者に損害賠償をする必要があること」、**債務不履行責任**は「職場環境配慮義務に違反し、セクハラが起こりやすい状況でセクハラが起こったときは、会社に責任が発生すること」とされています。

ジェンダー・ハラスメント　男らしさや女らしさの物差しから外れたと思われる態度や言動に対し、嫌がらせや非難をすること。たとえば、「女性のお茶くみ」は性別役割を意識した業務差別です。

パワー・ハラスメント

パワー・ハラスメント（パワハラ）とは、職務上の地位や立場などの優位性を利用した嫌がらせをいいます。パワハラは、男性が女性に対して、また上司が部下に対して行うものと思うかもしれませんが、女性が男性に、また部下から上司に対して行う場合もあります。

CHECK　パワー・ハラスメントの行為

▶ 身体的な攻撃（暴行、傷害）

▶ 精神的な攻撃（脅迫、暴言）

▶ 人間関係からの切り離し（隔離、仲間外れ、無視）

▶ 過大な要求
（業務上不要なことや遂行不能なことの強制、仕事の妨害）

▶ 過小な要求
（業務上の合理性がなく、能力や経験とかけ離れた
レベルの低い仕事を命じること、仕事を与えないこと）

▶ 個の侵害（私的なことに過度に立ち入ること）

ハラスメントの予防

ハラスメントの発生を未然に防ぐためには、組織がハラスメントの問題を認識し、防止するための取り組みを全社員に明確に周知することです。

●ハラスメントの予防

対策	ポイント
① ハラスメント問題に関する方針の策定と公表	・PDCA サイクルの P にあたる ・組織の方針を明確化する ・職場風土の改善を図る
② ハラスメント問題とその対策の周知徹底	・PDCA サイクルの D にあたる ・社内研修などで、ハラスメントの実態を理解させたり、対応策を習得させたりする
③ 就業規則、組織内の規程の整備	・PDCA サイクルの C と A にあたる ・就業規則や服務規律を整備する ・マニュアルを作成する ・相談窓口を設置する

ハラスメントへの対応

　ハラスメントが発生した場合の対応は、被害者のプライバシーに最大限、配慮しなければなりません。

●ハラスメントへの対応

手続き	ポイント	PDCAの分類
初動対応	被害者の保護・手当て、情報の収集と共有	P
事実の調査	被害者、加害者、および必要に応じて第三者からの事情聴取	P
状況の改善	加害者への謝罪勧告、被害者の労働条件上の不利益の回復	D
関係者の処分など	加害者への懲戒処分、処分内容の開示、対処方針の周知徹底	D
再発の防止	社内報などによる周知徹底、社内研修	C

●セクハラとパワハラ防止対策の実効性強化のポイント

対策	ポイント
セクハラ、パワハラなど各種ハラスメント防止関連法の改正	・2019年5月、女性活躍推進法（女性の職業生活における活躍の推進に関する法律（女性活躍の推進強化）、育児介護休業法、男女雇用機会均等法（セクハラ関連の改正）、労働施策総合推進法（パワハラ関連の改正）等など5つの法律が改正。2020年6月1日施行
女性活躍推進の「一般事業主行動計画」策定の義務づけ拡大	・改正後は社員101人以上の企業に拡大。なお、改正前は社員301人以上の企業に義務づけ
育児・介護休業等に関するハラスメント防止策の実効性強化内容	・労働者に対する事業主の解雇など不利益な取り扱い禁止 ①労働者が育児・介護休暇に関する相談を行ったこと ②事業主による相談への協力要請時、事実を述べたこと ・事業主は必要な配慮実施、防止措置への努力義務あり ・労働者の側にも育児・介護休暇への注意と事業主のハラスメント防止措置に協力する努力義務あり ※育児・介護休暇に関するハラスメントのうち、育児休業に関するものはマタハラ（マタニティハラスメント）と呼ばれることがある
セクハラ防止策の実効性強化内容	・労働者に対する事業主の解雇など不利益な取り扱い禁止 ①労働者がセクハラに関する相談を行ったこと ②事業主による相談への協力要請時、事実を述べたこと ・他社の労働者等からセクハラを受けた場合の他社への協力要請、他社の労働者などにセクハラを行った場合、他社からの協力要請などへの事業主の対応努力義務の明確化 ・セクハラ研修の実施と必要な配慮実施 ・労働者の側にもセクハラへの注意と事業主のセクハラ防止措置に協力する努力義務あり

対策	ポイント
パワハラ防止法 （対策強化内容）	・事業主の雇用管理上の措置義務 　労働者からのパワハラ相談に応じ、適切に対応するための 　体制の整備、その他雇用管理上必要な措置を講じる義務 　（労働施策総合推進法、2020年6月1日施行　※中小企業は 　2022 年 3 月までは努力義務）。 　措置を講じない場合は是正指導の対象となる ・労働者に対する事業主の解雇など不利益な取り扱い禁止 　①労働者がパワハラに関する相談を行ったこと 　②事業主による相談への協力要請時、事実を述べたこと ・パワハラ研修の実施と必要な配慮実施 ・パワハラの定義の明確化 　①優越的な関係を背景とした 　②業務上必要かつ相当な範囲を超えた言動による 　③就業環境を害すること 　（身体的もしくは精神的な苦痛を与えること） 　ただし、適正な業務指示・指導はパワハラに該当せず ・労働者の側にもパワハラへの注意と 　事業主のパワハラ防止措置に協力する努力義務あり

③ メンタルヘルス

部下のストレスへの対応

（1）部下のストレスへの気づき

　高度情報化社会の進展、仕事における効率重視の傾向、社会とのつながりや交流機会の喪失などによって、企業ではメンタルヘルス（心の健康状態）の問題が大きくクローズアップされています。そのため、マネジャーは、ストレスが蓄積してメンタルヘルスの問題に突き当たった部下への対応を求められます。

（2）マネジャーが配慮すべき部下のストレス要因

　メンタルヘルスでは、マネジャーは部下の心のストレスに気づくことが大切です。そのためには、日常的に部下の様子を観察すること、様子がおかしいと思ったときは声かけを行うことを心掛けましょう。そして、メンタルヘルスの判断は医師に任せ、マネジャー自身は決して決めつけないようにしましょう。

マネジャーも、自分自身のストレス診断などを参考にしてストレスに対処することで、メンタルヘルスの理解を深めることにもつながります。

CHECK メンタルヘルスにおけるマネジャーの配慮

1 観察 部下の通常の状態を把握しておき、時系列で比較したり、仕事上の変化を比較したりする

2 声かけ 部下の変化に気づいたら、声をかけて心身の状態を確認する

3 決めつけない 「病気である」「病気でない」はマネジャーが決めつけず、診断は医師に任せる

(3) 部下の変化を早期に発見するためには

部下の変化は身体面の反応、心理面の反応、行動面の反応などに出てきますので、注意しましょう。

●ストレス反応の種類と特徴

種類	特徴	具体例
身体面の反応	当人が体調の変化を自覚しやすい	頭痛、肩こり、動悸・息切れ、胃痛、便秘・下痢、食欲低下、不眠など
心理面の反応	当人が体調の変化を自覚しやすいが、どう対処したらよいかわからない	活気の低下、不安、緊張、抑うつ（気分の落ち込み、無気力）など
行動面の反応	生活や仕事振りに変化が現れるため、周囲に気づかれやすい	飲酒・喫煙の量の増加、遅刻・欠勤の増加、仕事上のミスや事故の増加など

ストレスが心身に与える影響

(1) ストレスと身体の健康

人にストレス要因（ストレッサー）が加わると、ストレス反応と呼ばれる身体面、心理面または行動面における変化が現れますが、ストレスが与える健康面の影響としてストレス関連疾患（心身症）があります。

心身症には、ストレスによってほかのメンバーと一緒に仕事の成功や失敗を喜び悲しむなどの感情表現ができないアレキシサイミアなどがあります。

(2)ストレス関連疾患（心身症）

　心身症は、その発症や経過に**心理社会的因子**（業務に関連した**ストレス**を含む）が関与していますが、**器質的障害**（胃潰瘍など）や**機能的障害**（緊張型頭痛など）が認められる身体疾患とされます。そのため精神疾患ではありません。

●心身症の特徴

アレキシサイミア	・「失感情症」「失感情言語化症」などと訳される ・自分の感情についての認識や、言葉による感情表現が難しい
過剰適応	・感情を殺してまで自分の行動を他人に合わせる ・我慢を重ねることで、ストレス反応が生じる
タイプA 行動パターン	・仕事に没頭しすぎる ・心筋梗塞や狭心症などがみられる

　また、企業の従業員に現れる代表的な心身症として、**過敏性腸症候群**や**緊張型頭痛**、**摂食障害**（食欲不振や過食症）などが挙げられます。あわせて押さえておきましょう。

(3)メンタルヘルス不調

　心身症が精神疾患ではないのに対して、うつ病などのメンタルヘルス不調は精神的な障害とみなされたものです。メンタルヘルス不調にはうつ病、**双極性障害**（躁うつ病）、**統合失調症**、**アルコール依存症**、**パニック症**、**適応障害**、**睡眠障害**などが挙げられます。**メンタルヘルスケア**は、労働者の健康の維持・増進のための具体的な措置の1つです。

■ ストレスチェック制度

　ストレスチェック制度は、**ストレスチェック**、**面接指導**、**集団分析**で構成され、その結果（**実施年月**、**在籍労働者数**、**検査を受けた労働者数**、**面接指導を受けた労働者数**、**集団ごとの分析の実施の有無**）を1年以内ごとに1回、労働基準監督署長へ報告することが義務づけられています。

メンタルヘルス不調　精神障害や自殺のみならず、ストレスや強い悩み、不安など、心身の健康、社会生活や生活の質に悪影響を与えるおそれがある状態をいいます。

●ストレスチェック制度

実施する内容	ポイント
ストレスチェック	・従業員50人以上の事業所に、1年以内ごとに1回実施を義務づけ （50人未満の事業所は努力目標） ・本人の同意なく、事業者に検査結果を提供してはならない
面接指導	・労働者から事業者へ申出があった場合、医師による面接指導を実施 （労働者への不利益取扱いの禁止） ・就業上の措置（作業転換、時短など）を講じる
集団分析 （部や課ごとで実施）	・実施者（医師等）に集計・分析させ、必要に応じて労働者の負担を 軽減するための措置を講じる

4 ワーク・ライフ・バランス

ワーク・ライフ・バランス憲章

　ワーク・ライフ・バランスとは、仕事と生活の調和という意味です。2007年に内閣府が中心となって策定した「仕事と生活の調和（ワーク・ライフ・バランス）憲章」では、仕事におけるやりがいや充実感と、生活におけるクオリティ・オブ・ライフの向上を両立させることを目指しています。ワーク・ライフ・バランスでは特に、子育て期や中高年期といった人生の各段階に応じた多様な生き方が選択・実現できる社会を目指しています。

CHECK 仕事と生活の調和（ワーク・ライフ・バランス）憲章

	区分	ポイント
1	就労による経済的自立が可能な社会	・積極的な能力開発 ・パートから正規雇用などへの移行
2	健康で豊かな生活のための時間の確保	・長時間労働の抑制や年次有給休暇の消化 （数値目標）有給休暇の取得率改善
3	多様な働き方・生き方の選択	・育児・介護休業、短時間勤務、在宅勤務、テレワーク （数値目標）男性の育児休業取得率改善

ストレスチェック制度　労働者のメンタルヘルス不調の未然防止や、職場環境整備の必要性の高まりにより、2015年12月から事業者に労働者のストレスチェックや面接指導の実施が義務化されています。

第12章 職場におけるリスクマネジメント

ワーク・ライフ・バランス実現のメリット

　ワーク・ライフ・バランスの実現によって、労働者には**健康の維持**、**プライベートと仕事の両立**、**クオリティ・オブ・ライフ**（生活の質）の向上がもたらされます。また企業にとっても、**生産性の向上**、**入社希望者の増加**と**優秀な人材の確保**が期待できます。

ワーク・ライフ・バランスの実現

　マネジャーは、**職場風土の改善**に率先して取り組み、部下のワーク・ライフ・バランスの実現を支援する必要があります。特に、**多様な働き方**を実現できるように、部下の仕事の**割り振り**などに配慮することがポイントです。

　内閣府が掲げている企業のワーク・ライフ・バランス推進の成功事例では、妊娠中や職場復帰後の女性社員の相談窓口の設置、小学校就学前の子供を持つ母親への短時間勤務制度の導入、乳児連れでの勤務施設の設置、家族介護サービス利用費用の助成、事務職1人1台のパソコンの設置と仕事の共有化、年次有給休暇の1時間単位での取得などが挙げられています。マネジャーは会社のワーク・ライフ・バランスの方針を十分に理解して対応しましょう。

5　労働災害防止のための対策

企業が負う安全配慮義務

　使用者である企業は、労働者に対して**安全配慮義務**を負っています。マネジャーは安全配慮義務に基づき、労働者の**安全**と**健康の確保**、**労働災害**の防止対策を推進する必要があります。

安全管理

　安全管理の責任は組織の**代表者**にありますが、**権限委譲**によってマネジャーがその責任を負っていると考えてください。

　労働災害を避けるためには、①「**内在的リスクを想定する**」、②「**発見された**

働き方改革　長時間労働の是正や年次有給休暇の取得推進等を行うことで仕事と生活の両立させること、また、同一労働同一賃金など正規雇用と非正規雇用の処遇格差を改善するための働きかけ等をいいます。

リスクを回避する方法を検討する」、③「リスクを排除する呼びかけを徹底する」ことが求められます。

　先に述べたように、マネジャーには安全管理の役割があります。そのためには、以下の点に留意した行動が求められます。

CHECK マネジャーの安全管理における行動規範

▶ **積極的な**安全行動**を自ら行う**

▶ **安全でない状態や部下の危険な行動は絶対に**見逃さない

▶ **安全管理に積極的な部下をほめる**

▶ **やらなければいけないことと、やってはいけないことを具体的に指示する**

●**労働災害の発生**

① 人的要因

② 物理的要因（機械設備の欠陥、故障など）

③ 外的要因（作業の情報、方法、環境など）

④ 管理上の要因

リスクの想定、回避策の検討、リスク排除の徹底が必要

安全でない状態や人の危険な行動（ヒューマンエラー）につながる

労働災害への事前の対策

　労働者が業務中に負傷した場合、業務災害として認定されると、**労働者災害補償保険法（労災保険法）**に基づき、保険給付がなされます。

　ただし、労災保険法に基づく保険給付は、被災労働者に対して必要最小限のもので、十分ではありません。企業としては、損害賠償の支払い義務といった経済的リスクに備えるためにも、任意の保険や共済に加入することなども検討しましょう。

練|習|問|題

 問題1 マネジャーが知っておかなければならない知識に関する記述で正しいものをすべて選びなさい。

①労働基準法、労働組合法、労働関係調整法、労働契約法の労働関係法令は強行法規であり、個々の雇用契約で変更できない。

②労働基準法には、1日8時間労働、週40時間制や残業制限、年次有給休暇、賃金の支払い方法、就業規則、災害補償などの規定が置かれている。

③労働基準法27条による出来高払い契約の場合には、出来高がない場合には無給になる。

④営業職などのみなし労働時間制の場合でも、内勤の場合の残業や、夜10時以降の深夜労働に関しては割増賃金が発生する。

⑤変形労働時間制もみなし労働時間制も労働組合法上の制度である。

 問題2 休日や休暇、休憩に関する記述で正しいものをすべて選びなさい。

①休日に関しては、6カ月間継続勤務し、全労働日の8割以上出勤した労働者に対して、継続または分割して取得できる10労働日の年次有給休暇が与えられる。

②アルバイトやパートは有給休暇の対象外である。

③使用者は有給休暇の付与に関して時季変更権を持っていないため、労働者の請求時季に有給休暇を与えなければならない。

④休憩時間は、1日の労働が6時間を超え8時間以下の場合には45分、8時間を超える場合には1時間である。

⑤休憩時間は無条件で一斉に与えなければならない。

 問題3 育児休業と介護休業に関する記述で正しいものをすべて選びなさい。

①育児休業は片方の親しか取得することができない。

②育児休業はいかなる場合でも1年までしか取得することができない。

③育児休業の場合でも、使用者は給与を支払わなければならない。

④育児休業の取得による解雇その他の不利益な取り扱いはできない。

⑤介護休業は家族1人につき通算93日まで取得することができる。

⑥子供の介護休業の取得なども認められている。

⑦介護休業の場合には使用者は給与を支払う義務を負わない。

問題4 労働条件や雇用に関する記述で正しいものをすべて選びなさい。

①労働基準法は女性社員に対し坑内業務の就業制限や出産関連など特別な保護規定を設けている。

②業務内容、業務能力、年齢、勤続年数など、合理的な理由により、賃金を区別することは問題ない。

③契約社員とは、フルタイム勤務かつ期間の定めのある点でパートやアルバイトと異なり、企業との直接雇用契約である点で派遣社員と異なる。

④パート・アルバイトにはパート法（短時間労働者の雇用管理の改善等に関する法律）がある。

⑤派遣社員は人材派遣会社と雇用契約を締結し、人材派遣会社の指揮命令を受ける。

問題5 労働条件や雇用に関する記述で正しいものをすべて選びなさい。

①雇用保険は、正規社員は当然として、1週間の所定労働時間が20時間以上、さらに31日以上の雇用が見込まれるパートタイマーなどにも加入させる義務がある。

②社会保険には健康保険、年金保険、雇用保険、労災保険などがある。

③偽装請負とは、実態は労働者の派遣でありながら、請負を装ったものである。請負の場合には請負元の会社が指揮命令を行うが、偽装請負の場合には発注企業が労働者の指揮命令を行うものであり職業安定法違反である。

④児童は18歳になっても最初の3月31日までは原則的に社員として雇用できない。

問題6 ハラスメントに関する記述で正しいものをすべて選びなさい。

①対価型セクハラの場合、上司等だけではなく、同僚・部下も加害者になり得る。特定の社員に関する性的なうわさや職場にヌード写真を貼るのは対価型セクハラである。

②環境型セクハラの加害者は、被害者の労働条件などを左右できる上司等である。性的な要求に応じるか否かで、労働条件について解雇、降格、減給等の不利益を受けるものが環境型セクハラである。

③パワー・ハラスメントは基本、職場における優位性に基づく。しかし、同僚が同僚に対して行うものや部下が上司に対して行うものもある。

④私的なことに過度に立ち入るのは個の侵害と呼ばれるパワー・ハラスメントの一種である。

⑤ハラスメントにおいては被害者のプライバシーに対して最大限の配慮が求められる。

問題7 メンタルヘルスやワーク・ライフ・バランス、労働災害に関する記述で正しいものをすべて選びなさい。

①メンタルヘルスは部下のストレスへの気づきが重要である。そのため、部下の変化に気づく観察や声かけが重要となる。しかし、病気であるかそうではないかは医師などの専門家の判断を仰ぐべきであり、上司は決めつけてはいけない。

②精神疾患ではない「メンタルヘルス不調」にはアレキシサイミア、過剰適応、タイプA行動パターンがある。精神および行動の障害と考えられる「心身症」にはうつ病、双極性障害、統合失調症、アルコール依存症、パニック症、適応障害、睡眠障害などがある。

③ワーク・ライフ・バランスを実現する企業に対する好影響は、生産性の向上、仕事への好影響、優秀な人材を確保できる可能性が高まるなどがある。

④企業には安全配慮義務があるが、労働災害や労災保険の内容をマネジャーは理解する必要はない。

⑤労働災害でマネジャーが管理指導すべきはヒューマンエラーの撲滅である。

問題8 ワーク・ライフ・バランス憲章で定められた「目指すべき社会」に関する記述で正しいものをすべて選びなさい。

①就労による経済的自立が可能な社会
②健康で豊かな生活のための時間が確保できる社会
③休暇によりスポーツや野外活動が楽しめる社会
④多様な働き方・生き方が選択できる社会
⑤人生の各段階に関係なく多様な生き方が選択できる社会

問題9 働き方改革に関する記述で正しいものをすべて選びなさい。

①働き方改革の背景には育児や介護と仕事の両立ニーズ、労働者ニーズの多様化などがある。

②働き方改革の背景には我が国ホワイトカラーの生産性の低さがある。

③パワハラ、セクハラ対策は働き方改革の中で生まれた。

④同一労働同一賃金はパートタイム労働者法、労働者派遣法、労働契約法が絡む。

⑤勤務時間インターバル制度には罰則規定がある。

⑥労働基準法第39条は年次有給休暇について労使協定の下、年間5日の範囲内で時間単位での取得を認めている。これは介護・育児休暇制度を補足する観点から有効である。

問題10 労働時間の見直しに関する記述で正しいものをすべて選びなさい。

①三六協定がない場合、年間の時間外労働時間の上限は原則360時間以内である。

②三六協定がある「臨時的な特別な事情」の場合、時間外労働時間は休日を含んで、2カ月ないしは6カ月の平均は80時間以内でなければならない。

③三六協定がある「臨時的な特別な事情」の場合では時間外労働時間は、単月で休日を含んで100時間を超えてもよい。

④三六協定がある「臨時的な特別な事情」の場合、原則である月45時間を超える時間外労働は年間6カ月以内でなければならない。

⑤使用者には労働時間への適切な把握が求められる。

 問題11 働き方改革とテレワークに関する記述で正しいものをすべて選びなさい。

①テレワークの普及は、働き方改革とは無縁である。

②モバイルワーク型のテレワークとは、主にサテライトオフィスやシェアオフィスでの働き方を指す。

③在宅勤務型のテレワークとは、自宅において業務に従事する働き方を意味する。

④在宅勤務型のテレワークは、新型コロナウイルス（COVID-19）感染の流行が生み出した働く形態である。

⑤モバイルワーク型のテレワークの場合、ノートパソコンだけが対象となる。

問題12 ハラスメントに関する記述で正しいものをすべて選びなさい。

①女性活躍推進法、男女雇用機会均等法、労働施策総合推進法、育児介護休業法はハラスメント対応の法律の柱である。

②労働者が会社に対し育児・介護休暇に関する相談を求めたことを受け、解雇する通知を出した。会社の法務部も顧問弁護士も共に法規的に問題ないと判断している。

③同僚からパワハラを受けたと相談があったが、会社は「同僚どうしのパワハラはあり得ない」と判断し却下した。

④些細なミスをした店長に対して、部下が店長に反省を促すため、店長のミスをソーシャルネットワークで暴露して、さらし者とした。会社は部下の上司に対する行為はパワハラに当たらないと判断し、何もしないでいる。

⑤LGBT（レズビアン、ゲイ、バイセクシュアル、トランスジェンダー）ら性的少数者に対する差別は厚生労働省のセクハラ指針になく、セクハラには当たらないので会社は何もしないでよい。

問題13 テレワークに関する（ア）〜（ク）の中に入れる用語を選択肢からそれぞれ選びなさい。

（　ア　）の観点から、使用者には労働者の（　イ　）の適切な把握が求められます。なお、テレワーク労働者に対しても使用者は（　イ　）の適切な把握の義務を負います。テレワーク労働者にも（　ウ　）の（　エ　）に関する規定が通常の労働者と同じように適用されます。テレワーク労働者の労働時間が（　オ　）を超える場合や（　カ　）に労働を行わせる場合には（　キ　）及び（　ク　）が必要となります。

法定労働時間　　割増賃金の支払い　三六協定の締結・届出
時間外・休日労働　労働時間　健康管理　労働基準法　法定休日
裁量労働

問題14 テレワークとメンタルヘルスに関する記述で正しいものをすべて選びなさい。

①労働基準法34条の休憩時間に関する規定（1日の労働が6時間を超え8時間以下の場合は45分、8時間を超える場合は1時間）は、テレワーク労働者には適用されない。

②テレワーク労働者の健康管理（メンタルの不調や身体の変化）に関しては日常業務での連絡、顔を合わせてのミーティングなど定期的な出社の機会にマネジャーは変化を察知することが重要である。

③部下のメンタルヘルス管理の参考になるものとして、厚生労働省が公開している「家族による労働者の疲労蓄積度チェックリスト」がある。

④テレワークが拡大する中、通勤がなくて楽な反面、仕事とプライベートの切り替えの困難さ、コミュニケーション不足傾向、家から出ないので気分転換の困難さなど、慣れない在宅勤務で「メンタルヘルス不調」に陥ってしまう労働者も増えているとの指摘がある。

問題1 答え①②④

③は、出来高がない場合にも出来高払いの保障制度があり無給にならないため、正しくない。⑤は、労働組合法ではなく労働基準法上の規定であるため、正しくない。

問題2 答え①④

②は、アルバイトやパートも有給休暇の対象のため、正しくない。③は、使用者は有給休暇の付与に関して時季変更権を持っていて休暇の時季を変更できるため、正しくない。⑤は、休憩時間は労働者の過半数代表者または過半数の労働者で構成する組合との話し合いによる協定があれば、一斉休憩時間の代わりに、例外的に個別の取り扱いをすることが認められているため、正しくない。

問題3 答え④⑤⑥⑦

①は、育児休業は両親ともに取得が可能であるため、正しくない。②は、育児休業は必要と認められれば子が1歳6カ月に達するまで取得が可能であるため、正しくない。③は、育児休業の場合には使用者は給与の支払いは不要であり、雇用保険でカバーされる育児休業給付金が出るため、正しくない。

問題4 答え①②④

③は、契約社員は必ずしもフルタイム勤務ではなく、また契約社員もパート・アルバイトもともに期間に定めのある有期雇用にあたるため、正しくない。⑤は、派遣社員は人材派遣会社と雇用契約を締結し、派遣先企業の指揮命令を受けるため、正しくない。

問題5 答え①②③

④は、原則的に社員として雇用できないのは、18歳ではなく、満15歳に達した日以後の最初の3月31日までの者であるため、正しくない。

問題6 答え③④⑤

①は、対価型セクハラの場合ではなく環境型セクハラの場合の記述であるため、正しくない。②は、環境型セクハラではなく対価型セクハラの記述であるため、正しくない。

問題7 答え①③⑤

②は、精神疾患でないのは「メンタルヘルス不調」ではなく「心身症」であるため、正しくない。④は、安全配慮義務があり、労働災害や労災保険の内容をマネジャーは理解する必要があるため、正しくない。

（問題8）**答え①②④**

③は、憲章に述べられていないため、正しくない。⑤は、人生の各段階に応じた多様な生き方が選択できる社会を目指すべきと定められているため、正しくない。

（問題9）**答え①②④⑥**

③は、パワハラ・セクハラ対策は働き方改革以前から対策が取られているため、正しくない。⑤は、勤務時間インターバル制度は日本の場合、努力義務であるが罰則規定はないため、正しくない。

（問題10）**答え②④⑤**

①は、三六協定がない場合、そもそも時間外労働が認められないため、正しくない。③は、三六協定がある「臨時的な特別な事情」の場合、時間外労働時間は単月で休日を含んで100時間未満のため、正しくない。

（問題11）**答え③**

①は、働き方改革はテレワークを促進しているため、正しくない。②は、モバイルワークとは労働者が顧客先、移動中、出張中における宿泊先、交通機関の車内・喫茶店などでノートパソコンやスマートフォンなどを利用する形態であるため、正しくない。④は、テレワークは2020年の新型コロナウイルス感染の出来事以前からあった労働形態であり、正しくない。⑤は、モバイルワークでは顧客先や移動中などにノートパソコン、タブレット、スマートフォンなどを使うため、正しくない。

（問題12）**答え①**

②は、会社は育児・介護休暇に関する相談を求めた労働者に対して不利益な取り扱いを禁止しているため、正しくない。③は、チーム内など同僚の行為もパワハラの対象となることがあるため、正しくない。④は、優越的な地位に立つ部下からの行為もパワハラの対象となることがあるため、正しくない。⑤は、厚生労働省のセクハラ指針ではLGBTもセクハラの対象にしているため、正しくない。

厚生労働省のセクハラ指針では、以下のように述べている。「なお、職場におけるセクシュアルハラスメントには、同性に対するものも含まれるものである。また、被害を受けた者（以下「被害者」という）の 性的指向または性自認にかかわらず、当該者に対する職場におけるセクシュアルハラスメントも、本指針の対象となるものである」。

問題13 **答え ア** 健康管理 **イ** 労働時間 **ウ** 労働基準法
エ 時間外・休日労働 **オ** 法定労働時間 **カ** 法定休日
キ 三六協定の締結・届出 **ク** 割増賃金の支払い

労働時間管理の目的は、残業代などの「適正な賃金の支払い」と、過剰労働の早期発見などの「従業員の健康管理」の2点であることに留意する。

 問題14 **答え②③④**

①は、労働基準法34条の休憩時間に関する規定はテレワーク中の労働者にも適用されるため、正しくない。

第 13 章
業務にかかわる リスクマネジメント

ココがポイント

▶ ヒューマンエラーは必ず起こるため、緊急時対応マニュアルの整備が必要

▶ 製品やサービスのリスクは評判リスクからリコールまで幅広い

▶ クレーム対応は反社会的勢力、信用、環境問題への対応などに注意

1 ヒューマンエラーのリスク対応

　ヒューマンエラー（人為的ミス）とは、人的要因によるミスのことをいいます。このヒューマンエラーは、様々な製品の欠陥や業務上の事故の原因になります。ヒューマンエラーには、不注意などの過失によって発生するものと、故意に不適切な行動をとったために発生するものがあります。

　マネジャーの仕事で最も重要なものの1つは、このヒューマンエラーの撲滅です。たとえば、不注意で朝寝坊をしてしまった部下や、会社のルールであるのに故意に名札をつけない部下がいれば、それらを指導するのも大切な役目なのです。

CHECK　過失によるヒューマンエラー

1 業務内容が正確に伝わらなかったことによる理解不足や誤解

2 業務作業自体の失敗

3 業務への慣れから生じた先入観による判断ミス

4 複数業務を同時並行で作業することによる混乱

5 共同作業における他人への依存による手抜き

6 過重労働の疲労による作業ミス

ヒューマンエラーの防止策

(1) 業務内容が正確に伝わらなかったことによる 理解不足や誤解の防止

マネジャーは部下に業務の指示を出すときは、マネジャーの意図を部下がどれだけ正確に理解しているかということに注意する必要があります。指示をする際は誤解や認識のズレを防ぐため、**図表**や**写真**などの視覚に訴える資料などを使用しましょう。

(2) 業務作業自体の失敗の防止

業務の指示内容は正確に理解できても、作業工程の中で生じる**ヒューマンエラー**はたくさんあります。これらのヒューマンエラーは、様々な知覚能力を良好な状態に保つ工夫を施すことで、防止することが可能です。また、作業効率を改善したり、労働安全を図ったりすることができます。次に示すのは、ヒューマンエラーを防止するための工夫の一例です。

CHECK ヒューマンエラーを防止するための工夫

1 間違えやすい数字やアルファベットなどを使用しない

2 作業のし忘れを防ぐため、メモを取る

3 既決箱と未決箱を色違いのボックスに変える

4 作業工程を色分けして、進捗状況をわかりやすくする

5 作業工程に沿って資材の配置方法や場所を整理する

6 照明を適正な照度に調整して、作業環境を整える

7 安全点検は複数人で、声に出して行う

8 騒音対策が必要な場合、ノイズキャンセル・ヘッドホンの着用を義務づける

ヒューマンエラーの防止については、アメリカの安全技術者であるH・W・ハインリッヒが提唱した「**ハインリッヒの法則**」についても理解しておきましょう。この法則は、日本では「ヒヤリハット」とも呼ばれます。

なお、厚生労働省のウェブサイトでは、「職場のあんぜんサイト」というページで**ヒヤリハット**の事例を多数紹介しています。事例は「墜落、転落」「転倒」「激突」「飛来・落下」「崩壊・倒壊」「はさまれ・巻き込まれ」「感電・火災」など、計15のテーマで分類されているので、確認してみましょう。

●ハインリッヒの法則

1件の
重大な事故・災害

> 1件の重大な
> 事故・災害の陰で、
> 29件の軽微な事故災害が
> 発生している

29件の
軽微な事故・災害

> さらにその陰で、
> 「ヒヤリ」あるいは
> 「ハッと」するような小さな事故が
> 300件発生している

300件の
ヒヤリハット

　日々の業務では、重大な事故や災害に至らなくても、軽微な事故やヒヤリハットのような小さな事故が数多く発生しています。つまり、重大な事故や災害の前には必ず**予兆**があり、マネジャーはその予兆を見逃さず、ヒューマンエラーを**未然**に防ぐことが求められます。

CHECK **ヒューマンエラーを未然に防ぐポイント**

1 ヒヤリハットに関する事例を、部下に**レポート**で**提出させる**

2 ヒヤリハットに関する事例について、その状況や発生原因を**話し合う**

3 ヒヤリハットが発生した各場面にあった予防策や対応策を**検討**する

4 組織・チーム内で対応策を**共有する**

---

(3) 業務の慣れから生じた先入観による判断ミスの防止

　人は業務に慣れすぎると、**思い込み**による判断ミスが生じます。慣れから生じた思い込みを防止するためには、**業務記録**や**作業点検シート**を活用して、作業や点検をスキップさせない工夫が必要です。

アドバイス

慣れから生じる判断ミス、慣れや先入観によるミスはよく起こります。自分自身の経験を思い浮かべてみましょう。

（4）複数業務を同時並行で作業することによる混乱の防止

　マネジャーも部下も、様々な業務を同時進行で行っている場合がありますが、これもミスが生じる原因になります。基本的には、業務に**優先順位**をつけ、1つの業務が終えた後に別の業務に取り掛かります。どうしても同時進行の業務が発生した場合は、書類を明確に区別するなど、ほかの業務と混同しないように**作業環境**を整えましょう。

（5）共同作業における他人への依存による手抜きの防止

　複数人で業務を進める場合、「**他人への依存による手抜き**」に注意が必要です。これは共同作業を行う際、集団の人数が増えると個人に手抜きを容認する心理が芽生えることをいいます。共同作業における考え方の基本は、**リーチングアウト**（お互いに援助の手を伸ばせる仕事の姿勢）です。人の仕事に関心を持って、いつでも協力できる姿勢を維持することが大切です。

（6）過重労働の疲労による作業ミスの防止

　ヒューマンエラーは、肉体的・精神的に**過度な業務**を継続することでも発生します。マネジャーは、適度な休憩などを取るように指示しましょう。また、部下の業務が過重になっていないかといった配慮も必要です。

第13章 業務にかかわるリスクマネジメント

② 製品やサービスに関するリスク

「質」にかかわるリスクへの対応

　製品やサービスの質に関するリスク対応には、**緊急対応**や、**行政処分**（営業許可の取消しリスク）への対応、**レピュテーションリスク**（評判リスク、風評リスク）への対応、**リコール**などがあります。

（1）緊急対応

　緊急対応を必要とする食中毒の例で考えてみましょう。

他人への依存による手抜き（社会的手抜き）　集団で共同作業を行う際、1人当たりの作業量が人数の増加に伴って低下する現象のこと。「リンゲルマン効果」や「フリーライダー現象」ともいいます。

●緊急対応（食中毒の例）

対応	ポイント
① 初動	・救急車の出動要請、専門医による治療 ・関係各部署に緊急連絡、同種同等の製品の販売停止
② 顧客への対応	・事情説明、調査の進捗状況の報告 ・見舞品や見舞金を贈る（ただし、補償・賠償などは責任の所在が明確になった後に行う）
③ 保健所対応	・速やかに保健所（食品衛生担当官）に連絡 ・保健所の調査に協力（原因調査は保健所の管轄）
④ その他の緊急対応	・製品の自主回収 ・患者以外の顧客への事情説明

（2）行政処分・レピュテーションリスク（評判リスク・風評リスク）

　食中毒の例では、場合によっては営業許可の取消しや営業の禁止または停止などの行政処分を受けることがあります。また、その対応によっては安全管理体制の不備や対処の遅れ等について、批判的な報道がなされる場合があります。

●レピュテーションリスクへの対応（食中毒の例）

対応	ポイント
① 速やかな原因究明	・検査や調査への協力を関係各部署または消費者に依頼する
② 再発防止策・予防および改善策の策定と教育訓練の実行	・再発のリスクを回避・低減する ・補償などに備えて保険に加入する ・原因が他組織にある場合、改善措置が講じられるまで取引を停止する ・業務マニュアルの改善や部下の教育訓練を行う

Ⅽ HECK　製造物責任(PL:Product Liability)

　製品の欠陥によって生命、身体または財産に損害を被ったことを証明した場合に、被害者が製造会社などに対して損害賠償を求めることができる制度を、製造物責任（PL）といいます。重要なのは右記の点です。

1 製造業者だけではなく、販売業者にも民法上の責任が発生する

2 過失の有無は関係ない（過失がなくても責任が発生する）

3 製造物責任（PL）はリコールを招く

236　**レピュテーションリスク**　企業に対する否定的な評価や評判が広まることで、企業の信用やブランド価値が低下し、損失を被る危険度のこと。評判リスクや風評リスクともいいます。

(3)リコール

リコールとは、欠陥のある製品を生産者や販売者が回収し、**無償**で修理や交換、返品に応じる措置をいいます。リコールには、**法令に基づいて実施される**場合と、製造業者や販売者が**自主的に行う**場合があります。

CHECK PLやリコールのリスク回避

社内体制の整備	ポイント
1 製品の品質などに問題を生じさせないための体制整備	・合理的に予見される誤使用も**リコールの対象**になるということを考慮する ・同種の製品の事故に関する情報の収集と整理を行う
2 クレームなどを受けた場合に備える体制整備	・クレーム情報の連絡・報告体制の整備を行う（クレーム情報をとりまとめる部署に、確実に伝達するように整備する）

納品の遅延・不能への対応

納品の遅延や不能を引き起こすと、納品先からの**信用**が低下し、取引自体を失うことがあります。また、遅延や不能の原因が自社にある場合は、債務不履行を理由に**損害賠償**を請求されるおそれがあるほか、自然災害などの不可抗力が原因であっても、過失によって製品の滅失や毀損を招いた場合は、**債務不履行責任**を追及されるケースがあります。

CHECK 納品の遅延や不能への対応

対応	ポイント
1 被害状況や復旧見通しの説明	・納品先への連絡を最優先に行う ・謝罪、原因、復旧に要する期間の見通しを伝える
2 代替業者からの納品確保	・代替品を調達して納品する（ただし、取引先の承諾が必要）
3 取引先の要求の把握	・損害賠償請求や取引中止など取引先の要求内容をできるだけ早い段階で把握する
4 納品先への継続的な報告	・継続して状況の報告や説明を行う ・情報を訂正すべきときは、適宜その時点での経過を報告する ・損害賠償請求などの事態に備えて関係部署と対応方針を決定する ・具体的な対応手順をマニュアル化し、社員教育を行う

製造物責任　輸入業者には製造物責任があります。また、一般販売事業者にはありませんが民法上の責任があります。

3 クレーム対応

クレームは組織（企業）の商品やサービスに関する**大切な情報**で、組織の活動にとって有用なものです。企業は顧客からのクレームに備えて「**お客様対応マニュアル**」を用意している場合もありますが、それだけでは問題が収束しないことがあります。このような、日常業務の範囲を超えた例外的な処理が求められるクレームは、マネジャー自身が対応しなければなりません。

クレームの通報を受けたときの対応

クレームの通報を受けたときは、その段階ごとに適切に対応することが求められます。

●クレームへの対応方法

対応	ポイント
① 初期対応	・クレーム内容が正しいと仮定して行動する
② 初動調査 （SNS検索による確認）	・レピュテーションリスクに対応する ・深刻な風評被害につながるおそれがないか確認する
③ ニュースリリース （顧客・社会への対応）	・事故発生から間を置かずに公表する ・報道機関に正確に公表する （改善策や顧客への対応の現状や方針も公表する） ・継続したニュースリリースを心掛ける
④ 事実関係の調査	・商品の販売を中止したり、工場の操業を停止したりして、関係者に調査の協力を仰ぐ ・場合によっては、第三者機関に調査を依頼する
⑤ 行政への対応	・組織の不祥事や製品事故は、関係行政機関への届出や報告が義務づけられている ・消費生活用製品安全法（35条）に規定される製品は、事故の発生を知ってから10日以内に内閣総理大臣（消費者庁長官）に報告する必要がある ・医薬品は医薬品医療機器等法に、食品は食品衛生法によって届出や報告義務が規定されている
⑥ 緊急時対応マニュアル の整備・見直し	・クレーム対応を振り返る ・対応マニュアルなどの整備や見直しを行う

238　　医薬品医療機器等法　医薬品や医療機器および再生医療等製品の製造から販売までに関して定めた法律。2014年の薬事法の改正とともに、名称も変更されました。

個別のクレームへの対応

(1)マネジャーによるクレーム対応の必要性

　クレームを含む顧客からの情報は、商品やサービスの質を向上させたり、組織のマネジメントに生かしたりすることができる有用なものです。もし、顧客からの指摘どおりの不具合が認められれば誠意を持って対応し、被った損害があればそれを補てんします。

(2)マネジャーによるクレームへの対応方法

　マネジャーは、次の点に注意してクレームに対応しましょう。

●クレームへの対応方法

クレームの内容を聞き取り把握する	・顧客が申し出ている苦情に関する情報を収集する ▶原因は何か？　解消可能か？　何を求めているか？（謝罪、損害賠償、改善措置） ・顧客の主張を整理し、復唱する ・顧客の心情を否定しない ・顧客に丁寧に説明する
原因を究明し責任の所在を確認する	・法律上の責任の有無を見極める ▶総務部や法務部などの専任部署、弁護士などへの相談が不可欠
情報の共有および対策の実施	・クレームを受けたマネジャーは、商品の内容・質に責任を負う担当部門に情報を与え、解決に必要な措置を迅速に取る

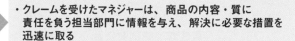
クレームの対応には、顧客の心情に配慮した誠意ある対応が求められます。ただし、誠意ある対応と責任を認めることは別の問題であるため、分けて考える必要があります。

食品衛生法　1947年に制定され、食品の安全性を確保することによって、飲食による衛生上の危害の発生を防止し、国民の健康の保護を図ることを目的とした法律です。

CHECK 悪質なクレーマーへの対応

悪質なクレーマー（コンプレイナー）への対応を誤ると、風評被害やSNSでの炎上などレピュテーションリスクによるブランドイメージの低下など、大きな被害が生じるおそれがあります。クレーマーは金銭の要求からクレーム自体を楽しむ愉快犯まで、種類も様々です。なお、愉快犯とは、世間を騒がせ、その反応を楽しむことを目的とする犯罪（またその犯人）をいいます。1977年に起こった連続殺人「青酸コーラ事件」で注目されました。

[クレーマーの分類]

1 金銭・財産目的

2 クレームの申し立て自体が楽しみ（愉快犯）

3 組織が自身の苦情に対応している様子を見て満足（承認欲求の一種）

[クレーマーへの対処法]

1 複数人で対処する

2 記録や証拠の確保（録画や録音など）

3 不当要求があれば警察に連絡

4 裁判所に不当要求禁止の仮処分申請

4 反社会的勢力への対応

暴力団対策法や暴力団排除条例等の対象になっている反社会的勢力（反社）との取引は禁止されています。反社会的勢力と取引すれば、彼らからの悪質なクレームの対応に追われるだけでなく、公安委員会からの勧告処分を受けたり、取引先や社会からの信用を失ったりします。また、経営陣が経営責任、マネジャーや担当者が背任罪や特別背任罪などの刑事責任を問われかねません。

反社会的勢力に対するマネジャーの心構え

反社会的勢力に対する基本スタンスとして、「最初から接触を持たないこと」「接触を持ったときは速やかに関係を断ち切ること」が求められます。なお、反社会的勢力には統一された定義はありませんが、内閣犯罪対策閣僚会議では次のような指針を定めています。

特別背任罪　経営者やマネジャーなど組織の重要な役割の者が自己の利益を図り、その結果、組織に損害を与える行為をすることを罰する商法上の罪をいいます。

CHECK 反社会的勢力による被害を防止するための指針

　　内閣犯罪対策閣僚会議がとりまとめた反社会的勢力の定義は「暴力、威力と詐欺的手法を駆使して経済的利益を追求する集団または個人」としています。

　　具体的には「暴力団、暴力関係企業、総会屋、社会運動標ぼうゴロ、政治活動標ぼうゴロ、特殊知能暴力集団等」です。

ケース別の反社会的勢力への対応

　前述したように、反社会的勢力と接触を持ったときは、速やかに関係を断ち切ることが必要です。

●反社会的勢力と接触を持ったときの対応

相手方が反社会的勢力であると判明したときの対応	・ただちに関係を打ち切る（可能な限り速やかに関係を解消するよう努力する） ・財物の授受があった場合は、ただちに引き渡した物の返還を求めたり、受け取った物を返還したりする ・相手方が契約の不当破棄の主張をする場合があるため、反社条項を入れておく
反社会的勢力から不当要求を受けた場合	・取引の申込みや金品の要求は、断固拒絶する ・クレームの内容が事実であれば謝罪などの通常なすべき対応をとり、それを超える要求には応じない
反社会的勢力と取引してしまった場合	・レピュテーションリスクを回避するため、アクシデント（事故）の一種と考えて、ただちに上司に報告する ・企業の存亡にかかわる重大事であると理解する
恐喝や取引の強要の事実があった場合	・警察に連絡して連携を図り、刑事事件としての立件を視野に入れた対応を検討する

アドバイス

反社会的勢力への対応では、倫理憲章や就業規則などの社内規則に盛り込み、「関係を遮断する」という姿勢を明確化することが重要です。たとえば、人材の採用時に「私は反社会的勢力との関係を有しておらず、今後も関係を持たないことを誓約し…」といった内容の誓約書を提出させるのも1つの方法です。

密接交際者　暴力団と密接な関係を持っている者をいいます。密接交際者に該当すると、公安委員会から関係遮断の勧告を受け、勧告に従わない場合は企業名や氏名が公表されます。

5 取引先の信用不安に関するリスク

取引先の信用不安とは、売掛金の回収不能といった取引先の信用力の低下をいいます。売掛金の回収が困難になれば、将来的に損失が発生するおそれが高まるため、回収が終わるまで取引先の動向に注意する必要があります。

信用調査と対策

信用調査とは、取引先の資産状態や営業成績、信用力などを把握するために行います。この信用調査は、貸付先への訪問・面談や、提供された資料の調査などによる「直接的調査」、民間の信用調査機関を使用して行う「間接的調査」の2つに大別されます。

もし取引先の信用に不安がある場合は、その対策として信用限度（額）の設定を検討します。これは売掛金などの日常的な債権の管理上必要な対策で、取引先の信用状態の変化によって信用限度（額）を変化させます。

第9章で解説した財務諸表の見方を参考に、安全性や収益性、成長性の分析などを行ってみましょう。あわせてキャッシュフローの分析も重要です。

●信用調査（クレジットリスク）

顧客や仕入れ先の信用限度（額）の設定

収益性の分析
売上高経常利益率や
自己資本利益率などを
確認

成長性の分析
増収率や
経常利益増加率を
前期比などで確認

安全性の分析
自己資本比率や
借入金依存度などを
確認

信用リスクの発見

信用リスクを発見し、適切な対応をとることは、売掛金の回収遅延・不能の防止につながります。信用リスクには様々なものがあります。支払いの遅延や

品質の低下などはもちろん危険な兆候ですが、たとえば役員の異動が頻繁な場合や、代表者の不在や病気、死亡、後継者問題が起こった場合なども信用リスクを示す重要なシグナルといえます。

また、信用リスクには商品の売り先やお金の貸付先のリスクだけではなく、仕入れ先や外注先に対するものもあります。たとえば、仕入れ先の納期遅れや欠陥商品の納入なども注意すべき信用リスクです。

最近では大手不動産会社の外注先が「欠陥工事」を行った結果、マンション1棟が傾くという事例が報告されています。マネジャーは仕入れ先や外注先の様々な変化にも気をつける必要があります。

第13章　業務にかかわるリスクマネジメント

●危険な兆候の例

1 経営層の変化

2 営業内容等の変化

3 取引実態の変化（売上高の急減など）

4 支払い実績の変化

5 生産・在庫の変化

6 金融の変化

7 代表者の変化

8 従業員の変化

9 その他（風評悪化、財務資料の不開示、訪問の忌避など）

アドバイス

危険な兆候を示す企業の記事をインターネットなどで調べて、それらの兆候を信用リスクの分類に当てはめてみると理解しやすくなります。

6 環境問題に関するリスク

　環境問題に関するリスクは、まず自社に関連する**環境関連法規**を確認する必要があります。また、不法投棄などの防止や廃棄物の処理、騒音や振動が発生してクレームになった場合の対応も重要です。

　地球環境への配慮を怠り、環境汚染や廃棄物の不法処理を行うと**巨額の賠償責**、**社会的評価（レピュテーション）**の低下、消費者からの不買、当該企業の取締役などの**刑事責任**など、企業の存続に影響を及ぼす**致命的な**ダメージを受けるリスクがあります。このように、商品・サービスの**環境**への配慮は一般消費者による**選択基準**になっています。

●環境問題に関するリスクとその対応

環境関連法規の確認	・最新の情報を入手してマニュアル化し、現場でいつでも確認できるようにする
不法投棄などの防止	・原状回復などの義務がある ・委託元の事業者も責任を問われる場合がある
廃棄物の処理	・廃棄物処理法の方法や基準に基づいて、自らの責任で適正に処理する ・建設工事で元請業者が下請業者に工事を請け負わせる場合でも、元請業者が廃棄物処理の責任を負う
騒音・振動が発生してクレームになった場合の対応	・事業者は事実調査を行う ・近隣住民に対して誠実に対応する ・一定基準を超える場合は、工事時間の短縮や時間遵守の徹底を行う

アドバイス

環境リスクを考える例として、2016年に起こった「廃棄カツの不正転売」を調べてみましょう。関係企業がとった対応への評価や批判などがわかります。

廃棄物処理法　廃棄物の定義、廃棄物処理業者に対する許可、廃棄物処理施設の設置許可、廃棄物処理基準の設定などを規定した法律です。

┃ グリーンウォッシュ（見せかけの環境配慮）

　実際には環境への配慮を行っていないにもかかわらず、その商品やサービスがCO$_2$の削減などあたかも環境保護などに貢献するかのような宣伝・広告をすることをグリーンウォッシュ（見せかけの環境配慮）といいます。

　たとえば、日本政府は2023年夏、東京電力福島第一原子力発電所は放射性物質を取り除いて浄化処理したALPS処理水を海に放出しました。それに対し、中国は「ALPS処理水は核汚染水だ」と反発しました。ある意味で、日本の対応はグリーンウォッシュだと批判し、日本の水産物を輸入禁止にしました。一方、日本政府はIAEA（国際原子力機関）を巻き込んで科学的に反論しています。この件を教訓に、グリーンウォッシュを深く理解しましょう。

7 サプライチェーンにかかわる様々なリスク

　サプライチェーンとは、商品や製品が消費者に届くまでの様々なプロセスをいいます。様々な要因でこのサプライチェーンが寸断されると商品や製品の供給が滞り、場合によっては債務不履行責任（損害賠償）や顧客離れといった、事業継続に深刻な影響を及ぼすリスクをはらんでいます。

●サプライチェーンの各プロセス

各プロセス	各プロセスのリスク	リスク管理の視点
調達プロセス	・サプライヤー倒産、労働争議、法令違反による事業停止 ・自然災害、パンデミック ・テロ、政情不安、戦争 ・経済危機・原材料の高騰	・一社集中調達リスク ・代替サプライヤー確保 ・代替部品確保 ・代替原材料確保
生産・保管プロセス	・工場、倉庫の火災、倒産 ・製造機械の棄損	・代替拠点の確保 ・拠点停止時の他の拠点への影響
物流プロセス	・道路・鉄道など物流網の寸断	・物流寸断時の代替ルートの確保
受注・販売プロセス	・販売店舗の被災 ・システム障害、サイバー攻撃	・必要な在庫数量の算定と確保 ・最新情報セキュリティ確保 ・バックアップ・遠隔地保管

※システム障害、サイバー攻撃は、すべてのサプライチェーンのプロセスにかかわる

8 ビジネスと人権

人権侵害にかかわるリスク

企業が抱えるリスクの1つに「人権侵害にかかわるリスク」があります。ビジネス環境がグローバル化したことでサプライチェーンは世界中に広がっています。また、ビジネスと人権の範囲はサプライチェーン全体に及び、顧客や消費者、地域社会も対象となります。

一方、「国境を超えた人権侵害」が問題視されています。また、SDGs や ESG でも人権を重視しているなど、人々の人権に対する意識が高まっています。

●サプライチェーンの一部における人権侵害リスクの例

低賃金労働	不当・過剰な長時間労働
強制労働	児童労働

国境を越えた人権侵害
就業時の安全配慮、ハラスメントや差別の防止

人権の対象は正社員だけではなく、パート、アルバイト、派遣社員などの非正規労働者を含む点に注意が必要

人権保護のための規制

　海外から原材料、部品や製品を輸入している企業は現地調達先企業の人権にも配慮が必要です。人権の範囲はサプライチェーン全体に及びます。そのため、海外の人権侵害を行なっている企業や団体、組織などとの取引を提訴されたり、外国の法律に基づき制裁が科されたりする可能性があります。

●人権保護に関する諸外国の法律の例

第13章 業務にかかわるリスクマネジメント

> 現代奴隷法（イギリス）

> 現代奴隷法（オーストラリア）

> サプライチェーン透明法（アメリカ・カリフォルニア州）

> サプライチェーン法（ドイツ）

> 児童労働注意義務法（オランダ）

　法務省の人権擁護局の報告書「今企業に求められる『ビジネスと人権』への対応」によると、サプライチェーン全体には、以下のようなリスクが顕在化する可能性があるとされています。

人権問題を放置した場合のリスク

リスク	リスクが顕在化する場合の例
法務リスク	訴訟や行政罰
オペレーショナルリスク	人材流出やストライキ
レピュテーション（評判）リスク	不買運動や SNS での炎上
財務リスク	株価の下落、投資の引き揚げ（ダイベストメント）

一方、人権に関する取り組みが充実している企業の場合、以下のようなポジティブな影響があると報告書では述べられています。

業績への影響	売上の増加	新規顧客の開拓、顧客単価の上昇
	コストの減少	採用力や人材定着率の向上（採用コストの減少）
		生産性への向上
企業価値への影響		ブランド価値の向上
		株式等価値の上昇

たとえば、中国の新疆ウイグル自治区でのイスラム教徒のウイグル人に対する「中国化」の洗脳教育と強制労働に、国際社会から批判の声があがりました。これは、新疆ウイグル自治区からの輸入品が強制労働で生産されたものではないかという指摘です。

人権尊重への取り組み

　デュー・デリジェンス（Due Diligence）とは、投資を行うにあたって、投資対象となる企業や投資先の価値やリスクなどの調査です。人権尊重への取り組みにおいて最も重要なのは、人権デュー・デリジェンスです。

　人権デュー・デリジェンスは、人権侵害となり得るリスクを分析・評価し、人権問題リスクの顕在化を回避するために実施します。これは、リスク回避とともに、社内外の人権の保護によって企業価値の向上に資する戦略であるといえます。

　なお、日本政府も人権デュー・デリジェンスを重視しており、「責任あるサプライチェーン等における人権尊重のためのガイドライン」を出しています。人権の問題は単なる利益追求企業だけの問題ではありません。宗教法人や政府機関、自治体などの組織、さらに家庭や地域社会など、あらゆるところで人権課題への指摘がなされています。

練習問題

問題1 過失によるヒューマンエラーの原因に関する記述で正しいものをすべて選びなさい。

①業務の内容が正確に伝わらなかったことによる理解不足。

②業務作業自体の失敗。

③業務の不慣れから生じた先入観による判断ミス。

④複数業務を同時並行で作業することによる混乱。

⑤共同作業時に、各メンバーが過度に責任を持つことによる混乱。

⑥過重労働の疲労による作業ミス。

問題2 ヒューマンエラーの様態や防止策に関する記述で正しいものをすべて選びなさい。

①「ヒヤリハット」とは、「ヒヤリ」あるいは「ハッと」するような重大な事故や災害のことである。

②ハインリッヒの法則では、1件の重大事故の後ろに300件の軽微な事故や災害があるとされている。

③ヒューマンエラー対策は部下のレポートなどできるだけ多くの事例を集めて組織・チームで話し合い、共有化するのがよいとされている。

④共同作業における他人への依存による手抜きの防止策の基本は、リーチングアウトである。

⑤リーチングアウトとは他人の作業領域に立ち入らない姿勢である。

問題3 製品やサービスにかかわるリスクに関する記述で正しいものをすべて選びなさい。

①予期せぬ事故などによる製品納入やサービス提供の遅延や不能に関しては、債務不履行による損害賠償請求リスクがある。

②納期の遅延や不能の場合、緊急措置を検討するため、商品の仕入れ先企業や同業他社への問い合わせを最優先に行うべきである。

③レピュテーションリスクは評判リスクや風評リスクともいわれ、組織のイメージの低下による損失発生を意味する。食品などでは営業許可の取消しなどの行政処分に起因する批判的報道などがある。

④リコールとは、製造者や販売者による有料での修理や交換を意味する。リコールには法令に基づくものと製造業者などが自主的に実施するものがある。

⑤リコールには合理的に予見される誤使用も対象に含まれる。

クレームに関する記述で正しいものをすべて選びなさい。

①先入観を生むおそれがあるため、クレームの初動においては「その連絡内容が真実であると仮定して行動」してはいけない。

② SNS が使える現代では、クレームが発生した場合にそのまま放置すると深刻な風評被害に見舞われるリスクが高まる。

③社会的な関心の高い不祥事や製品不具合による顧客の健康被害が発生するリスクがある場合などは、即座に報道され、世間の関心が高まるリスクがあると認識すべきだ。

④大きな製品不具合が起こった場合、マスコミからバッシングを受けるおそれがあるため、事件・事故を確認してから間を置かず公表（ニュースリリース）することは望ましくない。

⑤クレーマーには、苦情の申し立てにより金銭などの財産を得る目的を持つ者のほかに、苦情申し立て自体を楽しみとする愉快犯や、組織（特に有名企業・大企業）が自己の苦情に対処していることに満足を見出す者がいる。

⑥クレーマーから不当要求を受けた場合の留意点は、基本的に1人で対応し、記録や証拠を確保し、不当な要求があれば警察に連絡する。また、裁判所に不当要求禁止の仮処分を申請するなどの手をうつことが推奨される。

 反社会的勢力への対応に関する記述で正しいものをすべて選びなさい。

①反社会的勢力と取引関係を持ったり、不当な要求に応じたりした場合、暴力団対策法や暴力団排除条例等により公安委員会から勧告などの処分を受けるリスクがある。その結果、取引先や社会からの信用を失墜するおそれがある。

②反社会的勢力に利益を供与した場合でも、不当支出として経営者が責任を追及されることはない。

③反社会的勢力との取引にかかわった担当者の責任は重大だが、担当者が背任罪や特別背任罪などの刑事責任まで問われることはない。

④暴力団などの反社会的勢力とは最初から接触を持たないこと、仮に接触を持った場合でも速やかに関係を断ち切ることが肝要である。

⑤契約書には相手方が反社会的勢力でないことを宣言する「反社条項」を入れることが望ましい。

⑥反社会的勢力と関係を持ったとしてもすぐに関係を切ればよく、企業の存亡にかかわる重大事とまではいえない。

問題6 取引先の信用リスク、環境問題のリスクに関する記述で正しいものをすべて選びなさい。

①与信限度額とは相手先別に設定する個々の取引における売上金額の上限を意味する。その額は相手先の信用調査などで決定する。

②安全性の分析、収益性の分析は企業の信用状態の把握に有効だが、成長性の分析は企業の信用状態の把握には関係ない。

③取引先の危険兆候の発見には経営層の変化、営業内容等の変化、取引実態の変化、支払い実績の変化、生産・在庫の変化、金融の変化、代表者の変化、従業員の変化などを見ておく必要がある。

④取引実態の変化とは、経営者の不在、代表者の病気・死亡、後継者の育成難を意味する。

⑤売上高の急増減や不相当の発注、請求残高の急増などは一時的なものである可能性が高いため、無視してもよい。

⑥廃棄物の処理は委託先の業者の責任であるが、処理を委託した元請業者も責任を問われる場合がある。

 問題7 SDGsや環境問題に関するリスクの記述で正しいものをすべて選びなさい。

① SDGs や ESG などが重視され始める中、コーポレート・ガバナンス・コードにおいては株主以外のステークホルダーとの対話を含む協働がますます重視されるようになっている。

②新商品や新サービスを宣伝する場合、過度に環境配慮を強調するとグリーンウォッシュととられるリスクがある。

③ ESG 投資目的と称してグリーンボンド（環境課題関連事業に投資する社債）を発行し、まったく関係ない事業に投資する場合にはグリーンウォッシュとの批判を外部から受けるリスクがある。

④グリーンウォッシュの派生として SDGs ウォッシュと呼ばれる企業による「見せかけの SDGs 対応」も指摘され始めている。2021 年、アメリカの税関は「強制労働の疑い」があるとして中国の新疆ウイグル自治区からの製品の輸入を禁止し、日本からは SDGs に熱心なユニクロを含む 12 社が対象となった。

第13章 業務にかかわるリスクマネジメント

問題8 人権尊重に関するリスクの記述で正しいものを
すべて選びなさい。

①人権デュー・デリジェンスとは人権への負の影響を特定、予防、軽減するために実施されるプロセスであり、たとえばトヨタ自動車は「トヨタ自動車人権方針」の中で「人権の尊重へのコミットメント」を継続的に果たすため実施している。

②人権尊重と SDGs、ESG は無関係である。

③サプライチェーンの中でも人権尊重は重要であり、調達先で児童労働や強制労働が行われていることが明確となった場合には、それを解決する手立てを講じる必要がある。

④サプライチェーン上の人権侵害は、対象がテレビ局や CM 提供企業などによるサービス調達であっても同様に適用される。

問題1 **答え①②④⑥**

③は、業務の不慣れから生じた先入観による判断ミスではなく、業務の慣れから生じた先入観による判断ミスであるため、正しくない。⑤は、共同作業時に散見されるのは過度に責任を持つことではなく、他人への依存による手抜きであるため、正しくない。

問題2 **答え③④**

①は、「ヒヤリハット」とは、重大な事故や災害ではなく、小さな事故のことであるため、正しくない。②は、1件の重大事故が発生するまでの間にあるのは、29件の軽微な事故や災害であるとされているため、正しくない。⑤は、リーチングアウトとは他人の作業に関心を持って、いつでも協力できる姿勢のことであるため、正しくない。

問題3 **答え①③⑤**

②は、納品先への連絡を最優先に行う必要があるため、正しくない。④は、リコールとは無償での修理や交換を意味するため、正しくない。

問題4 **答え②③⑤**

①は、連絡内容が真実であると仮定して行動すべきであるため、正しくない。④は、事件・事故を確認してから間を置かず公表（ニュースリリース）することが望ましいため、正しくない。⑥は、不当要求を受けた場合の留意点は基本的に複数人で対応するべきであるため、正しくない。

問題5 **答え①④⑤**

②は、経営陣が経営責任を追及されるおそれがあるため、正しくない。③は、担当者が背任罪や特別背任罪に問われることもあるため、正しくない。⑥は、反社会的勢力と関係を持ったという事実は企業の存亡にかかわる重大事といえるため、正しくない。

問題6 **答え③⑥**

①は、与信限度額とは相手先別に設定する売掛金総額の上限であるため、正しくない。②は、成長性の分析は企業の信用状態の把握に関係する有用な分析であるため、正しくない。④は、取引実態の変化とは相手先企業の取引実態の変化ではなく、売上高の急増減や不相当の受発注、請求残高の急増、担保・保証の変化を指すため、正しくない。⑤は、売上高の急増減や不相当の受発注、請求残高の急増などは、取引実態の変化であり無視することはできない。そのため正しくない。

問題7 答え①②③④

すべて正しい。④のユニクロの事例では中国の新疆ウイグル自治区で生産された製品にアメリカの税関はすべて強制労働の疑義を投げかけている。SDGs に熱心なユニクロは「強制労働の事実は確認されない」と反論したが、生産工程における労働環境の透明性開示が改めて注目されるなど非常に難しい問題である。アメリカの税関はただ単に新疆ウイグル自治区での生産をもって SDGs ウォッシュと見なしたわけである。なお、奴隷労働や強制労働は SDGs の目標8「働きがいも経済成長も」の 12 個のターゲットの中で 8-7 が該当する。「8・7. 強制労働を根絶し、現代の奴隷制、人身売買を終らせるための緊急かつ効果的な措置の実施、最悪な形態の児童労働の禁止及び撲滅を確保する。2025 年までに児童兵士の募集と使用を含むあらゆる形態の児童労働を撲滅する」とある。

問題8 答え①③④

②は、人権尊重が叫ばれ出した背景には SDGs、ESG の重視がある。昨今、芸能界や放送界、広くは宗教界も含め、サービス提供主体の組織で様々な人権侵害が叫ばれているが、SDGs、ESG を重視する企業の一部ですでに CM 離れが起きた事例も発生している。背景には上場企業におけるコーポレートガバナンス・コード、スチュワードシップ・コードの普及による社会的影響があると考えられる。なお、2022 年に日本政府は「責任あるサプライチェーン等における人権尊重のためのガイドライン」を策定している（経済産業省のウェブサイト参照）。これらは、人権に対する企業としての適切で継続的な取り組みのことで、一般に人権デュー・デリジェンスと呼ばれている。

参照：https://www.meti.go.jp/press/2022/09/20220913003/20220913003.html（経済産業省）

なお、ESG の「S」はソーシャルを意味するが、これには「人権重視」の側面が含まれている。

参照：https://www.ntt.com/business/services/application/smartworkstyle/smartgo-staple/lp/article-cs04（NTT ドコモ）

第14章 組織にかかわるリスクマネジメント

ココがポイント

▶ 情報漏えいのリスクには、顧客の個人情報の漏えいと、機密情報の漏えいがある

▶ 組織内の不正だけではなく、私的非違行為も不正に含まれる

▶ 国や地方自治体との取引は、贈収賄罪に注意が必要

1 情報（個人情報・機密情報）漏えいに関するリスク

個人情報や機密情報の漏えいは、社会的信用や顧客の信用を失ってしまうなど、企業が事業活動をする上で大きなダメージを負うことになります。また、情報漏えいによって顧客への損害賠償責任が生じるなどのリスクもあります。組織にかかわる情報セキュリティのリスクには以下のものがあります。

●情報セキュリティのリスク

情報漏えいリスク	①個人情報の漏えいリスク	・個人情報保護法違反のため、損害賠償請求のリスクがある ・評判（レピュテーション）の失墜、顧客離れ、収益源のリスクがある
	②機密情報の漏えいリスク	・情報管理体制が不完全のため、評判（レピュテーション）失墜のリスクがある ・原因は従業員の持ち出し、情報保管媒体紛失など
情報システムの停止リスク		・業務が行えず顧客に迷惑をかける。最悪取引停止リスクがある
コンピュータウイルスへの感染リスク		・プログラムやデータの破壊、データの窃盗などのリスクがある ・ウイルスは、自らをコピーする自己伝染機能、潜伏機能、発病機能などをもつ

個人情報保護法　個人情報の有用性に配慮しながら、適切な取り扱いと保護について定めた法律。国や地方自治体、企業などはその遵守を義務づけられています。

ウイルス感染とハッキングには次のような違いがあります。ウイルス感染はインフルエンザのように不特定の相手を狙う、ソフトウエアの自動的な動きです。一方、ハッキングは特定の相手を狙った、ソフトウエアを操る人（ハッカー）による攻撃です。

情報セキュリティの3要素

情報セキュリティ3要素とは、機密性（Confidentiality）、完全性（Integrity）、可用性(Availability)をいいます。情報セキュリティの3要素は、英字の頭文字をとってCIAとも呼ばれます。これは、情報セキュリティマネジメントシステム（ISMS）に関する国際規格の日本語版JIS27000で定義されています。

マネージャーは、定められた自社の情報セキュリティポリシーを部下に浸透させることが重要です。

●情報セキュリティの3要素

機密性 Confidentiality
許可を得たもののみのアクセス

完全性 Integrity
情報が正確、改ざんや破壊がない

可用性 Availability
正当な権限者がいつでもアクセス可能

個人情報の漏えいリスクと対応

個人情報の漏えいが発生した場合、初期対応の原則は、顧客からのクレームに対して誠意を持って対応することです。また、ウェブサイト上で事実の公表と調査状況の説明、報道機関（マスコミ）に対するニュースリリースの準備が必要です。顧客からの苦情が入っているような状況の場合、仮にその事実を隠そうとしても報道機関に伝わるのは時間の問題であるため、きちんと対応することが大切です。

個人情報の定義

　個人情報は、個人情報保護法における事業者のガイドラインで次のように定められています。

> **CHECK 個人情報の定義**
>
> 　法第2条第1項 この法律において「個人情報」とは、生存する個人に関する情報であって、当該情報に含まれる氏名、生年月日その他の記述等により特定の個人を識別することができるもの（他の情報と容易に照合することができ、それにより特定の個人を識別することができることとなるものを含む）をいう。（経済産業省：個人情報保護法における事業者のガイドラインより抜粋）

第14章 組織にかかわるリスクマネジメント

●個人情報の漏えいの対応

対応	ポイント
① 顧客からの苦情に対する初期対応	・連絡に対して謝意を伝える ・事実確認の状況や今後の対応を説明する（必要に応じて謝罪）
② ウェブサイトでの事実公表と報道機関対応	・情報が寄せられている旨を公表し、調査状況を説明する ・報道機関に対するニュースリリースを準備する
③ 情報管理体制の緊急点検	・秘密保持契約書の点検をする ・持ち出し情報の使用禁止と法的措置の警告をする
④ 法的措置の検討	・組織の保有する個人情報は、不正競争防止法上の「営業秘密」に該当する ・個人情報保護法や不正競争防止法の知識を身につける
⑤ 顧客からの損害賠償に対する備え	・顧客情報の管理体制が万全であったか確認する（情報の保管方法やアクセス権者の限定等の徹底状況）
⑥ 営業担当者に対する顧客情報管理の徹底	・顧客情報の管理マニュアルの見直しを行い、その周知徹底をする ・入社時・退社時に秘密保持宣誓書を求める

アドバイス

たとえば、子供が通う塾の名簿が販売された場合のリスクなど、個人情報が漏えいしたケースを想定して考えてみましょう。

不正競争防止法 同業者間の不正な競争を防止する目的で施行された法律。同一や類似の商号や商標で混同させる行為、商品形態の模倣、営業秘密の不正取得などの不正行為を防止します。

機密情報の漏えいリスクと対応

　マネジャーは、自分が管理する組織や部下に対して、適切な情報管理の基準や手順を教えることが必要です。そのためには、まず何が**機密情報（営業秘密）**にあたるのかを部下に周知させます。また、**アクセス権者**を指定し、その情報の内容や機密度に応じてアクセスできる範囲を限定しましょう。

　機密情報として保護される情報は、次の3つの要件を備えています。

●不正競争防止法で保護されるべき営業秘密

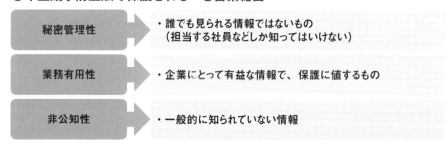

秘密管理性	・誰でも見られる情報ではないもの（担当する社員などしか知ってはいけない）
業務有用性	・企業にとって有益な情報で、保護に値するもの
非公知性	・一般的に知られていない情報

機密情報の管理方法（物理的管理と技術的管理）

　機密情報の管理方法には、**物理的管理**や**技術的管理**、**人的管理**などがあります。物理的管理と技術的管理のポイントは次のとおりです。

●物理的管理

管理	ポイント
① 機密情報であることの表示	・秘密であることを示す言語・文字・デザイン・記号・マークなどを記載する ・デジタル透かし情報（廃棄期限や秘密表示）を付加する
② 情報媒体の分離保管	・保管室や保管庫に情報媒体（USBメモリーなど）の専用スペースを設け、専用のファイルなどに保管する
③ 持ち出し・複製の制限	・持ち出しや複写、複製を一律に禁止する ・アクセス権者による持ち出しや複製を認める場合は、責任者の許可を取る
④ 回収・廃棄	・情報が記載された資料は回収し、記録された資料など媒体が不要になった場合は、適切に廃棄する（専門処理業者やシュレッダーなどを利用する） ・記録媒体は情報を消去して、物理的に破壊する

　個人情報保護法　同一事業者内で他部門へ個人データを移転することは、第三者提供に該当しません。ただし、利用目的の達成に必要な範囲を超えて個人情報を取り扱うことはできません（法第16条第1項）。

●技術的管理

管理	ポイント
① 秘密表示・マニュアルの設定	・営業秘密であることを示すデータを電子情報に組み込む ・複製やバックアップをする際の手順を文書で明示する
② アクセスおよび管理者の特定・限定	・閲覧パスワード（有効期限あり）を設定する ・管理者が退職した場合は、パスワードやユーザーIDを再設定する
③ 外部からの侵入の防御	・内部ネットワークをインターネットに接続しない ・ファイアウォールやウイルス対策ソフトウェアを導入する ・サーバにアクセスする際、接続時認証や通信情報の暗号化を行う ・不正侵入が検知された場合、外部との接続を断ち、侵入経路や被害状況を確認した上で情報システムを復旧させ、営業を継続する
④ データの消去や廃棄	・データの復元が不可能な措置をして、物理的に破壊する

機密情報の管理方法（人的管理）

　物理的または技術的にどれほど精巧な管理体制を構築しても、機密情報（営業秘密）を取り扱う従業員が社外に情報を漏えいしてしまっては、その努力が無駄になってしまいます。

　たとえば、教育事業を柱とするある企業で起こった個人情報漏えい事件を例に考えてみましょう。この事件では、3000万件以上という個人情報の漏えいの規模や、名簿を転売した企業が「盗難された外部機密情報とは知らなかった」と述べたことなどから、報道によるレピュテーションリスクが顕在化し、大きな混乱と非難の声が起こりました。その結果、会員数の大幅な減少や不正競争防止法違反での調査、経済産業省への改善報告書の提出、役員2人の引責辞任、業務委託先会社の元社員の逮捕などにつながりました。

　なお、参考資料として経済産業省（知的財産政策室）のウェブサイトで「営業秘密管理(実践編)」が公開されています。組織や責任体制として、情報セキュリティ委員会や事務局の設立、営業秘密管理全般の責任者や現場の管理責任者の選任などの具体的な対応策が述べられているので、確認しておきましょう。

　人的管理の主なポイントは次のとおりです。

第14章 組織にかかわるリスクマネジメント

●人的管理

管理	ポイント
① 秘密保持契約の締結	・入社時、異動時、新プロジェクトへの参加時に誓約書を提出させる（派遣社員については、派遣元企業と締結する） ・中途採用者に他社在籍時の機密情報の持ち込み禁止を誓約させる（コンタミネーションの防止） ・秘密保持契約は退職後も一定期間有効である
② 従業員などへの教育	・情報セキュリティ研修やマニュアル配付などで、情報漏えい時の適切な対応について周知徹底を行う
③ 業務委託先の管理	・業務委託先と秘密保持契約を締結する

2 組織内の不正に関するリスク

部下の不正行為への対応

　従業員が組織内で行う不正な行為には、備品の窃盗行為や不正経理などがあります。これらは組織に直接損害を与える行為ですが、仕事には直接関係しない「私的非違行為」といわれる不正行為もあります。たとえば、違法な薬物を使用したり、飲酒運転や強制わいせつなどをしたりするのも組織内の不正行為にあたります。その理由は、従業員の不正行為は刑事責任を伴うことが多く、報道などによって社会的非難が集中するなど、組織はレピュテーションリスクにさらされるためです。これらの不正行為は就業規則違反であるため、解雇を含む処分の対象となります。

　特にこれらの不正行為は、人事異動の少ない部署や業務を1人で処理する仕事に起きやすいといわれていますが、「見える化」の欠如も大きな原因の1つといえます。

　なお、有名な実業家で多数の著書がある小山昇さんは、自らの勤務経験をもとに「不正は温情を土台に成長する」と述べています。これは、不正が「上に立つものの温情につけ込むようにして働かれることがしばしばある」ということを示しています。「可視化（見える化）」がいかに重要かがわかります。

私的非違行為　もとは国家公務員法の用語で、非違とは非行・違法のことです。たとえば違法薬物の使用や勤務時間外の飲酒運転、交通事故、わいせつ行為などがあたります。

●不正行為への対応

対応	ポイント
① 事実関係の調査、資料の確保	・担当者を任命して事実関係を調査する（必要に応じて公認会計士や弁護士などの専門家に依頼する） ・組織内の窃盗は、在庫記録や出勤記録、現金などの確認を通じて不審な点がないか調べる
② 返還要求と社内処分	・雇用契約違反の債務不履行に対する損害賠償として返還を求める ・雇用契約や就業規則に従って解雇などの処分を行う
③ 法的措置の検討	・被害額の返還に応じない場合や、被害規模が甚大な場合、また社内調査に限界がある場合などは、警察に被害届を提出して、告訴手続きを検討する
④ 懲戒処分	・不正行為の多くは刑法犯であり、一般的には懲戒解雇事由（懲戒解雇は懲戒処分で最も重い処分）にあたる ・懲戒解雇の場合は一般に、退職金は不支給とされる ・不正行為を行った者が深く反省し、被害額を弁済した場合などは、普通解雇や自主退職の措置を取る場合もある ・普通解雇の場合、30日前の解雇予告か、解雇予告手当を支払う必要がある
⑤ チェックリストの策定と実施	・社内監査等のシステムを構築する ・組織内のチェックリストを作成する（証拠を保全する体制になっているか？ 就業規則等の規定は整備されているか？ 不正防止の教育や研修は行われているか？ 等）
⑥ 監査の実施	・組織内の監査を実施する
⑦ 不正防止の工夫	・現金に触れさせないなどして誘惑を除去する ・複数人によるチェックなどで現場監視機能を強化する ・定期的な人事異動で固定的人事を回避する
⑧ 従業員への教育	・社会的な制裁（刑罰・懲戒処分等）や、家族への悪影響などのリスクを説明し、コンプライアンス意識を自覚させる

アドバイス

懲戒処分をするためには、処分を就業規則で明文化していること、過去の処分とバランスを取れていること、弁明の機会を提供して懲罰委員会等の手続きをきちんと踏むことが必要です。

贈収賄への対応

贈収賄とは、賄賂を贈ることと受け取ることをいいます。贈収賄が担当者の独断によるものでも、組織の行為として受け取られるおそれがあるため、マネジャーは自社の信用や評判を損ねる重大なリスクだと認識する必要があります。また、公務員相手の接待や饗応は、国家公務員や地方公務員にかかわらず、贈収賄罪の対象と考えられています。たとえ個人が行った行為でも、組織が競争入札において指名停止になるなどのリスクがあります。なお、贈収賄罪は相手がみなし公務員の場合でも成立します。

このように、贈収賄に関しては国家公務員倫理法で厳しく定められていますが、民間企業が相手であっても、私的な金銭のやり取りや度を越した接待などは、会社法上の贈収賄罪や独占禁止法違反によって問題とされる場合があります。そのため、マネジャーは部下が贈収賄に該当する行為や疑いを招く行為をしないように指導することが求められます。

●贈収賄への対応

対応	ポイント
① 該当行為の注意	・贈収賄行為や疑いのある行為を発見した場合、当該行為をすぐにやめさせる ・不当な利益供与を受けた場合、すぐに返還する
② 事実関係の確認	・接待の回数、同伴者の有無、金銭の内訳、相手方の権限などをできるだけ早く把握する ・関連書類は適切に保管する
③ 捜査機関への協力	・警察等の機関が捜査を開始した場合は、判明している事実関係を説明するなど協力する
④ 情報開示と顧客対応	・報道機関に対して情報開示する ・ウェブサイトなどでの公表、取引先や官公庁・自治体へ個別の説明などを行う
⑤ 企業倫理規程の策定	・企業倫理規程で贈収賄を行わないことを宣言する ・具体的な対応マニュアルの策定や見直し、修正を行う
⑥ 部下への周知	・贈収賄を犯した者は刑事責任を問われることを指導する ・部下は贈収賄に該当する行為と気づかない場合がある

みなし公務員　業務の性質上、法令によって公務に従事する職員とみなされ、刑法やその他の罰則の適用などについて、公務員に準じる取り扱いを受ける者をいいます。

不正競争防止法によって、相手が外国の公務員であっても賄賂罪が成立します。また、外国法（米国法や英国法など）の規定によって賄賂罪に該当し、多額の罰金を科されるなどのリスクもあります。

談合（独占禁止法違反）

談合とは、国や地方自治体の公共事業などの入札の際に、競争関係にある企業（業者）が事前に話し合って落札させたい企業を決め、入札内容を調整することをいいます。談合は違法・不当な行為であり、発覚すれば談合罪が適用され刑事罰の対象となります。談合は入札制度の機能を損なうものです。また、独占禁止法によって禁止されるカルテルにあたり、悪質な違反行為とされています。そのため、公正取引委員会によって、談合を行った企業に対して排除措置命令や課徴金などの措置が取られます。

なお、談合には公共工事を発注する官公庁側の関与するケース（官製談合）があります。これは発注者からの依頼を断ることでその後の取引が不利になったり、相手との関係性が悪化したりすることを懸念して、その依頼を受けてしまうといった事情があります。もちろん官製談合は違法行為ですので、どのような事情があっても、はっきりと断るなどの毅然とした対応が必要です。

●談合の話題が出た場合の対応

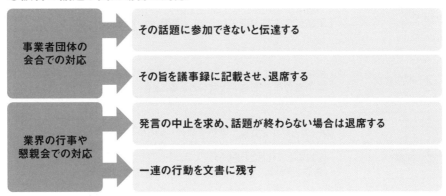

事業者団体の会合での対応	その話題に参加できないと伝達する
	その旨を議事録に記載させ、退席する
業界の行事や懇親会での対応	発言の中止を求め、話題が終わらない場合は退席する
	一連の行動を文書に残す

米国連邦海外腐敗行為防止法　アメリカの連邦法。アメリカおよび外国の企業を対象に、海外公務員への贈収賄も腐敗とみなし、違法としています。

第14章　組織にかかわるリスクマネジメント

不公正な取引方法（独占禁止法違反）

　優越的地位の濫用や不当廉売（れんばい）、再販売価格の拘束などの不公正な取引方法は、談合と同様、独占禁止法によって禁止されています。そのため、これらの不公正な取引方法を行った企業に対しては、公正取引委員会によって排除措置命令や課徴金などの措置が取られます。

　マネジャーは協力会社や下請会社との取引体制や取引状況を確認し、不当な取引制限に該当するような行為を発見した場合はただちに是正する必要があります。

●不公正な取引方法

対応	ポイント
① 優越的地位の濫用	・事業を委託する者が取引上優位な立場にあることを利用して、不当な行為（代金の支払い遅延、減額要請、従業員の派遣要請など）で相手に不利益を与えることをいう ・下請代金支払遅延等防止法（下請法）で規制されている
② 不当廉売	・採算を度外視するような不当に低い価格で商品やサービスを供給し、競争者の事業活動を困難にさせることをいう
③ 再販売価格の拘束	・メーカー等が指定した価格で販売しない小売業者等に対して、卸価格を高くしたり、出荷を停止したりして、小売業者等に指定した価格を守らせることをいう （書籍、雑誌、新聞、音楽CDなどの著作物は例外）

英国贈収賄防止法　アメリカ同様、イギリスでも公務員以外の者への贈収賄も処罰の対象としており、贈収賄自体を腐敗とみなしています。

不公正な取引方法は、行為の内容から3つに大別できます。1つ目は、取引拒絶、差別価格、不当廉売、再販売価格の拘束などのように、自由な競争が制限されるおそれがある行為です。2つ目は、不当な利益による顧客誘引や抱き合わせ販売などのように、競争手段そのものが公正とはいえない場合です。3つ目は、優越的地位の濫用のように、自由な競争の基盤を侵害するおそれがあるような行為です。

コンプライアンスの周知徹底と不正行為への対応

　組織は、独占禁止法を遵守するための「**独占禁止法遵守マニュアル**」を作成する必要があります。このマニュアルに含まれる一般的な内容としては、「組織のトップの姿勢表明」「独占禁止法に関する説明や具体的な行動基準」「組織内の相談体制やチェック体制の説明」などです。

　組織のすべての役職員は、この独占禁止法遵守マニュアルの内容を理解し、個別の案件でその適用に疑問や不安があれば、法務部や弁護士に相談・照会を求めるなど、慎重な対応をとる必要があります。

CHECK 独占禁止法に違反する行為への対応

- 事実の公表や謝罪、今後違法行為を行わない旨の宣言
- ほかの案件についての点検や見直し
- 役員・従業員に対する研修などによるコンプライアンスの周知徹底

第14章 組織にかかわるリスクマネジメント

練習問題

 問題1 個人情報の漏えいに関する記述で正しいものを
すべて選びなさい。

①個人情報の漏えいに関しては社会的関心が高い話題であるため、事実確認を含め
　報道機関に対するニュースリリースの準備を急ぐことが求められる。
②組織の保有する（顧客の）個人情報は不正競争防止法上の営業秘密に該当すると
　いう見方があるが、それは間違いであり大げさすぎる。
③マネジャーには不正競争防止法、個人情報保護法の正確な知識が不可欠である。
④不正競争防止法のいう「営業秘密」とは、秘密管理性、業務有用性、非公知性の
　要件が必要である。
⑤中途採用者、退職者などには秘密保持の誓約書が有効である。特に中途採用者の
　場合には他社の秘密の持ち込みを避ける必要がある。他社の秘密の持ち込みは一
　種の異物混入（コンタミネーション）であり、許される行為ではない。
⑥機密情報の管理には、物理的管理、技術的管理、人的管理の3つがある。
⑦機密情報の物理的管理には情報媒体の分離保管、持ち出し・複製の制限、回収・
　廃棄があるが、機密情報であることの表示は勧められない。

 問題2 情報セキュリティリスクの3要素（機密性、完全性、可用性）に
関する記述で正しいものをすべて選びなさい。

①個人情報の漏えいリスクは完全性に含まれる。
②機密情報の漏えいリスクは機密性に含まれる。
③情報システムの停止リスクは完全性に含まれる。
④コンピュータウイルスへの感染リスクは可用性に含まれる。
⑤ハッキングは機密性、完全性、可用性のすべてに含まれる。

私的非違行為の疑義として正しいものをすべて選びなさい。

①海外出張の帰りの部下のかばんの中から違法薬物が大量に発見された。

②部下が飲酒運転で大きな事故を起こした。

③部下がサイクリング中に転倒し、けがを負った。

④電車内での部下の痴漢行為が複数回発覚した。

⑤部下の不正経理が発覚した。

 組織内の不正に関する記述で正しいものをすべて選びなさい。

①組織内の不正は金額上の損害が発生することもあるが、そうでない場合でも報道による組織のレピュテーションリスクが高い。

②組織内不正が起こりにくいのは、業務のすべてを1人に任せる部署や人事異動が少ない部署である。

③組織内不正による懲戒解雇の場合でも退職金は支払わなければならない。

④組織内の不正による懲戒解雇は、処分内容について就業規則などで明記していなくても行うことが可能である。

⑤組織内の不正による懲戒処分は、過去の案件と比較し処分内容が極端に重くないことが必要である。

⑥組織内の不正防止のためには、同じ者が専門家として長期にわたって同一業務を行うことが望ましい。

⑦組織内の不正防止のためには、効率性も兼ねてすべての手続きに1人の者だけが関与する体制が望ましい。

社内監査で組織内の不正を監査する場合の対応として正しいものをすべて選びなさい。

①組織内で不正が発生した場合の速やかな事実関係の確認、証拠の保全体制が取られているかチェックする。

②組織内で不正が発生した場合の就業規則の規定は調べる必要はなく、チェックの対象外である。

③組織内で不正が発生した場合の警察への手続きが明確になっているかチェックする。

④組織内で不正を防止するための社員研修が行われているかチェックする。

⑤組織内で不正を防止するための内部統制システムはチェックの対象外である。

第14章 組織にかかわるリスクマネジメント

問題6 贈収賄罪に関する記述で正しいものをすべて選びなさい。

①贈収賄罪とは日本では公務員やみなし公務員の公権力行使に関する違反規定である。なお、民間企業の場合は、会社法上の贈収賄罪、独占禁止法違反などがある。

②贈収賄罪のリスクには、国や地方自治体から競争入札に関する指名停止などの処分を受けるおそれや、組織自体の信用・評判の低下などがある。

③贈収賄罪とは民間どうしの取引における接待・饗応などの違反規定である。

④贈収賄罪は多くの場合、内部告発や外部からの通報により発覚するが、事実関係の調査はあまり重要ではない。

⑤贈収賄罪対策として有効なのは、企業倫理規程などにおいて贈収賄を行わないと宣言することである。

⑥贈収賄罪が事件となった場合には、報道機関に対する誠意ある情報開示があれば十分であり、ウェブサイトなどでの公表や個別の説明は必要ない。

 問題7 独占禁止法違反に関する組織の対応として正しいものをすべて選びなさい。

①独占禁止法違反とは談合および不公正な取引であるため、事業団体の会合とは別の場所でひそかに入札価格に関する協定を取りかわした。

②当該組織の所属する事業者団体で入札に関する談合が話題になったため、「自社はそのような話題に参加できない」と宣言し、議事録にもその旨を記載するよう求め退席した。また、一連の行動を文書化した。

③国や地方自治体の発注担当者が関与する談合は官製談合と呼ばれており、参加しても問題はないと考えて参加した。

④下請業者の値段をさらに下げさせるため、優越的地位をうまく活用して値下げに成功した。

問題1 答え①③④⑤⑥

②は、個人情報は不正競争防止法上の営業秘密に該当するため、正しくない。⑦は、機密情報であることの表示は必要であり、明確に記述することが求められるため、正しくない。

問題2 答え②⑤

①と②の個人情報や機密情報の漏えいは機密性の範疇である。そのため、①は正しくない。③の情報システムの停止リスクは可用性の範疇である。そのため、③は正しくない。④と⑤のコンピュータウイルスやハッキングは、機密性、完全性、可用性のすべてに影響する。コンピュータウイルスやハッキングはデータやソフトウエアを破壊する、コンピュータを止める、個人情報や機密情報を盗むなど、すべてに影響する。そのため、④は正しくない。

問題3 答え①②④

③は、サイクリングでの転倒は単なる事故であるため、正しくない。⑤は、部下の不正行為であり、私的非違行為の疑義にはあたらないため、正しくない。

問題4 答え①⑤

②は、業務のすべてを1人に任せる部署や人事異動が少ない部署では不正が起きやすいため、正しくない。③は、不正での懲戒解雇の場合には原則、退職金は支払われないため、正しくない。④は、懲戒解雇は処分内容を就業規則などであらかじめ明記する必要があるため、正しくない。⑥は、同じ者が長期にわたって同一業務を行うことは望ましくないため、正しくない。⑦は、すべての手続きに1人の者だけが関与する体制は望ましくないため、正しくない。

問題5 答え①③④

②は、就業規則の規定はチェックの対象であるため、正しくない。⑤は、内部統制システムはチェックの対象であるため、正しくない。

問題6 答え①②⑤

③は、贈収賄罪とは日本では公務員やみなし公務員の公権力行使に関する違反規定であるため、正しくない。④は、事実関係の調査は重要であるため、正しくない。⑥は、ウェブサイトなどでの公表や個別の説明は必要であるため、正しくない。

問題7 答え②

①は、事業団体の会合とは別の場所でひそかに入札価格に関する協定を取りかわすのは独占禁止法違反にあたるため、正しくない。③は、官製談合への参加は独占禁止法違反であるため、正しくない。④は、優越的地位を活用して値下げを迫るのは独占禁止法違反であるため、正しくない。

第 15 章
事故・災害時にかかわる
リスクマネジメント

ココがポイント

▶ パンデミック感染の社員は保健所の指示で就業を禁止。休業手当は不要

▶ 事故・事件対策は、防災責任者の設置・緊急時マニュアルの作成・情報公開が重要

▶ 自然災害対策は、危機管理態勢・安否確認・対外情報開示・顧客対応が重要

1 感染症に関するリスク

　感染症が世界的規模で同時に流行するような爆発的感染拡大を**パンデミック**と呼びます。世界保健機関（WHO）では、HIV ／ AIDS、結核、マラリアを三大感染症としていますが、世界では新しい感染症が次々と生まれています。

　たとえば、鳥インフルエンザなどの**新型インフルエンザ**の感染拡大、2020年から猛威をふるう**新型コロナウイルス**（COVID-19）の世界的流行、2002 〜 03年に流行したSARS（重症急性呼吸器症候群）などがパンデミックにあたります。アフリカ諸国ではエボラ出血熱の感染拡大が発生するなどしていますが、新型インフルエンザやエボラ出血熱などは免疫を獲得している人がほとんどいないため、人から人への爆発的感染拡大を引き起こす危険性があります。

　パンデミックが発生すると「**医療サービス供給の破たん**」「国民生活に必要な**食料品・生活必需品などの確保が困難**」「電気・水道・通信・交通などの**社会機能が維持されなくなるおそれ**」「社会不安による**精神的苦痛や治安悪化**」などが懸念されます。また、企業活動に関しても業務に悪影響を及ぼすリスクとして、次のようなものがあります。

新型インフルエンザ　人から人に伝染する能力を有することとなったウイルスを病原体とするインフルエンザ感染症。急速なまん延によって生命や健康に重大な影響を与えるおそれがあります。

CHECK パンデミック発生時の企業リスク

・業務遂行が不可能になり、契約不履行に陥って損害賠償を被るリスク
　▶第11章で解説した事業継続計画（BCP）の作成と運用が重要
・顧客や取引先に感染させるリスク
・従業員が感染するリスク
・不用意な鎮痛剤の提供や、医薬品医療機器等法違反のリスク

職場での新型インフルエンザへの対応

　従業員が新型インフルエンザに感染した場合、組織は法律上、就業禁止措置を講じる必要があります(労働安全衛生法68条、労働安全衛生規則61条)。発生している新型インフルエンザが就業禁止措置の対象かは厚生労働省の情報に基づいて判断しますが、新型インフルエンザによる従業員の休業は、「使用者の責に帰することのない休業」のため、休業手当（賃金の支払い）は不要です。

　新型インフルエンザへの対応は、「感染者への対応」と「感染防止の対応」について理解しておくことが重要です。特に二次感染を防止して、さらなる感染拡大を避けるためにも、従業員の家族に感染者がいないか確認したり、保健所などと連携して対応したりすることが必要です。

●感染者への対応

新型インフルエンザを発症した従業員への対応	・別室などに移動させて、ほかの従業員や顧客への二次感染を防止する ・保健所に連絡して罹患（りかん）した従業員の搬送先や搬送方法の指示を仰ぐ
感染が疑わしい従業員への対応	・二次感染を防止するため、保健所に連絡して指示を仰ぐ
同居の家族が感染した従業員への対応	・その従業員または組織が保健所に連絡して指示を仰ぐ ・濃厚接触（患者と同居する、手で触れたり会話したりすることが可能な距離で接触するなど）の可能性が高い場合、従業員の出社は不可。自宅待機期間の経過後も発症しなかった場合、保健所の意見を踏まえて出社の可否を判断する※

※濃厚接触者は、感染拡大の初期段階では最大で10日間の自宅待機を要請される場合があります。また、感染拡大の二次段階以降では保健所から外出自粛を要請される場合があります。

●感染防止の対応

二次感染を防止するための対応	・発症した従業員が使用した場所を、消毒剤を用いて拭き取り清掃を行う ・清掃は1日1回以上行い、消毒や清掃を行った時間の記入・掲示をする
感染防止策の実施	・来訪者による職場への入場を制限する ・通勤ラッシュを避けるため、時差出勤や自家用車・自転車による出勤を推奨する ・出勤時に体温を測定する ・勤務スペースのレイアウト変更などで、2m以上の対人距離を確保する

新型インフルエンザに対する日常的なリスクマネジメント

　新型インフルエンザの発症が収束しても油断は禁物です。なぜなら、インフルエンザウイルスは変異を繰り返すため、収束したインフルエンザと異なる型のインフルエンザが新たなパンデミックを引き起こし、猛威をふるう危険性があるからです。マネジャーは日ごろからリスクマネジメントを心掛け、たとえインフルエンザによって従業員が休業する事態に陥っても、残った人員で業務を継続できる体制を整備しておくことが求められます。

●日常的なリスクマネジメント

対応	ポイント
① 在宅勤務	・機密情報が漏れないように十分なセキュリティ対策を講じる ・労務時間の把握と人事考課の運用など、在宅勤務の規程を整備する
② 複数班による交替勤務	・勤務班と自宅待機班など、複数による交替勤務の体制を整備する
③ クロストレーニング	・各従業員が複数の重要業務を遂行できるように訓練することで、万が一の場合でも代替要員が業務を遂行できる
④ 代行者の指名	・マネジャーが感染した場合の代行者（意思決定者）をあらかじめ選定し、マネジャー自身が新型インフルエンザの感染によって就労不能になる事態に備える

　クロストレーニング　スポーツの用語で、専門種目と異なる種目も練習メニューに入れることによって、結果的に専門種目の力を向上させようとするトレーニングをいいます。

たとえば警察庁長官は、事故やその他の緊急事態で現場の責任者が不在の場合は、代行者を指名して現場の指揮を執らせることができます。同様に、マネジャーは新型インフルエンザが職場で発生したと仮定し、クロストレーニングや複数班による交替勤務、代行者の指名などをイメージしてみるとよいでしょう。

2 事件・事故に関するリスク

事件や事故に関するリスクには、危険物や有毒・有害物質、バイオ関連物質などの取り扱いなどに関する施設の事故や、貨物の滅失・毀損、所在不明や、輸送不能などの貨物等運送物資に関する事故があります。それぞれの対応や体制の整備などについて理解しましょう。

施設における事故への対応

事業用施設における事故では、危険物や有毒・有害物質、バイオ関連物質などを伴うものがあります。事故が生じると施設が一定期間使用できなくなり、事業の継続が困難になります。また、行政機関とやり取りしたり、マスコミなどの報道機関や情報の公開に対応したりすることが求められます。

実際の例で考えてみましょう。2011年3月11日に起こった東日本大震災では、福島第一原子力発電所事故が我が国における未曾有の施設事故へと発展しました。放射性物質の大気中への飛散、放射能汚染水の流出、作業員の被ばくはもちろん、当時の電力会社の情報公開のあり方にも強い非難の声があがり、また、行政やマスコミも国民の安全を守るための十分な対応や報道をしていないと厳しく批判されました。一方、アメリカのジョン・ルース駐日大使は、当時、同原発の半径80km以内にいるアメリカ人に避難するよう勧告しています。これは日本政府が指示している半径20km以内からの避難では、アメリカ国内の安全指針を満たせないと判断したためです。

施設における事故への対応では、負傷者の救護や研究・開発設備の復旧は言うまでもありませんが、次に挙げる点に対応することもとても重要です。

●施設における事故への対応

管理	ポイント
① 二次災害の防止措置	・防止措置は必ず防災責任者のもとで実施する
② 行政機関への通報	・必要に応じて警察や消防署等に通報する ・消防法や高圧ガス保安法などの法令に従い、所定の届出を行う
③ 情報の公開	・周辺住民対策や反対運動対策のためにも、事故の概要や安全性について情報を公開する ・情報の公開は、企業の将来性や株価に影響する
④ 緊急時体制の構築、マニュアルの作成、訓練	・法令よっては平常時および緊急時の監督者等を選任した上で、事前の届出が求められている ・緊急時の体制や初動対応についてのマニュアルを作成し、施設にかかわる全員に配付する ・マニュアルには「専門知識や装備がない者は速やかに現場を離れる」と明記する ・定期的に防災訓練を行う
⑤ 周辺への被害防止	・十分な敷地面積の確保、設置基準の遵守、建物の二重構造化対策などを行う

貨物等運送物資事故への対応

　貨物輸送の事故への対応では、運送業者は貨物の中に何が入っているのかを確認するなど、引き受け時の貨物情報の収集、貨物取扱担当者による貨物へのアクセス手段の構築（ICT 利用による場所の追跡システム）、リスク回避のための保険契約などが重要です。なお、冷蔵品などは特殊な保管方式を必要とするため、施設の被害状況をあわせて確認しましょう。

　海上輸送は日本の経済活動・国民生活を支えていますが、リスクとして海難事故があります。たとえば気象や航行水域、船体の状況などが原因で座礁、衝突、浸水、火災、転覆などの事故につながり、その結果、積み荷の損傷、海洋汚染、船員の死傷などが起こります。ほかにも、イラン・イラク戦争などの戦争、テロや海賊も船舶・積み荷へのリスクとして考えるべきです。

　また最近では、陸上運送中の貨物の高速道路上での落下物の量の多さが注目されています。なお、国土交通省への報告義務が自動車事故報告規則などで規定されています。

二次災害　事件や事故、災害が起こった後に、それに派生して起こる災害。豪雨の後の土砂崩れ、地震でガス管が損壊したことによる爆発事故、救助隊の遭難などが二次災害にあたります。

●貨物等運送物資事故への対応

対応	ポイント
① 保管場所の選定	・地震や土砂崩れ、水害などの自然災害の場面を想定し、候補地を検討する ・倉庫の設備や荷積みなどの具体的な方法をあわせて検討する
② 貨物情報の収集	・引き受け時の貨物情報を収集する
③ アクセス手段の構築	・ICT による追跡システムなどで、貨物の所在地（いま、どこにあるのか?）を「見える化」する ・アクセス制限を設ける
④ 現状確認と保全	・まずは無傷の貨物への被害拡大を避ける ・所在地の安全を確認して、貨物を安全な場所に移す ・冷蔵品などは特殊な保管方式が必要なため、保管施設の被害状況を確認する
⑤ 依頼主や行政機関への連絡	・必要な代替措置を取ってもらうため、依頼人や荷受人へ速やかに連絡する（代替輸送手段を検討する） ・事件や事故の内容によっては、警察や消防、関連行政機関に通報する ・自動車事故報告規則（運輸省令第104号）や告示（告示第1224号）などによって規定された事故の場合は、所定の方法で国土交通大臣に報告する ・特に重要性や緊急性が高いケースは、24 時間以内に運輸監理部長または運輸支局長に速報する（自動車運送事業者等用緊急時対応マニュアルを事務所等に備え付ける）
⑥ 事実経過の調査	・初動対応の後に、あらためて事件・事故の経緯、原因を調査する ・損害賠償について争いが起こった場合を想定して調査する

第15章 事故・災害時にかかわるリスクマネジメント

3 自然災害に関するリスク

　自然災害リスクとは、地震や台風などによって業務に大きな支障をきたすおそれのことを指します。過去の大規模な震災を受けて、多くの企業では災害対策の教育・訓練が行われていますが、自然災害の危機管理に備えた事業継続計画（BCP）や危機管理計画の構築と運用も重要です。

●自然災害リスクへの対応

対応	ポイント
① 二次災害の 防止措置	・従業員や顧客を安全な場所に退避させる ・応急措置を行ったり、警察・消防へ通報したりする
② 危機管理態勢への 移行	・事前に事業継続計画（BCP）や危機管理計画を構築して、 従業員に周知する ・「震度6以上の地震」「風速25m以上の台風」などの 客観的な基準が必要
③ 従業員の安否確認	・携帯電話の電子メール、災害用伝言ダイヤル（171）、 災害用ブロードバンド伝言板（web171）などを利用する ・固定電話や携帯電話は通信制限がなされる場合が多いため、 つながらないおそれがある
④ 被害状況の確認	・安全に十分に配慮した上で、設備や商品などの損害状況を 確認する
⑤ 被害の復旧・ 通常業務への復帰	・中核となる事業やボトルネックとなる要素から優先して 復旧させていく
⑥ 対外的情報開示と 顧客対応	・一般顧客や取引先、官公庁・自治体、マスコミなどに対して 情報の開示をする ・SNSなどにおけるデマや誤情報に対応する （削除を要請したり、修正情報を提供したりする）
⑦ リスク管理計画や 事業継続計画の見直し	・危機管理対策本部の構成や、構築手順、連絡手段、 初期対応などを策定する ・定期的な訓練を実施し、PDCAサイクルを活用して改善点の 検証・検討、計画の見直し・修正を行う
⑧ 教育・訓練	・従業員にリスク管理計画を周知して、定期的に教育や訓練を 行う

あなた自身や組織の主要メンバーの一部が出社不可能になったと
仮定し、組織の簡単な事業継続計画（BCP）を考えてみましょう。
事故や災害時のリスクマネジメントを理解しやすくなります。

安否確認 災害時に家族や知人、職場の同僚など組織のメンバーの無事や居場所を確認することをいいます。

練習問題

 感染症によって引き起こされたパンデミックに組織が襲われた場合のリスクに関する記述で正しいものをすべて選びなさい。

①人員不足による取引契約上の業務の不履行の結果、損害賠償責任が発生する。

②取引先や顧客先に新型インフルエンザを感染させるリスクが発生する。

③パンデミック時の業務継続による多くの従業員への感染リスクが発生する。

④パンデミック時の休業による病院関係者への感染リスクが発生する。

⑤頭痛を訴えている従業員に対して自分が医師から処方された鎮痛剤を不用意に提供することによって、医療品医療機器等法違反のリスクが発生する。

 新型インフルエンザの発生への対応に関する記述で正しいものをすべて選びなさい。

①従業員が新型インフルエンザに感染した場合、組織はその者の就業を禁止する義務がある。

②新型インフルエンザの感染による休業に対しては、休業手当を支払う必要がある。

③感染が疑われる部下に関しては保健所の指示を仰ぐ必要がある。

④部下の同居の家族が新型インフルエンザに感染した場合には、濃厚接触者と保健所が判断し、外出の自粛を要請されることがある。その場合、部下の出社は許されない。

⑤感染症発症時の対策として、在宅勤務や複数班による交替勤務、クロストレーニングなどを行った。

⑥在宅勤務は感染防止策としては考えられていない。

⑦マネジャー自身の感染対策として、意思決定代行者の指名は有効な策である。

 事件や事故のリスクに関する記述で正しいものをすべて選びなさい。

①二次災害の防止のための消火などの防止措置においては、防災責任者の指示は望ましいが必須ではない。

②事件や事故の場合、情報の公開は適宜行う必要がある。情報開示の不手際や不正確な情報は周辺住民の感情を悪化させ、場合によっては反対運動などに発展するリスクがある。

③警察や消防など行政への通報は必要に応じ行う。消防法や高圧ガス保安法など届出が義務づけられている場合がある。

④事件や事故に対する緊急時体制の構築やマニュアルの作成、訓練は必要だが、緊急時監督者の選任や届出、講習の受講は義務づけられてはいないため、企業は個別に対応する必要がある。

⑤貨物等運送物資事故への対処策として引き受け貨物の中身の事前確認などは必要ない。

⑥担当者によるIT などを利用した貨物所在地へのアクセスは、緊急事態を考えれば必須である。ただし、不正防止のため、アクセス可能な者やアクセス方法には制限が必要である。

問題4 自然災害のリスクに関する記述で正しいものをすべて選びなさい。

①大規模自然災害への備えとして「リスク管理計画（危機管理計画）」の策定が必要である。

②リスク管理計画を実施する危機管理態勢への移行には「震度6以上の地震発生時」などの客観的な基準が必要である。

③危機管理態勢への移行基準は管理職のみが把握していればよく、すべての部下に周知徹底する必要はない。

④安否確認は個人の裁量でそれぞれが行う。そのため、緊急時の従業員の安否確認は一般的には必要ない。

⑤組織の設備や商品などの被害状況の確認は、確認にあたる従業員の安全に配慮しながら実施されるべきである。

⑥SNS などで誤情報やデマ情報が出回るリスクがあるが、その場合は直ちに修正情報を提供する必要がある。

問題5 事故災害時の行政機関への通知に関する記述で正しいものをすべて選びなさい。

①複数の部下が新型インフルエンザに感染したため、保健所に連絡し、指示を受けた。

②施設における爆破事故が発生したため、必要に応じ国土交通大臣に報告した。

③輸送中、火薬類の積み荷が落下して火薬が漏れ、高速道路の通行を妨げたため、消防と警察に通報して終わった。

問題1 **答え**①②③⑤

④は、病院関係者への感染リスクは関係がないため、正しくない。

問題2 **答え**①③④⑤⑦

②は、新型インフルエンザの感染による休業に対しては、休業手当を支払う必要がないため、正しくない。⑥は、在宅勤務は新型インフルエンザ感染防止対策として正しい方策の1つであるため、正しくない。

問題3 **答え**②③⑥

①は、消火などの防止措置においては防災責任者の指示は必須であるため、正しくない。④は、緊急時監督者の選任や届出、講習の受講などは法令などで義務づけられている場合があるため、正しくない。⑤は、引き受け貨物の中身の事前確認は必須であるため、正しくない。

問題4 **答え**①②⑤⑥

③は、危機管理態勢への移行基準は従業員への周知徹底が必要であるため、正しくない。④は、緊急時の従業員の安否確認は必要であるため、正しくない。

問題5 **答え**①

②は、施設における事故発生時の通報先は、国土交通大臣ではなく、警察・消防であるため、正しくない。③は、輸送中の事故は警察・消防だけでなく、国土交通省にも速報（24時間以内）が必要であるため、正しくない。

ここまでビジネスマネジャー検定試験で問われる
ポイントを学習してきました。
次は模擬試験問題に
チャレンジしてみましょう。

本書で学習した内容は、マネ
ジャーに求められる実践的な知
識ばかりです。定期的に本書を
見直し、実際のビジネスの現場
で役立ててください。

4th edition 対応

ビジネスマネジャー
検定試験®
対策問題集

最新のビジネスマネジャー検定試験公式テキスト（4th edition）と

過去問題を分析し、模擬試験問題を作成して掲載しています。

掲載している問題は、今後の試験で出題が予想される分野や、

最新時事問題などから作成しています。

問題 1

未来予想が困難である現代社会の特性を「VUCA」と呼び、複雑で理解し難く、想定外のことが起こるために、予想が困難であることを示している。その環境変化への対応として、時代の変動性に敏感に気づき、テクノロジーの理解、正しい情報の収集と分析が求められ、素早く意思決定できる柔軟な組織に変革することが求められている。「VUCA」に関する記述で適切なものをすべて選びなさい。

① 「VUCA」時代において、企業にはステークホルダーへの積極的な情報開示は求められていない。
② 「VUCA」の例として、技術革新は含まれるが、地球温暖化による気候変動は含まれない。
③ 「VUCA」への対応として、自社において収集されたデータやマーケットのデータを分析することにより、未来の変化の兆候を察することができれば、適切な経営判断の材料となり得る。
④ 「VUCA」の時代において、これまでの成功事例を生かしてこそ、乗り越えることができるため、人材マネジメントの刷新は必要ない。
⑤ 「VUCA」の時代において、求められる人材とは、慣例にとらわれることなく、多様性を認め合い、自分で考えて行動できる人である。

問題 2

デジタル庁の「年次報告書」では、「デジタル技術の進展により、多様な状況や要望への対応を低コストで実現できるようになり、一人ひとりに合わせたきめ細かいサービスや体験を提供できるようになってきました。このデジタルの活用を社会全体で協力しながら進め、誰一人取り残されることなく、多様な幸せを実現できる社会を目指します」と記されている。デジタルの活用により目指す社会の姿として、以下の記述を読み、その内容が適切であれば①を、適切でなければ②を選びなさい。

社会全体のデジタル化は、国民生活に大きな利便性をもたらし、業務や事務における手間を大幅に削減し、新たな産業やビジネスが生まれる機会を創出する。一方で、社会のデジタル化において前提となるのは国民一人ひとりの安全・安心となる。誰もが安心してデジタルの恩恵を享受できる「人に優しいデジタル化」を進めるため、具体的には、「持続可能な社会」「一人ひとりにサービスを」「すべての人にデジタル化の恩恵を」「デジタル教育を推進」「国際連携で世界をリード」などを掲げているが、地域の活性化については記載されていない。

問題 3 SDGs と ESG に関する（ア）～（オ）の記述について、その記述が適切なものを○、適切でないものを×とした場合に、正しい組み合わせを選びなさい。

（ア）SDGs は、国や企業が持続可能な世界を実現するための目標であり、ESG は、企業が安定的かつ長期的に経営を進めるための重視する要素である。

（イ）SDGs と ESG はともにステークホルダー主義である。

（ウ）SDGs と関連するキーワードとして、サステナビリティがあるが、サステナビリティとは、経済、社会、環境の持続可能性を意味するものであり、SDGs 達成のための活動が、サステナビリティである。

（エ）SDGs の目標達成のためには、国や企業、自治体だけでなく個人でも参加できる取り組みがある。その取り組みとして、エコバックやマイボトルの使用、電気などのエネルギー消費に配慮するなどがあるが、農産物などはできるだけ地元のものを買う取り組みは含まれない。

（オ）ESG 投資では、一般的に企業の財務情報に加えて、非財務情報である、環境・社会・企業統治の向上を加味し、短期的なリターンを目指している。

① （ア）○ （イ）○ （ウ）○ （エ）○ （オ）○
② （ア）× （イ）○ （ウ）× （エ）○ （オ）×
③ （ア）○ （イ）× （ウ）× （エ）× （オ）○
④ （ア）× （イ）× （ウ）○ （エ）○ （オ）×
⑤ （ア）○ （イ）○ （ウ）○ （エ）× （オ）×

問題 4 自己成長を促す「メタ認知」に関する記述で、その内容が適切なものをすべて選びなさい。

①メタ認知の能力が低いと、思い込みにより周囲の認識とずれた言動をとることがあり、自己中心的な人と受け止められてしまう。

②メタ認知能力が高いと、周囲がどう感じているか理解できないため、組織の中では協調性が低く、円滑な人間関係を構築しながら、業務を進めることは難しい。

③メタ認知能力を高めることにより、チーム内外での対応力や変化への適応力が向上して課題解決力も期待できるが、自身の思考力の疲弊も起こり得る。

④メタ認知的知識には、「人」「課題」「経験」の３つの要素がある。

⑤メタ認知的活動のモニタリングは自身による自己認知状態の観察を示し、コントロールは、モニタリングの状況把握により感情のコントロールや改善に向けて行動を変えるこ

とを意味する。

⑥メタ認知能力を向上させるためには、自己の知識の有無を選別することより、なにごとにも貪欲に取り組み、知識を積み上げることが大切だ。

⑦メタ認知の役立つ例として、「ネットに掲載されている主張が常に正しいとは限らない」「判断には、バイアスがつきものだ」とするメタ認知的知識を踏まえて、慎重に判断しようと心掛ける姿勢が考えられる。

 問題5 テレワークやオンライン会議でのコミュニケーションの注意点について、適切なものをすべて選びなさい。

①テレワークが注目されるようになった背景は、新型コロナウィルス感染拡大への対策であり、労働人口の減少とは関係はない。

②テレワークの導入に向いている職種としては、IT関連・バックオフィス系などがあるが、営業職には向いていない。

③テレワークは、環境負荷の低減にはつながらない。

④テレワーク時の課題として、コミュケーション不足があるが、休憩等を利用して業務に関係することの対話を重ねることが大切で、他愛もない雑談は必要ない。

⑤オンライン会議の普及以前にテレビ会議があったが、利用者は限定的であった。その理由は、専用機器・専用回線の利用が必要であったためである。

⑥オンライン会議でのエチケットとして、適切な服装・背景・ミュートの利用・積極的な参加の姿勢が考えられる。

⑦オンライン会議では、本来、参加するはずのない第三者の不正アクセスも起こり得ることを想定し、暗号化機能・接続IDの設定機能・端末認証機能などのセキュリティ項目を確認する。

 問題6 相手を理解し、相手との良好な関係の構築に有効な「ソーシャルスタイル理論」に関する記述について、適切なものをすべて選びなさい。

①ソーシャルスタイル理論は、相手を理解し、相手との良好な関係性を築くためのコミュニケーション理論である。

②ソーシャルスタイル理論は、主に「自己主張」と「感情」の豊かさから、人のコミュニケーションスタイルを「アナリティカル」「ドライビング」「エモーション」「エクスプレッシブ」の4つに分類している。

③自己主張も感情表現も控えめなのは、エクスプレッシブである。

④積極的に自己主張し、感情表現が豊かなのは、アナリティカルである。

⑤自分が注目されたい人の特性は、ドライビングに分類される。

⑥ソーシャルスタイル理論の有効な範囲は、チーム内であり、他部署や社外の人までは活用できない。

問題 7　1on1ミーティングに関する（ア）〜（オ）の記述について、その記述が適切なものを○、適切でないものを×とした場合に、正しい組み合わせを選びなさい。

（ア）上司と部下の双方向のミーティングによる、部下育成やモチベーション向上に有効な手段である。

（イ）今期の目標などの人事評価をすり合わせる場でもある。

（ウ）実施や運用のステップとして、部下が仕事の悩みやキャリア等についての話したいことを決め、自身の考えを伝える。マネジャーは部下が話しやすい環境を準備し、部下に寄り添いながらしっかり話を聞き、アドバイスを行う継続性のないミーティングである。

（エ）1on1ミーティングの導入により、マネジャーは現場への理解が深まり、心身の不調への早期対処が可能ではあるが、生産性の向上にはつながらない。

（オ）フィードバックは、目標達成のための軌道修正の機会でもあるが、マネジャーには的確なフィードバックを行うための知識や経験等、幅広いスキルが求められ、マネジャー自身のスキルアップにもつながる。

① （ア）○　（イ）○　（ウ）○　（エ）○　（オ）○
② （ア）○　（イ）○　（ウ）×　（エ）×　（オ）×
③ （ア）○　（イ）×　（ウ）×　（エ）×　（オ）○
④ （ア）×　（イ）○　（ウ）×　（エ）○　（オ）×
⑤ （ア）×　（イ）×　（ウ）×　（エ）○　（オ）○
⑥ （ア）×　（イ）×　（ウ）○　（エ）○　（オ）×

問題 8　「心理的安全性」に関する（ア）〜（オ）の記述について、適切な記述は○、そうでない記述は×とした場合に、正しい組み合わせを選びなさい。

（ア）心理的安全性とは、アメリカの産業社会学の研究者である、エイミー・C・エドモンドソンが概念を提唱した。

（イ）心理的安全性のあるチームでは、人と違うことを受け入れ、ほかのメンバーに助けを求めやすい。

（ウ）心理的安全性の高い職場では、課題や問題点についてメンバーからのアイディアや意見により解決が可能となる。

（エ）心理的安全性の高い職場では、メンバーが自分の仕事にのみ興味を持っている。

（オ）心理的安全性のある職場では、様々な考えや能力を持つ人が集まるため、議論に時間がかかるだけにすぎず、結論に至らない。

① （ア）× （イ）○ （ウ）○ （エ）○ （オ）○
② （ア）× （イ）○ （ウ）○ （エ）× （オ）×
③ （ア）× （イ）× （ウ）○ （エ）× （オ）○
④ （ア）○ （イ）× （ウ）× （エ）× （オ）×
⑤ （ア）○ （イ）× （ウ）× （エ）× （オ）○
⑥ （ア）○ （イ）○ （ウ）× （エ）○ （オ）×

問題9

アメリカの心理学者リチャード・M・ライアン＆エドワード・L・デシが提唱した自己決定理論とは、動機づけには内発的動機づけと外発的動機づけがあるとする、モチベーション理論である。何に取り組むかを自ら決定し、自分の意志で行動しているという実感を持つことが、内発的なモチベーションを高めるという理論である。自己決定理論に関係する記述で適切なものをすべて選びなさい。

①福利厚生を充実させたり、職場環境を改善したりすることは、社員の仕事への意欲を高めることが期待できる、内発的動機づけである。

②内発的動機づけのメリットは、自身の内面から湧き起こる仕事への興味・関心や意欲であるため、難しい仕事でも前向きに取り組めることである。金銭的な報酬による動機づけよりも、仕事への満足度や生産性が高いと言われている。

③得られる「評価」や「報酬」に慣れてしまい、効果が継続しにくいといわれるのは、内発的動機づけである。

④内発的動機づけが抑制され、モチベーションが低減する効果をアンダーマイニング効果といい、やりがいを感じていた仕事であっても、報酬を与えるなど外発的な動機づけにより、その仕事が報酬を得る手段になってしまい、モチベーションが低減する現象をいう。

⑤プロジェクトの成功により報酬を受けるなど、外発的動機づけにより、仕事に充足感を覚えて成長を実感するなど、動機が内発的になり、モチベーションが向上する効果をエンハンシング効果というが、働き方改革とは関係しない。

問題 10

経済産業省では、ダイバーシティ経営を『「多様な人材を活かし、その能力が最大限発揮きる機会を提供することで、イノベーションを生み出し、価値創造につなげている経営』と定義しています。「多様な人材」とは、性別、年齢、人種や国籍、障がいの有無、性的指向、宗教・信条、価値観などの多様性だけでなく、キャリアや経験、働き方などの多様性も含みます。「能力」には、多様な人材それぞれの持つ潜在的な能力や特性なども含みます』としている。以下のダイバーシティに関する記述について、その内容が適切なものを 1 つ選びなさい。

①国連は SDGs の 17 の目標の中に、ダイバーシティを掲げている。
②毎年、世界経済フォーラムが、男女の違いにより生じる様々な格差について発表する「ジェンダーギャップ指数」のうち、日本は教育や健康分野ではほぼ満点にあるが、経済分野での指数が最も低い。
③取締役会における多様性の確保として、取締役会はジェンダーや国際性の面を含む多様性を十分に確保した形で構成することが示されているが、政府は女性役員の比率には触れていない。
④ダイバーシティ推進は、LGBTQ への理解推進、産後パパ育休制度（男性の出生時育児休業制度）による男性の育児参加、シニア層の活躍の場の確保、障がい者の雇用推進、外国人材の雇用促進等、女性の活躍推進だけではない。
⑤ダイバーシティ推進とリモートワークやフレックスタイム制などは関係がない。

問題 11

令和 5 年 5 月に外務省が公表した資料「持続可能な開発目標（SDGs）達成に向けて日本が果たす役割」では、SDGs17 の特徴を 5 分類している。以下の記述のうち、SDGs の特徴に該当しないものを 1 つだけ選びなさい。

①普遍性（先進国を含め全ての国が行動）
②包摂性（人間の安全保障の理念を反映し「誰一人取り残さない」）
③参画型（全てのステークホルダーが役割を）
④統合性（社会・経済・環境に統合的に取り組む）
⑤透明性（定期的にフォローアップ）
⑥産業上の有用性（産業の発展を優先する）

問題 12 令和5年5月に外務省から出た「持続可能な開発目標（SDGs）達成に向けて日本が果たす役割」の一節である。当てはまる用語を選択肢から選びなさい。

持続可能な開発目標（SDGs）とは「2015年9月の国連サミットで全会一致で採択。（「（　ア　）」）持続可能で（　イ　）と（　ウ　）のある社会の実現のため、（　エ　）年を年限とする（　オ　）個の国際目標」である。

＜選択肢＞
（ア）：先進国を含め全ての国が行動　　　誰一人取り残さない
　　　　全てのステークホルダーが役割を　　社会・経済・環境に統合的に取り組む
（イ）（ウ）：普遍性　　包摂性　　参画性　　統合性　　透明性　　多様性
（エ）：2020　　2030　　2050
（オ）：10　　15　　17　　20

問題 13 テレワークには様々なタイプがある。以下の記述を読み、相当するテレワークのタイプを選択肢から選びなさい。

①A氏は時々行きつけの喫茶店でパソコンを広げて働いている。
②自宅に受験生のいるB氏は、会社の契約したコワーキングスペース（シェアオフィス）に一席を借りて働いている。
③出張の多いC氏はしばしば新幹線の中でパソコンを広げて働いている。
④D氏は自宅でのびのびと働いている。
⑤E氏は会社がフリーアドレス制を導入したため、毎日パソコンを持って通っている。

＜選択肢＞
在宅勤務型テレワーク　　　モバイルワーク　　　サテライトオフィス利用
テレワークに該当しない

問題 14 人材のマネジメントとSDGsに関する記述で正しいものをすべて選びなさい。

①アンダーマイニング効果はSDGs達成上、マイナスの効果である。
②エンハンシング効果はSDGs達成には関係がない。

③変化を続ける新しい時代環境への適応力を考えれば、人材の多様性（ダイバーシティへの対応）はマネジメントに求められる能力の1つであると同時にSDGsの目標達成にも効果がある。

④人材の多様性（ダイバーシティへの対応）はSDGsの17の目標のどこにも記述がなく、SDGsの目標達成には無関係である。

問題15 ダイバーシティ即ち多様な人材のマネジメントに関する記述で正しいものをすべて選びなさい。

①多様な人材のマネジメントには正規雇用以外に非正規労働者、障がい者、高齢者、育児中の者や要介護者を持つ者、外国人、更にLGBTQや世代の多様性を考慮に入れる必要がある。

②世代の多様性に対処する手段の1つとしてマネジャーはチーム全員の共通目的よりも1on1ミーティングなどにより個々人の欲求への理解を重視する必要がある。

③LGBTQはジェンダー平等を完全に超えた概念であるためSDGsには関係がない。ゆえにSDGs上の考慮は不要である。

④国土交通省が過疎地などでも個人タクシーの営業を認め、運転手の年齢上限を80歳に引き上げる動きをする中、世代の多様性はもはや当たり前の時代であり、マネジャーは特に考慮する必要はない。

問題16 CSRとCSVに関する記述で正しいものをすべて選びなさい。

①CSRはフィランソロピー（社会貢献的活動）など本業の周辺の活動に位置づけられることも多い。

②熊谷組による近隣の小学校、中学校、高校の授業カリキュラムの1つとして、建設業の特性を活かした独自の環境学習の実施はCSVに位置づけられる。

③大川印刷の再生可能エネルギー100%での印刷はブランド面からゼロカーボンプリントと呼ばれており、「環境印刷」として本業とCO$_2$の削減を両立するCSVに位置づけられる。

④企業によるSDGs達成の具体的手段の1つとしてCSRやCSVがある。一方、SDGsは持続可能な社会の方向性を示したものである。

⑤CSVとバリューチェーンは、ともにマイケルポーター氏が提唱した概念であり、CSVはバリューチェーンの収益活動の側面がある。一方、CSRはCSR調達のようなサプ

ライチェーンのプラスアルファー的な側面がある。

問題17　ヨーゼフ・シュンペーターが定義したイノベーションに関する記述について正しいものをすべて選びなさい。

①プロダクト・イノベーションとは、従来にない品質や機能の新製品を開発して、消費者に新たな価値を提供するイノベーションである。
②工場に製造ロボットを導入して工場の生産を革新するのは、プロセス・イノベーションである。
③A社は苦手のEC（ネット通販）でサイトや物流を革新し、売り上げを拡大するのに成功した。これはマーケットイノベーションである。
④B社は新たにフランチャイズ制度を導入し、売り上げを10倍にすることに成功した。これはオーガニゼーション・イノベーションである。
⑤米中対立により西側諸国の企業は生産基地や物流などの難問を抱えている。これはプロダクト・イノベーションの領域である。

問題18　イノベーションとサプライチェーンに関する記述で正しいものをすべて選びなさい。

①バックキャスティングもフォアキャスティングもともにイノベーションの手段である。
②イノベーションによりモノや仕組み、サービス、組織、ビジネスモデルが大きく変わる可能性が高い。当然、新規ビジネス進出やEVのような製造にかかわる技術の根本的変更となれば既存のサプライチェーンは廃止され、新しいサプライチェーンに置き換わる可能性が出てくる。
③SDGsは持続可能な社会の未来の姿や方向性を示したものである。したがって多くの場合、既存のビジネスモデルの改善よりもバックキャスティングなどによるイノベーションと相性がよい。
④イノベーションによるSDGsの実現のためには、企業は具体的方法論としてCSV（Creating Shared Value）などが利用される。
⑤イノベーションとその対象となる既存のサプライチェーンはまったく関係ない。

問題 19 統合報告書の重要性を説明する以下の記述で正しいものをすべて選びなさい。

①統合報告書とは、売上や利益などの業績に関する財務情報と、CSR レポートや ESG レポート等で開示される非財務情報を統合したレポートである。

②統合報告書の報告対象は、株主、投資家、取引先、金融機関、地域社会、従業員といったステークホルダーであり、経営実態や持続的な成長への取り組み、中長期的な価値創造などを発信している。

③自然資本を除く、知的資本、製造資本、社会・関係資本などは、人的資本（ヒト）により創出され、市場を通じて非財務資本を生み出す。

④2006 年の米国マイクロソフト社のバランスシート（財務資本）は、総資産 700 億ドル（内現預金や金融資産 600 億ドル）、工場や設備は 40 億ドルとわずか 4 ％である。一方、時価総額は 2500 億ドルである。これはマイクロソフト社のパワーの源泉が非財務資本にあり、その開示が重要であるということを意味する。

⑤日本取引所のスチュワードシップ・コード（2021 年改訂版）は、非財務情報の開示を要請している。

問題 20 メーカー A 社は調達・生産・物流・販売等のサプライチェーン領域を持ち、生産や物流などの現場を除いて、週に 1 回出社のテレワークを推奨している。以下の記述で正しいものをすべて選びなさい。

①販売 EC 部門でのテレワークの場合には従業員の中にメンタルヘルス不調を訴える者が出てくるリスクがあるが、A 社では出社の段階でマネジャーが従業員の観察や声がけ及び 1on1 ミーティングなどで対処している。

②テレワークにおいては、雑談は生産性を下げるため重要ではない。

③サプライチェーンにおいて KPI や KGI を設定するのは、サプライチェーン・マネジメントの目的・目標を明確化し、効率的なサプライチェーンの構築を進めるためである。

④サプライチェーンにおいて調達、生産、物流における指標は多くの場合、適正在庫などのような重要業績評価指標（KPI）である。

⑤テレワークを実施中の従業員の労働は実質的に裁量労働であり、従業員の自主性に任せるべき性質のものである。

問題 21 EV化や自動運転の時代になれば自動車メーカーでも非財務資本が非常に重要となる。以下の記述で正しいものをすべて選びなさい。

①EV化や自動運転化が進めば自動車メーカーの中からもスマートフォンのアップル社のように、製造受託企業に自動車生産を委託する可能性が論じられている。そうなれば工場設備への投資もなくなり、GAFAMのバランスシート（財務資本）（例えばマイクロソフトの工場や設備は40億ドルと財務資本のわずか4％）に近づくと予測される。

②自動運転の拡大に伴い、ソフトウェアの付加価値（知的資本）も大きく上昇し、自動運転に関わる1台当たりのソフトウエアコストは、車両原価の2％（2020年）から、2030年には自動運転レベル3車両の11％まで上昇する可能性があるとの予測もある。

③企業の時価総額に占める無形資産の割合は年々増加しており、アメリカ市場では時価総額の90％を無形資産が占めている。

④財務資本においては、人件費は費用であり、今後ともその捉え方で十分である。

⑤日本市場（日経225）の時価総額は、有形資産が占める割合が大きいため、非財務資本の開示は必要ない。

⑥欧州委員会は、2021年4月に、現行の非財務報告指令（NFRD）の改正案として、企業サステナビリティ報告指令（CSRD）案を公表し、企業の非財務資本の開示である統合報告にESGの視点を強化している。

問題 22 以下の記述を読み、コーポレートガバナンス・コードの基本原則に記載されていないものを1つ選びなさい。

①株主の権利・平等性の確保
②株主との対話
③特定の株主への優待制度の整備
④株主以外のステークホルダーとの適切な協働
⑤適切な情報開示と透明性の確保
⑥取締役会等の債務

金融庁と東京証券取引所は2015年3月企業統治指針「コーポレートガバナンス・コード」を取りまとめ、同年6月より適用が開始され、3年ごとに改正されている。一方、SDGsは2015年9月に国連総会で採択され、ESGは2006年当時の国連事務総長が金融業界に向けて提唱している。コーポレートガバナンス・コードとSDGsやESGに関する記述で正しいものをすべて選びなさい。

①コーポレートガバナンス・コードの特色の1つにプリンシプルベース・アプローチ（原則主義）を採用している点が挙げられる。これは行動について詳細に規定するルールベース・アプローチ（細則主義）ではなく、抽象的な表現・内容により、幅広い解釈の余地を与えるという考え方である。

②コーポレートガバナンス・コードのもう1つの特徴に、コンプライ・オア・エクスプレイン（実施と説明）がある。これはコードの各原則を「実施するか」、それとも「実施しない（実施していない）理由を説明するか」を各上場会社・機関投資家が選択するというアプローチである。

③2015年の適用当初の「コーポレートガバナンス・コード」では、社会・環境問題をはじめとするサステナビリティはリスクという程度の認識であったが、2018年の改定では「株主以外のステークホルダーとの適切な協働」の基本原則に「いわゆるESG（環境、社会、統治）問題への積極的・能動的な対応」を求める内容に改定されている。

④2021年の改定では「改訂コーポレートガバナンス・コード」にSDGsが明確に登場し、「株主以外のステークホルダーとの適切な協働」の基本原則に中長期的な企業価値の向上に向け、サステナビリティ課題への積極的・能動的な対応を求める記述が追加されている。

⑤コーポレートガバナンス・コードは、政府や自治体、企業によりSDGsやESGが重視される時代にも、従来と変わらず「株主の権利・平等性の確保」や「株主との対話」の原則を、「株主以外のステークホルダーとの適切な協働」よりもより重視している。

⑥SDGsやESGが重視される時代の進行とともに、資本主義は株主の利益最大化を求める株主資本主義（株主至上主義）から、ステークホルダー資本主義へと移行し始めている感があり、それはコーポレートガバナンス・コードの改定にも反映されている。

⑦非財務情報の重視、人的資本や知的財産への投資は、当初のコーポレートガバナンス・コード設定時から重視されている。

⑧2015年の適用当初は「女性の活躍促進を含む多様性の確保」であった多様性の認識は、2021年の改定では「改定コーポレートガバナンス・コード」に管理職における多様性の確保（女性・外国人・中途採用者の登用）や多様性の確保に向けた人材育成方針・社内環境整備方針と、緻密に変化している。

問題 24

2023 年 10 月に発生した全銀ネット（全国銀行資金決済ネットワーク）が運営する金融機関間の送金システムの不具合は、発生から 2 日後の 12 日に復旧した。約 50 年間の歴史で初めてという障害発生が社会を揺るがせた。原因はリレーコンピューターのソフトウェア上の不具合と発表されている。この問題について金融庁は、全銀ネットに対し、資金決済法に基づいて原因や再発防止策などの報告を求める「報告徴求命令」を出した。

24-1

以下は今回のシステム障害説明の一節である。当てはまる用語を選択肢から選びなさい。

今回の全銀ネットの障害は外部からの（　ア　）や（　イ　）が原因ではない。情報セキュリティの観点からは（　ウ　）に大きな影響が出た。これは IT システムに対する（　エ　）の問題である。

＜選択肢＞ ....

ハッキング　　コンピューターウイルス　　ソフトウェアの更新ミス　　機密性
完全性　　可用性　　環境　　ソーシャル　　ガバナンス

24-2

全銀ネットの障害は 2 日で終焉したが、これがしばしば発生したり、一度の障害が長く続いたりすると企業経営に支障が出ると予測されている。これは継続的なシステム障害は企業のサステナビリティ上のリスクと考えられる。一方で店舗を持たず総コストが非常に安いネット銀行も広がり始めている。以下の記述で正しいものをすべて選びなさい。

①店舗をほとんど持たないネット銀行が上場した場合、時価総額に占める知識資本や人的資本の割合が非常に大きくなる。それはマイクロソフトのような IT 企業とたいして変わらないからである。一方、店舗を持たないぶん、IT システム障害の影響や混乱は店舗を持つ銀行と比較して大きくなる可能性がある。

②全銀ネットのような障害がしばしば発生する場合、銀行業界にも IT システム障害というサステナビリティ上のリスクが発生するが、全銀ネットに関係のない、いわゆるインターネット上のネット銀行には無関係である。

③IT システム障害以外にもサステナビリティ上のリスクは存在する。環境問題の悪化や戦争による石油の値段の上昇が継続すれば、社会の発電量に影響する。電力供給が恒常的に不安定になった場合、メーカーのみならずネット銀行など金融業界にも経営面で影響する可能性があり、手を打つ必要性が出てくる。

④ネット銀行を含む IT 系企業は、SDGs の「9．産業と技術革新の基盤を作ろう」を推進する役割などイノベーションを担う可能性がある。怖いのは、継続的な IT システム障害のようなサステナビリティ上のリスクである。

⑤ネット銀行を含む IT 系企業は、自社及び顧客企業のテレワークなどの DX（デジタルトランスフォーメーション）を成功させれば、「8．働きがいも経済成長も」の目的である「すべての人が生産的で働きがいのある仕事に就く」ことを実現するかもしれない。テレワークは問題点も指摘されているが、成功すれば残業時間や業務効率の向上、業務クオリティの向上など生産性が高まり、包摂性だけではなく人的資本や知的資本の蓄積に貢献できる可能性が高い。無論、恒常的な IT システム障害などのサステナビリティ上のリスクを回避することが条件となる。

 問題 25 経営理念とパーパスはよく似ているが違いもある。両者に関する以下の記述で正しいものをすべて選びなさい。

① クレドとは「信条」「志」「約束」を意味するラテン語で、「企業の経営理念を全従業員が体現するための行動指針」として用いられる。

② 経営理念はビジョン、ミッション、バリューに分解される。ビジョンは経営理念が目指す企業の姿を現し、バリューはその背景にある価値観を表し企業の行動基準となる。またミッションは使命や目的、企業の存在意義を表すとされる。

③ パーパスは経営理念中のミッションを表すという見方がある。2019 年 3 月のハーバード・ビジネス・レビューの特集では、ミッションの中には外向きの「パーパス型ミッション」と内向きの「アイデンティティ型ミッション」があると述べられている。

④ リーマンショック後、にわかに注目され始めたパーパスは企業の存在意義を意味する。世代的には Z 世代の 1 つ前のミレニアル世代が、就職に際して給与や福利厚生だけではなく、社会貢献を広く意識して就職先を選ぶようになったのが、企業側でパーパス、即ち存在意義に注目が集まるきっかけとなった。

⑤ パーパスを重視しはじめたミレニアル世代は、デジタルのパイオニア世代でもある。GAFAM に代表されるテック企業が最初にパーパスを開始し、その評判によりビジネス界でパーパスが流行するきっかけとなった。

⑥「ミレニアル世代」や「Z 世代」の特徴である自分探し（アイデンティティ）や自己実現欲求が企業パーパスの背景にある。

⑦ パーパスへのアプローチは、パーパスによる実質的な経営理念代替型と従業員によるマイパーパス作成＋企業パーパス作成型などいくつかのアプローチがある。食品メーカーの味の素の場合は、収益をあげながら社会価値を創造する CSV（Creating Shared Value）を実質的に経営理念に代わるパーパスとし、「アミノサイエンス ® で人・社会・地

球の Well-being に貢献します」とする ASV（Ajinomoto Group Creating Shared Value）経営を掲げている。

問題 26 企業によるマイパーパス設定促進のような従業員の内発的動機や自己実現を重視する経営の時代になれば、従業員は一定程度、個人事業主に類似した自律性を求められる。以下の記述で正しいものをすべて選びなさい。

①パーパスが注目される中、個々の従業員が自己のコミュニケーションのあり方を理解するソーシャルスタイル理論などの利用が企業内で注目されている。

②パーパスのポイントは言葉であり、企業は従業員のみならずステークホルダーをもワクワクさせる企業の存在意義を言語化し、わかりやすく語ることが求められる。

③ソーシャルスタイル理論とは、1968 年にアメリカの産業心理学者デビッド・メリル（David Merrill）らが提唱したコミュニケーション理論である。

④ソーシャルスタイル理論は人の言動を 4 分類し、自分にとって合う相手だけでなく、合わない、苦手な相手の性格も理解することで、相手に合ったコミュニケーションが可能となるとされる。

⑤パーパスは従業員や企業それぞれの社会に対する志（こころざし）の問題であり、そのためのコミュニケーションは重要ではない。

⑥パーパスの設定は、パーパスを「自分ごと化」する従業員自身のマイパーパス（自らの存在意義）と同時に、企業のパーパス（企業の社会的存在意義）を設定するアプローチ法もある。その場合、マイパーパスと企業のパーパスを重ね合わせ、それに対する従業員の思いを議論する社内コミュニケーションを活性化し、企業のパーパスを浸透させ組織風土改革をスムーズに行う手法が取られるようなケースが増えている。

⑦パーパス CM などの対外発信の目的はステークホルダーとのコミュニケーションである。そのためには企業もコミュニケーション理論を身につけると有効である。

⑧マイパーパスとは、「自分は何者でどう生きたいか」などを言語化し、一人ひとりが大切にしていること、こうありたいと願う個人の志を表現することを意味する。それをもとに企業の存在意義を意味する企業のパーパスとの重なりや結びつきを見出し、自らを内発的に動機づけるとともに議論のコミュニケーションを通して企業内を活性化することが重要である。

問題27

新型コロナウイルス感染症の終焉後、世界では様々な変化の波が押し寄せている。

27-1

社会や経済の変化の全体像を示す以下の記述について、空欄に当てはまる適切な用語を選択しから選びなさい。

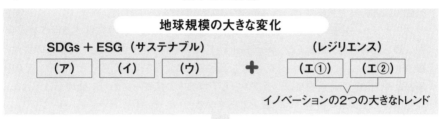

変革の全体像

地球規模の大きな変化

SDGs＋ESG（サステナブル）　　　　（レジリエンス）

| （ア） | （イ） | （ウ） | ＋ | （エ①） | （エ②） |

イノベーションの2つの大きなトレンド

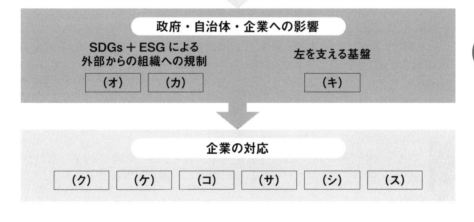

政府・自治体・企業への影響

SDGs＋ESGによる
外部からの組織への規制

| （オ） | （カ） |

左を支える基盤

| （キ） |

企業の対応

| （ク） | （ケ） | （コ） | （サ） | （シ） | （ス） |

<選択肢>

（ア）（イ）（ウ）：環境　戦争　道徳　宗教　人権　統治　産業　人間

（エ①）（エ②）：デジタル社会の実現　脱化石燃料などエネルギー変革　人間革命
知財開発

（オ）（カ）（キ）：コーポレートガバナンス・コード　スチュワードシップ・コード
AIなど様々なデジタル規制　倫理規制

（ク）（ケ）（コ）（サ）（シ）（ス）：パーパス設定　デジタルトランスフォーメーション
リストラ実施　統合報告書作成　テレワーク　コミュニケーション改革
ガバナンス改革　終身雇用制の維持

27-2 企業が新しい経営の方向性を掲げたり、パーパスで企業理念を示したり、サプライチェーン改革やテレワークの導入を進めたりする場合、その目的は企業をサステナブル（持続可能性）なものにするためであるといわれることが多い。以下の記述について、正しいものをすべて選びなさい。

①サステナブル（持続可能性）とは地球環境問題に由来しており、企業がグリーン投資などを行ったり、使用電力量を減らすなどの CO_2 排出量削減を行ったりするグリーンな行動の範囲のみを意味する。

②サステナブル（持続可能性）とは、1987年国連の「環境と開発に関する世界委員会」が公表した報告書「Our Common Future」の中心的な考え方であり、「将来の世代の欲求を満たしつつ、現在の世代の欲求も満足させるような開発」のことをいう。その後、SDGs や ESG の背景的なコンセプトとして世界中に広がっており、環境だけではなく、人権やガバナンス（統治）も対象となっている。

③SDGs では水、食料、健康的な生活の確保などはサステナブル（持続可能性）の対象となっていない。したがって企業はこれらを気にしなくてかまわない。

④SDGs ではジェンダーの平等達成、すべての女性と女児のエンパワーメントなどは経済・社会をサステナブル（持続可能性）にする対象とは無関係である。したがって企業はこれらを気にしなくてかまわない。

⑤産業化の推進やイノベーションの拡大は、企業などのインフラ基盤をレジリエントな方向に整備可能であり、かつ、包摂的でサステナブル（持続可能性）なモノにすることが推奨されている。

27-3 デジタル社会への移行は、21世紀型イノベーションの中心の1つといわれている。以下の記述で正しいものをすべて選びなさい。

①世界では「インダストリー 4.0」（2011年ドイツ発）と呼ばれ、日本では「ソサイエティ 5.0」、中国では「中国製造2025」と呼ばれているデジタル技術を取り入れた産業や企業などのデジタル変革は、世界経済フォーラムなどで新しい産業革命（第四次産業革命）と位置づけられている。

②「インダストリー 4.0」などの新しい産業革命と、SDGs や ESG は視点が異なるため、世界の国々は両者を別物としてばらばらな政策を立案するのが現在でも一般的である。

③SDGs や ESG の重要性が叫ばれる中、「次世代のインダストリー 4.0」が提唱されている。その中では従来の産業革命では考慮されなかった持続可能性（サステナブル）が重視されており、経済・社会・環境の持続可能性に対して、デジタル技術による新しい産業革命が大きく寄与する必要があると強調されている。

④欧州（EU）委員会は、「インダストリー 4.0」の改善版である「インダストリー 5.0」を

発表している。これは、欧州の成長戦略を「人々のための経済」「欧州グリーンディール政策」「デジタル時代のヨーロッパ戦略」と考えるものであり、「デジタル（による経済成長）」×「グリーン」×「（さらに）人間中心（人権）」といったものの持続可能性（サステナブル）と同時に、それとバランスする回復力や弾力（レジリエンス）を意識した経済成長の視点が盛り込まれている。

⑤ 2018 年から適用された欧州連合（EU）の一般データ保護規則（GDPR）では、「個人のデータ保護は基本的人権」と述べられている。これはウェブ閲覧履歴などの個人データの管理がデジタル社会の進展によってインターネット利用に移行する中、それとバランスする SDGs の主張を重視した新しい考え方である。

⑥ SDGs などの主張は政府の施策などに影響するが、企業のデジタル変革（DX）とは関係がなく、両者は分けて考えるのが適切な対応である。

問題 21、問題 25、問題 26 については、公式テキストや本書の解説では触れられていませんが、ビジネスマネジャーが知っておくべき時事問題と考え、対策問題集の中で掲載しました。今後、実際の試験で出題される可能性もありますので、解説文を確認しておきましょう。

問題 1

答え ③ ⑤

▶「第1部 マネジャーの役割と心構え」を参照

①は、「VUCA」時代において、企業価値の判断材料となる情報、非財務情報やサステナビリティ関連情報の開示は重要性が高まっているため、適切ではない。②は、「VUCA」の例として、地球の温暖化に伴う気候変動は、予測することが困難な事象として含まれるため、適切ではない。④は、「VUCA」の時代においては、今までに培った経験やスキルだけではなく、情報収集、分析、論理的思考や問題解決力が人材マネジメントにも求められるため、適切ではない。

問題 2

答え ②

▶「第1部 マネジャーの役割と心構え」を参照

デジタル庁の「年次報告書」には、デジタル化による地域の活性化として魅力ある地域づくりが記されている。たとえば、地域活性化の施策としては、プレミアム商品券や住民の健康づくり活動などで付与されるポイントの活用がある。自治体や商工会、企業などが連携し、その地域での買い物にポイントやサービスを利用し、交換することによって、地域経済やコミュニティの活性化を推進している。

問題 3

答え ⑤

▶「第1部 マネジャーの役割と心構え」を参照

（エ）は、SDGs の目標達成のためには、地元で収穫された野菜や果物、魚介類などを消費する地産地消を心がけることも大切。地産の農産物を購入することにより、輸送中に発生する排気ガスの削減につながり、また、地元の生産者の支援にもなり、地元経済への貢献になるため、適切ではない。（オ）は、ESG 投資は、その対象が環境を配慮した製品、使用済製品のリサイクルなど、新規事業、新しい製品やサービスの研究開発には莫大な時間を要するため、短期ではなく、中長期的なリターンを目指しているため、適切ではない。

問題 4

答え ① ③ ⑤ ⑦

▶「第2部 第1章 マネジャー自身のマネジメント」を参照

②は、メタ認知能力が高いと、周囲の状況も把握することができ、俯瞰した視点を持つようになるため対処法も考えられるようになり、組織内で円滑に業務を進めやすいため、適切ではない。④は、メタ認知的知識は、「人」「課題」「課題解決のための方略」の３つの要素であるため、適切ではない。⑥は、メタ認知能力を向上させるためには、知識の有無を選別する

ことで、何を学べばよいかがわかるため、適切ではない。

問題5 答え⑤⑥⑦
▶「第2部 第2章 コミュニケーションの重要性」を参照

①は、テレワークが可能な環境であれば、通勤することが難しい人も雇用することができ、労働人口減少下でも雇用機会が広がるため、適切ではない。②は、営業職の仕事は顧客対応や日報や資料の作成があるが、日報や資料の作成はオフィスに出勤しなくともできると考えられるため、適切ではない。③は、テレワークにより、通勤する従業員が減るため、オフィスの縮小・通勤による公共交通機関や自動車の利用が減るため、CO_2排出量の削減などエネルギー対策となり、環境負荷の低減につながるため、適切ではない。④は、孤独に陥りやすいとされるテレワークでは、他愛もない雑談による気分転換も必要であるため、適切ではない。

問題6 答え①⑤
▶「第2部 第2章 コミュニケーションの重要性」を参照

②は、ソーシャルスタイル理論の4つの分類は、「アナリティカル」「ドライビング」「エミアブル」「エクスプレッシブ」であるため、適切ではない。③は、自己主張も感情表現も控えめなのはアナリティカルであるため、適切ではない。④は、積極的に自己主張し、感情表現が豊かなのはエクスプレッシブであるため、適切ではない。⑥は、相手にあったコミュニケーションスタイルを把握できれば、他部署や社外の人にも活用できるため、適切ではない。

問題7 答え③
▶「第2部 第5章 人材の育成と人事考課」を参照

（ア）は、上司と部下の双方向のミーティングによる、部下育成やモチベーション向上に有効な手段であるため、適切である。（イ）は、今期の目標などの人事評価をすり合わせではなく、部下の現状や悩みに寄り添いながら部下の能力を引き出す場であるため、適切ではない。（ウ）は、所定のステップを複数回にわたって繰り返し継続的に行うことにより信頼関係が醸成されるため、適切ではない。（エ）は、1on1ミーティングの導入により、部下の仕事の課題が適宜解決されることで生産性が向上するため、適切ではない。（オ）は、フィードバックは目標達成のための軌道修正の機会でもあるが、マネジャーには的確なフィードバックを行うための知識や経験等、幅広いスキルが求められ、マネジャー自身のスキルアップにもつながるため、適切である。

答え②
▶「第2部 第6章 チームのマネジメントと企業組織論」を参照

（ア）は、心理的安全性とは、アメリカの組織行動学の研究者である、エイミー・C・エドモンドソンが概念を提唱したため、適切ではない。（エ）は、心理的安全性の高い職場が誰もが気づいたことを発言できる場であれば、他者の仕事への興味も高まり、自分以外の仕事にも興味を持つため、適切ではない。（オ）は、心理的安全性のある職場では、様々な考えや能力を持つ人が集まるため、議論に時間を要したとしても、議論自体は深まり、多様性を活用した結論に至るため、適切ではない。

答え②④
▶「第2部 第3章 部下のマネジメント」を参照

①は、福利厚生の充実や職場環境の改善は、外からのアプローチのため外発的動機づけである。よって適切ではない。③は、評価や報酬は、外部からの働きかけから派生するものであり、目的そのものとなるため、外発的動機づけである。よって適切ではない。⑤は、エンハンシング効果は、内発的動機づけにより、仕事に興味・関心、意欲が高まるため、生産性が向上し、働き方改革が推進される。よって関係性があり、適切ではない。

答え④
▶「第2部 第3章 部下のマネジメント」を参照

①は、ダイバーシティは、SDGs の 17 の目標ではなく、SDGs を統合する 1 つの根幹をなす概念として提案しているため、適切ではない。②は、「ジェンダーギャップ指数」のうち、日本は経済分野も低いが、それ以上に圧倒的に低い分野は、議員や閣僚等の政治分野であるため、適切ではない。③は、政府目標として、上場企業の女性役員比率を 2030 年までに 30%以上とする目標を掲げているため、適切ではない。⑤は、柔軟な働き方は、誰もが働きやすい職場環境の整備となるため多様性のある職場づくりに関係性がある。よって適切ではない。

答え⑥
▶「第1部 マネジャーの役割と心構え」を参照

産業発展の優先は SDGs の持続可能な開発目標と矛盾するため、⑥が該当しない。外務省の資料には①②③④⑤が記載されている。⑥に関しては SDGs の目標の中に「8. 働きがいも経済成長も」や「9. 産業と技術革新基盤の構築（イノベーション）」があるが、これらは環

境や人権とのバランスの中で考えられるべきものであり、何よりも産業の発展を優先するということではない。

<table>
<tr><td>問題
12</td><td>答え （ア）誰一人取り残さない　（イ）（ウ）多様性　包摂性
　　（エ）2030　（オ）17
▶「第1部 マネジャーの役割と心構え」を参照</td></tr>
</table>

問題文は、SDGs が「誰一人取り残さない」、即ち多様性と包摂性を最も重視している点を述べている。

<table>
<tr><td>問題
13</td><td>答え　①モバイルワーク　②サテライトオフィス利用
　　　③モバイルワーク　④在宅勤務型テレワーク
　　　⑤テレワークに該当しない
▶「第2部 第2章 コミュニケーションの重要性」
　「第2部 第3章 部下のマネジメント」
　「第4部 第12章 職場におけるリスクマネジメント」を参照</td></tr>
</table>

コワーキングスペースは国内でも個人事業主を中心にかなり広まっている。最近では大手企業もサテライトオフィスとして活用している。一方、テレワークを実施する企業はオフィスを縮小するとともにフリーアドレス制（誰もがどこにでも席を確保できる制度）を採用してオフィスの効率を上げている。

<table>
<tr><td>問題
14</td><td>答え①③
▶「第2部 第3章 部下のマネジメント」を参照</td></tr>
</table>

①と②に関する記述は、SDGs の 17 目標の8の中に「8. 働きがいも経済成長も」があり、さらに 8のターゲットの8.5には「2030 年までに、若者や障害者を含む全ての男性及び女性の、完全かつ生産的な雇用及び働きがいのある人間らしい仕事、並びに同一労働同一賃金を達成する」となっている。したがって、①のアンダーマイニング効果は SDGs の働きがいを抑圧するものであり、②のエンハンシング効果は SDGs の働きがいを促進するものである。したがって、①は正しく、②は間違いである。
③④の記述は、ダイバーシティは SDGs の 17 目標上は一見明確に述べられていない。しかし「3. すべての人に健康と福祉を」やすべての人のための持続的、包摂的かつ持続可能な経済成長、生産的な完全雇用およびディーセント・ワーク（働きがいのある人間らしい仕事）を推進する「8. 働きがいも経済成長も」などの目標などにみられる「すべての人」という表現はダイバーシティ、多様性を意味すると日本政府も含め世界中で理解されている。また外務省の「持続可能な開発目標（SDGs）達成に向けて日本が果たす役割」（令和5年5月版）

では、「誰一人取り残さない」持続可能で多様性と包摂性のある社会の実現のため、2030年を年限とする17の国際目標」と述べられている。よって、③は正しく、④は間違いである。

 問題 15 答え①
▶「第2部 第3章 部下のマネジメント」を参照

②は、世代の多様性について、マネジャーはチーム全員の共通目的とともに個々人の欲求への理解を同時に重視する必要があるため、正しくない。

③は、LGBTQに関してはたしかにSDGsの17の目標及び169のターゲット、231の指標には出てこない。理由は国連の71の国・地域では、合意の上で行われる同性間の私的な性行為を犯罪としており、そのうち43の国・地域では、「レズビアン」「同性との性的関係」「重大なわいせつ行為」を禁止する法律を用いて、女性同士の合意に基づく私的な性行為を犯罪としているためである。国際的なコンセンサスが取れない中2015年、国際連合サミットで2030年までに達成を目指す世界目標として、持続可能な開発目標（SDGs）が採択された。当時のパン・ギムン国連事務総長は、「LGBTはSDGsのすべての項目に関わる問題であり、『一人も取り残さない』というSDGsのモットーに含まれている」と述べている。また、外務省の「持続可能な開発目標（SDGs）達成に向けて日本が果たす役割」（令和5年5月版）でも「誰一人取り残さない」や多様性が強調されているため、SDGsはLGBTQを促進しており、LGBTQの理解増進はSDGsを前に進めると理解すべきである。よって正しくない。

④は、問題文のような状況こそ世代の多様性への考慮が求められるため、間違いである。

 問題 16 答え①③④⑤
▶「第3部 第7章 経営計画・事業計画の策定」を参照

②は、CSRの奉仕的活動による社会課題解決活動であるため、正しくない。CSVは収益活動と社会課題解決活動が一体化しているものを指す。CSRは奉仕的活動による社会課題解決活動である。

問題 17 答え①②③④
▶「第3部 第7章 経営計画・事業計画の策定」を参照

⑤は、明らかにサプライチェーン・イノベーションの話であり、正しくない。なおイノベーションを最初に定義したヨーゼフ・シュンペーターは、イノベーションを「プロダクト・イノベーション（創造的活動による新製品開発）」「プロセス・イノベーション（新生産方法の導入）」「マーケット・イノベーション（新マーケットの開拓）」「サプライチェーン・イノベー

ション（新たな資源の獲得）」「オーガニゼーション・イノベーション（組織の改革）」の5種類に分類している。

問題18 答え①②③④
▶「第4部 第13章 業務にかかわる様々なリスク」を参照

⑤は、多くの場合、イノベーションにより既存のサプライチェーンは大きく破壊され、新しいサプライチェーンが登場するため、正しくない。

問題19 答え①②④
▶「第3部 第7章 経営計画・事業計画の策定」を参照

③は、市場を通じて生み出されるのは非財務資本ではなく財務資本（カネ＝利益）であるため、正しくない。⑤は、日本取引所からの非財務情報開示の要請はコーポレートガバナンス・コード（2021改訂版）における要請であり、スチュワードシップ・コードではないため、正しくない。コーポレートガバナンス・コード（2021年改訂版）は以下のように述べている。「【適切な情報開示と透明性の確保】 3．上場会社は、会社の財政状態・経営成績等の財務情報や、経営戦略・経営課題、リスクやガバナンスに係る情報等の非財務情報について、法令に基づく開示を適切に行うとともに、法令に基づく開示以外の情報提供にも主体的に取り組むべきである」

なお、コーポレートガバナンス・コードを策定したのは金融庁と東京証券取引所（東証）であり、現状では東証のガイドラインとして位置づけられている。その結果、日本でも統合報告書を発行する企業が増加している。一方、日本では金融庁が2014年に日本版スチュワードシップ・コードを制定、2017年に改訂を行っている。

問題20 答え①③④
▶「第2部 第2章 コミュニケーションの重要性」
「第4部 第13章 業務にかかわる様々なリスク」を参照

②は、テレワークにおいては従業員間のコミュニケーションに資する雑談も重要であるため、正しくない。⑤は、テレワークを実施中の従業員の労働も、マネジャーは健康管理の視点から労働時間を把握する義務がある。当然、マネジャーによる時間外労働、休日労働の把握やそれに基づく割増賃金の支払い指示も重要である。よって、正しくない。

問題 21 答え ① ② ③ ⑥

④は、EV化や自動運転のようなデジタルによる新しい産業革命時代には「費用としての人件費から、資産としての人的投資」への変革をはじめ、人的資本を含む無形資産投資の充実を通じた企業の持続的価値創造を促す必要があるとされているため、正しくない。

⑤は、日本市場（日経225）は、有形資産が占める割合が大きいゆえ、時価総額に占める無形資産の割合が年々増加しているアメリカ市場に追いつくため、無形資産などの非財務資本を充実させ、その開示を促進する必要があるという議論であるため、正しくない。

なお、②はゴールドマンサックス社の予測（2022年10月）からの出題、③④⑤⑥は経済産業省「非財務情報可視化研究会の検討状況」（令和3年3月）からの出題である。

問題 22 答え ③
▶「第3部 第7章 経営計画・事業計画の策定」を参照

③は、特定の株主への優待制度の整備は「株主の権利・平等性の確保」に反することになるため、正しくない。

問題 23 答え ① ② ③ ④ ⑥ ⑧
▶「第3部 第7章 経営計画・事業計画の策定」
「第3部 第9章 成果の検証と問題発見およびその解決」を参照

⑤は、SDGsやESGが重視される時代には「株主以外のステークホルダーとの適切な協働」「適切な情報開示と透明性の確保」「取締役会等の責務」の原則の重要性が増しているため、正しくない。（出典：ESG情報開示実践セミナー「改訂コーポレートガバナンス・コードと サステナビリティ」東京証券取引所、2021年9月）

⑦は、非財務情報の重視、人的資本や知的財産への投資は2021年の改定時に初めて追加されているため、正しくない。2021年の改定以降、上場企業は知財戦略の開示を要請されることとなった。それをきっかけとして企業の知財・無形財産には、投資家からの関心も高まっている。なお、金融庁は「スチュワードシップ・コード及びコーポレートガバナンス・コードのフォローアップ会議」を開催しており、事務局は金融庁と株式会社東京証券取引所の両者である。

問題 24-1
答え　（ア）ハッキング　（イ）コンピューターウイルス　（ウ）可用性
（エ）ガバナンス

▶「第4部 第13章 業務にかかわる様々なリスク」
「第4部 第13章 組織にかかわる様々なリスク」を参照

問題 24-2
答え①③④⑤

▶「第4部 第13章 業務にかかわる様々なリスク」
「第4部 第13章 組織にかかわる様々なリスク」を参照

②は、全銀ネットのITシステム障害上のサステナビリティリスクはネット銀行にも影響するため、正しくない。なお、ITシステム障害上のサステナビリティリスクに関しては、2020年6月、当時の国連事務総長が『デジタル協力のためのロードマップ』の中でデジタル公共財を提唱し、「人権はオンライン、オフライン両方に適用されるべき」と主張し、ITシステム障害上のサステナビリティリスクを「人権上のリスク」と述べている。特にグローバルサウスでは、「インターネットにつながらなければ、仕事も給与も食料も手に入らない。ネット接続は新しい人権である」とすら言われ始めている。

 問題 25
答え①②③④⑥⑦

⑤は、GAFAMに代表されるテック企業が最初にパーパスを開始したわけではない。あくまでもパーパスを求め、広まるきっかけをつくったのはデジタルネイティブと呼ばれるミレニアル世代による就職活動である。よって、正しくない。なお、⑦の味の素はパーパスのほかにも非財務資本の統合報告発表など非常に参考になる（「味の素グループのパーパス経営の実践について」を参照）。
デジタルネイティブとは、インターネットの普及開始前後に生まれ、インターネットとともに育った世代のこと。1980年から1990年代半ばにかけて生まれた世代である「ミレニアル世代」、それ以降〜2000年代に生まれた「Z世代」が該当する。
スマートフォンやパソコン、スマートウオッチ、タブレットや電子掲示板、SNSに慣れ親しんでおり、対面コミュニケーションは苦手な人が多いという特徴が指摘されている。
デジタルネイティブはハイコンテキストな濃い対面型人間関係が苦手な反面、ローコンテキストな薄い（ネットによる）非対面型人間関係が得意であり、同時に「自分とは何者なのか」など自身のアイデンティティを重視する傾向が目覚め始めた。その結果、就職に関しても社会貢献、即ち企業の存在意義を重視する傾向が育ったと考えられる。インターネットは「ミレニアル世代」や「Z世代」をデジタルネイティブとして育成する中で一層彼らの自律化や多様化を促進したといえる。

問題 26

答え ① ② ③ ④ ⑥ ⑦ ⑧

⑤は、パーパスのポイントは志の言語化であり、志の言語化が導くコミュニケーションの重要性を否定するのは矛盾である。よって、正しくない。

なお、三菱電機は「コツコツ ワクワク 世界をよくする」とした企業パーパスプロジェクト（約15万人の従業員による「マイパーパス」探求）の中で、「みつけよう！一人ひとりのマイパーパス」を設定している。「従業員一人ひとりが「マイパーパス」を考え、会社の企業理念／パーパスとの重なりや結びつきを見出し、仕事を通じた成長や自己実現を図るとともに、「マイパーパス」やそれに込めた思いを働く仲間と共有しながら社内コミュニケーションを活性化し、組織風土改革を加速させる」と述べている。志を言語化しながら会社のパーパスとの重なり合いや結びつきを従業員どうしで社内コミュニケーションにより議論し、会社のパーパスを組織内に浸透させる。また同時にステークホルダーに対して CM により広くコミュニケーション発信するアプローチ法である。（出典：「コツコツ ワクワク 世界をよくする」三菱電機ウェブサイト）

問題 27 -1

答え （ア）（イ）（ウ）：**環境　人権　統治**（順不同）
（エ①）（エ②）：**デジタル社会の実現**
　　　　　　　脱化石燃料などエネルギー変革（順不同）
（オ）（カ）：**コーポレートガバナンス・コード**
　　　　　　スチュワードシップ・コード（順不同）
（キ）：**AIなど様々なデジタル規制**
（ク）（ケ）（コ）（サ）（シ）（ス）：**パーパス設定　統合報告書作成　テレワーク**
　　　　　　　　　　　　　　　　デジタルトランスフォーメーション
　　　　　　　　　　　　　　　　コミュニケーション改革　ガバナンス改革（順不同）

▶「**第3部 第7章 経営計画・事業計画の策定**」を参照

様々な個別テーマの関係性を問いながら、社会や経済の変化の全体像について理解度を図る問題である。

様々なサステナブル（持続可能性）への対処のために、デジタル社会の実現に向かう「インダストリー4.0」即ち「デジタル革命」には様々な変化に即応できるレジリエンス（弾性、しなやかさ）が求められる。なぜなら、新型コロナウイルス感染症、戦争や紛争なども含め複雑な変化への即応が求められるからである。デジタル革命のレジリエンス対応の例としては、昨今注目されている生成 AI 技術やブロックチェーン技術が挙げられる。ブロックチェーン技術の場合、その特徴はソフトウエア開発の即応性や柔軟性が、伝統的なシステム開発に比べて大幅に向上している点（スマートコントラクトと呼ばれる）にある。21世紀におけるイノベーションの大きなトレンドは、企業における DX のようなデジタル革命と環境問題に対す

るエネルギー革命（化石燃料からの脱却）である。

デジタル革命は、世界経済フォーラム（WEF）により「インダストリー 4.0」と命名され世界中に広まった。日本政府はデジタル革命を「ソサイエティ 5.0」と呼んでいる。また、自動車産業の EV シフトは、デジタル革命とエネルギー変革をともに体現するイノベーションである。「インダストリー 1.0」は最初の産業革命、「インダストリー 2.0」は大量生産・大量消費を表す第二次産業革命、「インダストリー 3.0」はコンピューターの登場に対応した情報革命、そして「インダストリー 4.0」はデジタル変革が本格的な経済・社会変革の基盤となる第四次産業革命を意味する。

問題 27-2 答え②⑤

▶「第1部 マネジャーの役割と心構え」
「第3部 第10章 経営にかかわる基礎知識」を参照

①は、サステナブル（持続可能性）とは広く地球環境問題だけではなく、人権や統治も意味するため、正しくない。③は、SDGs では水、食料、健康的な生活の確保などもサステナブル（持続可能性）の対象となっているため、正しくない（17 の目標の１つで、目標２や目標９に該当）。④は、ジェンダーの平等達成、すべての女性と女児のエンパワーメントなどは SDGs の対象であり、人権の視点からサステイナブル（持続可能性）を支えるため、正しくない（17 の目標の１つで、目標５に該当する）。

問題 27-3 答え①③④⑤

▶「第1部 マネジャーの役割と心構え」
「第3部 第10章 経営にかかわる基礎知識」を参照

②⑥は、デジタル革命（変革）と SDGs などのサステナブルの課題を分離する見方である。しかし、コロナ感染症後は SDGs などのサステナブルとデジタル革命（変革）を一体として考える視点が一般的となっているため、正しくない。

なお本問の一部は、野村総合研究所の『グローバルで進む「Next Industry4.0」の動きとサステナブル・スマート製造戦略』を引用して出題している。

索引

さ行

た行

な行

は行

わ行

●著者

山崎 秀夫(やまざき・ひでお)
(公財)国際金融情報センター シニアアドバイザー、(株)ビートコミュニケーション顧問、ジェイグラブ(株)顧問、元野村総合研究所シニア研究員、経営全般のコンサルティング経験者。著書に『スマートテレビで何が変わるか』(翔泳社)、『スティーブ・ジョブズがデザインしていた未来』(川北蒼 名義、総合法令出版) などがある。

酒井 美重子(さかい・みえこ)
人材サービス企業の代表取締役を経て、厚生労働省委託事業女性活躍推進アドバイザー、東京都委託事業女性従業員のキャリアアップ応援事業のコンサルタント。株式会社サン・ライフ ホールディング社外取締役。国家資格「キャリアコンサルタント」登録。

●本文デザイン・DTP ／尾山叔子
●イラストレーター／宮下やすこ
●編集協力／有限会社ヴュー企画 (山本大輔)
●編集担当／梅津愛美 (ナツメ出版企画株式会社)

※「ビジネスマネジャー検定試験®」は
　東京商工会議所の登録商標です。

本書に関するお問い合わせは、書名・発行日・該当ページを明記の上、下記のいずれかの方法にてお送りください。電話でのお問い合わせはお受けしておりません。
・ナツメ社webサイトの問い合わせフォーム
　https://www.natsume.co.jp/contact
・FAX (03-3291-1305)
・郵送 (下記、ナツメ出版企画株式会社宛て)
なお、回答までに日にちをいただく場合があります。正誤のお問い合わせ以外の書籍内容に関する解説・受験指導は、一切行っておりません。あらかじめご了承ください。

一発合格！
ビジネスマネジャー検定試験® 要点マスター&問題集　第3版

2017年 5 月 8 日第 1 版第 1 刷発行
2020年10月 1 日第 2 版第 1 刷発行
2024年 4 月 2 日第 3 版第 1 刷発行

著　者　山崎秀夫　　　　　　　　　　　Ⓒ Yamazaki Hideo, 2024
　　　　酒井美重子　　　　　　　　　　Ⓒ Sakai Mieko, 2024
発行者　田村正隆

発行所　株式会社ナツメ社
　　　　東京都千代田区神田神保町 1-52 ナツメ社ビル 1F (〒101-0051)
　　　　電話　03(3291) 1257(代表)　　FAX　03(3291) 5761
　　　　振替　00130-1-58661
制　作　ナツメ出版企画株式会社
　　　　東京都千代田区神田神保町 1-52 ナツメ社ビル 3F (〒101-0051)
　　　　電話　03(3295) 3921(代表)
印刷所　株式会社リーブルテック

ISBN978-4-8163-7528-6　　　　　　　　　　　　　Printed in Japan

ナツメ社Webサイト
https://www.natsume.co.jp
書籍の最新情報(正誤情報を含む)は
ナツメ社Webサイトをご覧ください。